한반도의 길

왜 비핵지대인가?

한반도의

왜 비핵지대인가?

길

정욱식 지음

유리창

한반도 비핵지대를 비핵화의 정의와 목표로 삼자

저는 2018년 11월에 《비핵화의 최후》라는 책을 낸 바 있습니다. 한반도 평화가 오고 있다는 들뜬 분위기와는 달리 비핵화를 비롯한 평화는 그렇게 쉽게 오는 것이 아니라는 말씀을 드리고 싶었기 때문입니다. 그 책에서 한반도 평화 프로세스는 현상을 유지하려는 세력과 현상을 변경하려는 세력 사이의 "보이지 않는 거대한 전쟁"이라고 표현했습니다. 한반도 평화를 향해 전진하려는 움직임이 일어나면 이를 저지하려는 움직임도 나타난다는 것입니다. 이른바 '백래시'입니다. 아직 결말이 나온 것은 아니지만 현상 유지 세력이 승기를 잡은 것만은 분명한 것 같습니다. 평화를 원하는 사람들의 절실함과 실력이 부족했던 탓이 아닌가 싶습니다.

《비핵화의 최후》가 후끈 달아오른 평화의 열기 속에서 찬물로 세수해보자는 취지로 쓴 글이라면, 이 책은 차갑게 식어가는 평화의 열망에 따뜻한 입김이라도 불어 넣고 싶은 심정으로 썼습니다. 문재인 대통령의 말처럼 "우리에게 한반도 평화는 선택의 문제가 아니라 어떤 어려움도 이겨내고 반드시 가야 하는 길"이기 때문입니다.

이 책은 한반도 평화 프로세스가 좌초되면 벌어질 수 있는 일들을 경고하는 것에서 시작합니다. 이어서 남북미 3자의 정책과 선택을 중심으로 2019년에 한반도 평화 프로세스가 실패한 원인과 배경을 짚어봤습니다. 이 대목에서는 진영 논리를 떠나 문재인 정부에 대해서도 비판을 가했습니다. 그리고 3부에서는 한반도 비핵지대가 '새로운 길'이 될 수 있다는 점을 자세히 설명했습니다. 4부에서는 한반도 평화 만들기를 '종합예술'로 비유하면서 구체적인 방안을 제시해보았습니다. 끝으로 부록에서는 미리 준비하는 마음으로 한반도 비핵지대 조약을 비롯한 여러 가지 합의문을 시안 형태로 담았습니다.

저는 2000년 9월에 스웨덴 웁살라대학에서 열린 회의에서 처음으로 비핵지대를 접했습니다. 세계 각지에서 온 전문가들의 발표를 들으면서 '어? 세계의 절반이 비핵지대네!'라고 감탄하면서 '동북아도 빨리 비핵지대가 되면 좋겠다'고 생각했습니다. 그 이후 '동북아' 비핵지대와 관련해 주로 일본 단체들과 연대 활동을 했었습니다.

2019년부터 '한반도 비핵지대'를 동네방네 떠들고 다니고 있습니다. 그 계기는 '하노이 노딜'과 저의 워싱턴 방문이었습니다. 2019년 2월 하노이에서 열린 2차 북미정상회담이 결렬된 결정적인 이유는 비핵화의 정의와 최종 상태에 대한 합의에 실패한 데에 있었습니다. 한 달 뒤 미국 국무부 관계자들로부터 '비핵화에 대한 합의를 이루지 못하면 한 걸음도 앞으로 나아갈 수 없다'는 취지의 얘기를 들었습니다. 큰일 났다고 생각했습니다. '미국은 북한이 도저히 받아들일 수 없는 비핵화의 정의를 제시해놓고 이게 받아들여지지 않으면 앞으로 나아갈 수 없다니 하네. 이러다가 한반도 평화가 또다시 희망 고문으로 끝나겠구나.' 이런 생각이 들었기 때문입니다.

비핵화가 뭔지에 대한 합의가 없다 보니 한두 가지 문제가 생기는 게 아닙니다. 미국 내에서는 북한이 비핵화를 한다고 해놓고 그 정의에도 합의해주지 않으니, 북한이 핵을 포기할 의사가 없는 것이라는 주장이 커지고 있습니다. '북한의 약속을 믿는 사람들은 문재인 대통령과 도널드 트럼프 대통령밖에 없다'고 비아냥거리기도 합니다. 반면 북한은 미국이 비핵화에 이것저것 집어넣어 들이밀면서 미국이 할 바를 하지 않는 것은 미국이 적대 정책을 포기할 의사가 없다는 것으로 간주합니다.

뭔가 대책이 필요하다고 생각했습니다. '한반도 비핵지대'를 떠올린 것이지요. 비핵화는 귀에 딱지가 앉도록 들어본 말이지만, 비핵지대는 매우 생소하게 들릴 것입니다. 둘 사이의 차이가 뭔지, 그리고 왜 비핵지대가 대안이 될 수 있는지는 본문에 자세히 담았습니다. 제가 주장하고 싶은 것을 한 문장으로 요약하면 '비핵지대를 한반도 비핵화의 정의와 목표로 삼자'는 것입니다. 이런 생각을 가지고 글쓰기와 강연, 그리고 여러 모임에서 한반도 비핵지대를 거론해봤습니다. 제 주장을 접한 많은 분이 긍정적인 반응을 보여주셨습니다.

물론 비핵지대가 유일한 해법이라고도 할 수 없고 만병통치약이 될 수도 없습니다. 그러나 한반도 문제가 여러 가지 요소들이 얽히고설키면서 도저히 풀기 힘든 '고르디우스의 매듭'이 되어버린 현실에서 그 매듭을 풀 수 있는 유력한 방안은 될 수 있습니다. 비핵지대 합의를 '출발점'으로 삼고 조약 체결과 이행을 '목적지'로 삼으면 핵 문제 때문에 가로막혀 있는 다른 문제들의 해결도 도모할 수 있기 때문입니다.

무기력에 빠지기 쉬운 때입니다. 남북미 지도자들이 취했던 '위에서 아래로(Top-down)' 방식의 협상은 좌초될 위기에 처했고, 우리 국민은 물론이고 정부조차도 마땅히 해야할 일을 못 찾고 있으니까요. 이 책은 이러한 무기력에 도전장을 내미는 것입니다. '아래로부터 위로(bottom-up)', 그리고 가장 주체적인 방식으로 '평화 만들기'에 나설 수 있는 지혜가 담겨 있다고 믿기 때문입니다.

2020년 6월 망원동 사무실에서

정욱식

목차

제1부

아마겟돈

1. 망원경과 안대

한반도 핵 문제는 네 개의 시기로 나누어 볼 수 있다. 1기는
미국 핵 독점 시기로 1945년 한반도의 해방과 분단에서부
터 미국이 전술 핵무기를 한반도에서 철수한 1991년까지를
가리킨다. 2기는 북한의 핵무기 개발 의혹이 본격적으로 불
거진 1992년부터 6자회담이 결렬된 2008년까지이다. 한반
도 문제 해결을 위한 합의와 결렬이 반복되면서 한반도 정
세가 롤러코스터를 탄 시기였다. 3기는 협상은 사라지고 북
한의 핵 보유가 명확해진 시기이다. 시기적으로는 2009년부
터 북한이 "국가 핵무력 건설 완성"을 선언한 2017년까지라
고 할 수 있다. 4기는 남북미 사이에 '톱다운' 방식의 협상
이 시작된 2018년부터 그 끝을 알 수 없는 미래까지이다.

앞으로 한반도 정세가 어떻게 전개될지는 예단하기 어렵
다. 많은 사람의 염원과는 달리 한반도 평화가 또다시 희망
고문으로 끝날 가능성도 배제할 수 없다. 심지어 아마겟돈
과도 같은 상황이 벌어질 수도 있다. 아마겟돈의 위험은 북

핵으로부터만 오는 것이 아니다. 오히려 북핵의 위협에 대처하겠다며 취하는 과도한 조치들이 이러한 위험을 높일 수 있다. 여기에는 미국의 전략무기 전개를 통한 대북 압박, 북한 지도부를 겨냥한 참수 작전, 미국의 전술핵이나 중거리 미사일 배치, 미사일방어체제(MD) 강화, 한국의 독자적 핵무장론 등이 망라되어 있다.

이들 가운데 미국의 전략무기 전개를 통한 무력시위는 2017년에 극에 달한 바 있고 언제든 재연될 수 있다. MD 강화도 지속적으로 이뤄져 왔고 앞으로도 그 추세가 지속될 공산이 크다. 또 현실적으로 가능성이 높은 것은 미국이 중거리 미사일을 다시 만들어 아시아에 전진 배치하는 것이다. 그 후보지로는 미국의 영토인 괌에서부터 동맹국들인 일본과 한국이 거론되고 있다. 그런데 배치 지역이 북한에 가까워질수록 '코리아 아마겟돈'의 가능성이 높아진다. 미국의 지대지 미사일이 북한에 가까이 배치될수록 전쟁 억제보다는 전쟁을 유발할 위험이 커진다는 것이다. 왜 그럴까?

2017년 9월의 소동이 의미하는 것

북한과 미국 사이에 '말폭탄' 주고받기가 절정에 달했던 2017년 9월 23일 괌에서 출격한 미국의 전략폭격기 'B-1B 랜서' 편대가 동해의 북한 영공을 스치듯 지나갔다. 김정은 국무위원장과의 대결을 '사나이 대 사나이의 승부'로 간주한 도널드 트럼프 미국 대통령이 '죽음의 백조'로 불리는 전략폭격기 편대를 동원해 북한에 겁을 주기로 작심한 것이다. 미국은 북한 레이더가 이를 탐지해 군사적 대응에 나설 가능성에 대비해 전자전기도 동행시켰다.

그런데 북한의 레이더가 미국 전략폭격기의 위협 비행을 탐지하지 못했다. 전기를 아끼려고 레이더를 꺼두어서 그런 것인지, 레이더의 성능이 떨어져 그런 것인지는 알 수 없었다. 미국은 이에 안도하기보다는 실망했다. 미국이 주먹을 들고 겁을 주겠다고 나선 행동인데 정작 북한은 이를 몰랐기 때문이다. 실망한 미국은 이례적인 행동을 보였다. B-1B 편대의 비행경로 지도를 공개한 것이다. 북한이 레이더로 못 봤으니 지도라도 보라는 것이었다. 발끈한 북한은 또다시 말폭탄으로 대응했다. 유엔 총회에 참석한 리용호 외무상이 "미국이 선전포고했다"며 "앞으로는 미국의 전략폭격기들이 설사 우리 영공을 채 넘어서지 않는다고 해도 임의의 시각에 쏘아 떨구겠다"고 위협한 것이다.

만약 북한이 미국의 전략폭격기 편대가 자신의 영공을 스치듯 지나갈 때 이를 탐지하고는 전투기를 이용한 대응 출격에 나섰거나 방공 미사일을 쏘았다면 어떤 일이 벌어졌을까? 이는 단순한 가정이 아니다. 1969년 4월 15일에 대북 정찰 활동에 나선 미 해군의 EC-121 조기경보기가 북한 영공을 스치듯 지나갈 때, 북한은 미그 21 전투기를 출격시켜 이 조기경보기를 격추했다. 이로 인해 미국 승무원 31명 전원이 사망했고, 미국은 괌에서 B-52 전략폭격기를 출격시켜 비무장지대 인근까지 근접시켰다. 다행히 미국의 닉슨 행정부가 확전을 자제하면서 일촉즉발의 위기는 수습되었다.

트럼프가 전략폭격기를 동원해 무력시위에 나선 것은 '미치광이 이론(madman theory)'에 따른 것이었다. 그는 "화염과 분노", "북한 완전한 파괴"와 같은 극단적인 말폭탄으로 지구촌을 깜짝 놀라게 하면서도 이러한 언행이 계산된 것임을 감추지 않았다. 그의 최측근이자 트럼프 행정부 초대 유엔대사를 지낸 니키 헤일리가 발간한 《외람된 말씀이지만(With all due respect)》에 따르면, "트럼프 대통령은 모든 옵션이 협상 테이블 위에 있다고 북한에 전하게 했다"고 밝혔다. 이런 지시도 덧붙였다고 한다. "북한이 날 미쳤다고 생각하게 만들어라." 트럼프의 셈법은 '내가 미쳐서 무슨 짓을 할지도 모른다'는 공포심을 김정은에게 심어줘 그가 고분고분해지기를 기대한 것이다. 그러나 지기 싫어하기로는 김정은도 트럼프 못지않았다. 움츠리기는 고사하고 오히려 2017년 9월 수소폭탄 실험에 이어 11월에 '화성-15형' 대륙간탄도미사일(ICBM) 시험 발사를 강행하고는 "국가 핵무력 완성"을 선언했다.

이후 두 사람은 2018년 6월, 2019년 2월과 6월 등 세 차례에 걸쳐 만났다. 이러한 만남은 모순적인 결과를 낳았다. 상대방을 더 잘 이해하고 친분도 쌓았다는 점은 긍정적이다. 반면 세 차례의 만남과 강력한 친분 과시에도 불구하고 상대방이 바뀌지 않았다고 믿게 될 때, 실망감과 배신감이 친분을 넘어설 수도 있다. 이 과정에서 북한이 ICBM(대륙간 탄도미사일)을 통해 미국과 "힘의 균형"을 이뤄내야 한다는 강박관념을 가질수록, 또 미국은 이를 절대로 용납하지 않겠다는 의지를 다질수록 2017년 9월의 소동은 언제든 재연될 수 있다. 아마겟돈의 위험을 품고서 말이다.

아찔한 순간은 그 이후에도 있었다. 김정은과 트럼프가 '핵단추'를 두고 신경전을 벌이고 있던 2018년 1월 13일 오전 8시 7분(하와이 시간), 하와이 주민과 관광객들의 휴대폰에 긴급 문자가 전송됐다. "탄도미사일이 하와이를 위협하고 있다. 즉각 대피처를 찾아라. 이건 훈련이 아니다." 하와이 사람들은 직감적으로 북한의 핵미사일이 날아오고 있다는 공포에 휩싸였다. 대피할 곳을 찾아 동분서주하던 주민들은 38분 후에 문자를 또 받았다. "잘못된 경보였다." 미국 국방부 장관을 지낸 윌리엄 페리는 하와이 소동을 접하고는 이렇게 말했다. "우발적인 핵전쟁은 가상적인 상황만은 아니다. 과거에도 이와 유사한 사건들이 있었고, 사람은 또다시 실수할 수 있다. 수백만 명의 목숨이 위태로울 수 있는 만큼, 우리는 실수가 일어나지 않기를 바라는 것 이상의 무언가를 해야 한다."[1]

북한의 "크리스마스 선물" 예고로 한반도의 긴장감이 감돌던 2019년 12월 26일 밤 10시, 북한과 가장 근접한 미군 기지인 동두천의 캠프 케이시에서 비상 상황임을 알리는 사이렌이 울렸다. 취침을 준비하던 미군들은 즉각 전쟁 준비 태세에 돌입했다. 사이렌의 신호가 '개전 신호(go to war siren)'였기 때문이다. 당직 중인 미군이 취침 음악 버튼을 눌렀어야 했는데, 엉뚱한 걸 누른 것이다. 다음날 새벽, 일본의 국영방송인 NHK가 긴급 속보를 내보냈다. 북한 미사일로 추정되는 물체가 홋카이도 동쪽 해상 2000km부근에 낙하했다는 것이다. 그러나 NHK는 20여 분 후에 해당 속보를 삭제하고 "보도된 내용은 북한의 미사일 발사에 대비해 준비해놓은 문장이 잘못 나간 것"이라며 사과했다.

아찔한 순간은 한국에서도 있었다. 2011년 6월 17일 새벽에 한국의 해병대원이 민항기를 적기로 오인해서 사격한 일

---

1) 〈중앙일보〉 2018년 1월 13일.

이 발생한 것이다. 이에 앞선 2010년 11월 28일에는 문산에서 포병이 훈련을 실제 상황으로 착각해 155mm 포탄 1발을 북측을 향해 발사한 일도 벌어졌다. 두 사건 모두 피해는 없었지만, 남북관계가 악화하여 군사적 긴장이 고조되면 언제든 우발적 재앙이 발생할 수 있다는 것을 보여준 사례들이다.

미국은 말할 것도 없고 한국과 일본도 최첨단 정보 자산을 보유하고 있다. 그래서 북한의 군사적 움직임을 속속들이 알 수 있다. 그런데도 기계의 오작동이나 인간의 실수에 따라 위와 같은 일이 벌어지곤 한다. 북한은 어떨까? 북한의 레이더 및 조기 경보 능력은 초보적인 수준이다. 이에 따라 "북한 정권은 미국의 폭탄이 북한 땅에 떨어지기 직전이나 그 이후에서야 이를 알 수 있게 될 것이다."[2] 비유하자면 한미일이 고성능의 '망원경'을 갖고 있다면, 북한은 '안대'를 쓰고 있는 것이나 마찬가지이다. 앞서 소개한 B-1B 편대 비행 사례는 이를 너무나도 잘 보여준다.

_____

2) https://foreignpolicy.com/2019/11/14/us-missiles-asia-inf-north-korea-nuclear-threat-grow/

북한이 '안대'를 쓰고 있더라도 한미일과 친하면 불안감을 가질 필요는 없다. 친하지 않더라도 한미일의 공격 수단이 멀리 떨어져 있으면 불안감이 덜할 수 있다. 이는 북한과 적대관계에 있는 한미일도 마찬가지이다. 하지만 고성능 '망원경'으로 북한의 군사적 움직임을 들여다볼 수 있는 한미일보다 '안대'를 쓰고 있는 북한의 불안감이 더 클 수 있다. 또 실효성 여부를 떠나 한미일은 미사일 요격 능력을 증강시킨 반면에 북한은 그렇지 못하다. 비유하자면 이런 것이다. 어떤 사람이 밤거리를 걷고 있는데 사이가 매우 좋지 않은 사람이 몽둥이를 들고 주변에 있으면 어떤 심정일까? 불안감에 휩싸인 사람은 주먹을 쥐고 주변의 작은 움직임, 소리 하나에 촉각을 곤두세우게 될 것이다.

이에 따라 미국의 중거리 미사일이 북한에 근접 배치될수록 북한의 불안감은 커질 수밖에 없다. 괌 배치 시 평양까지의 비행시간은 불과 20분 정도이고 일본이나 한국 배치시 그 시간은 대폭 단축된다. 더구나 지대지 미사일은 일단 발사되면 전략폭격기처럼 되돌아올 수도 없고 중간에 목표물을 변경할 수도 없다는 점에서 훨씬 위험한 무기이다. 그런데 불안감은 북한만의 몫은 아니다. 북한은 어떻게 해서든 한미동맹에 그 불안감을 돌려주려고 할 것이다. 일례로 미국의 전략무기들이 한반도를 휘젓고 다닌 2017년 이듬해에 김정은은 신년사에서 이렇게 지시했다. "적들의 핵전쟁 책동에 대처해 즉각적인 핵 반격 작전 태세를 항상 유지하도록 하여야 한다."

다행히 2018년에 협상의 막이 오르면서 위기는 지나갔지만, 앞으로도 언제든 심각한 상황이 벌어질 수 있다. 특히 미국이 중거리 미사일을 전진 배치하기로 결정하면, 우발적 사고나 일촉즉발의 위기가 한반도 상공을 배회하게 될 것이다. 이러한 우려를 뒷받침하듯 미국은 2021년 국방예산안에 10억 달러를 책정하는 등 모두 1천 개의 차세대 정밀타격미사일(Precision Strike Missile)을 생산한다는 방침이다. 생산 완료 시 유력한 배치 후보지로 한국이 떠오를 수 있다. 이 미사일의 사거리는 500~750km로 예상되는데 아시아 배치 시 한국에 배치해야만 북한 전역, 중국의 동부·북부, 러시아의 극동 일부까지 다다를 수 있기 때문이다. 이와 관련해 현재 주한미군이 보유하고 있는 에이태킴스를 대체하는 방식으로 이 미사일이 배치될 가능성이 거론되고 있다.[3] 아마도 북한은 미국의 움직임을 '선제공격용'으로 규정하고 '미국 미사일이 배치되기 전에 선제 행동에 나설 수 있다'거나 '선제공격은 미국만의 권리가 아니다'라며 강경 대응을 천명할 것이다. 또 핵미사일 능력을 질적·양적으로 강화하면서 '경보 즉시 발사(launch on warning)' 태세를 갖추려고 할 것이다. "잃느니 쏘겠다"는 생각을 가져야 적대국을 억제할 수 있다고 믿고선 말이다.

이러한 맥락에서 볼 때, 미국이 중거리 미사일을 아시아에 전진 배치하려고 할 경우 나타나는 문제는 미중관계나 미러관계에 국한된 것이 아니다. 전략적 균형에 있는 이들 나라의 갈등보다도 전략적 불균형이 심하고 군사적 적대감이 높은 한반도에서 더 위험한 상황이 발생할 수 있다. 북한의 강력한 반발을 야기해 우발적인 전쟁 가능성을 높이는 결과를 초래할 수 있기 때문이다.

---

3) 〈내일신문〉, 2020년 2월 14일 및 2월 19일.

'참수작전'과 '죽은 자의 손'

북한의 핵무장이 가시화되자, 박근혜 정부는 2015년부터 '참수작전'을 공공연히 언급했다. "북한의 핵무기 사용 징후가 보이면 승인권자를 제거해 핵 공격을 막겠다"는 취지였다. 그리고 2016년 3월에는 한미연합군사훈련에 돌입하면서 "참수작전이 이번 훈련에 포함되었다"는 말을 언론에 흘렸다. '핵무기를 사용하려고 했다간 네 목이 날아갈 수 있다'는 메시지를 김정은에게 보내고 싶은 것이다. 하지만 김정은의 반응은 이랬다. "지금 적들이 '참수작전'과 '체제붕괴'와 같은 어리석기 짝이 없는 마지막 도박에 매달리고 있다." 그러면서 북한군에게 핵탄두 발사 항시 준비 및 선제공격 방식으로의 전환을 명령했다.

한동안 뜸했던 '참수작전' 논란이 2020년 초에 또다시 등장했다. 미국이 이란군 실세이자 이란 2인자로 거론되어 온 솔레이마니를 암살한 후, 국내외 일각에서 '김정은 참수작전'이 거론된 것이다. 특히 일부 언론은 솔레이마니가 피살된 후 약 닷새 동안 김정은이 공개적으로 모습을 드러내지 않자 참수작전을 두려워했기 때문이라는 보도를 내놓았다. 이는 2003년 봄의 상황을 떠올리게 한다. 미국의 조지 W. 부시 행정부는 이라크 침공을 강행하고 바그다드를 순식간에 점령하면서 '이라크 효과'를 자신했었다. 김정일 위원장이 이라크의 지도자 후세인 동상이 쓰러지는 것을 보면서 김일성 동상이 흔들리는 것을 느끼게 되었고, 그래서 '핵을 포기하라'는 미국의 요구에 순순히 응할 것이라고 말이다. 하지만 역효과가 컸다. 미국이 이라크를 파죽지세로 점령할 때, 북한은 영변 핵시설의 가동률을 최대치로 끌어올려 플루토늄을 생산했다. 북한은 후세인 정권이 힘이 없어 당한 것으로 간주하고 "핵 억제력을 가져야 한다"는 강한 믿음을 가지게 됐다.

참수작전은 주로 박근혜 정부 때 거론된 것이다. 그렇다고 지나간 일은 아니다. 2019년 북미협상이 결렬되면서 앞으로 한반도 비핵화 전망은 극히 불투명해졌고 북한은 "새로운 전략무기" 개발에 나설 뜻을 밝혔다. 이에 따라 상황 변화가 없거나 악화하면 참수작전과 같은 대응책이 공공연히 거론될 가능성을 배제할 수 없다. 또 한국에는 유사시 북한 전쟁지도부 제거 임무를 수행하는 '특수임무여단'이 2017년 12월 1일 창설됐다. 이는 박근혜 정부 때부터 추진된 것이지만, 문재인 정부는 이를 철회하지 않았다. 더욱 주목되는 것은 F-35 도입이다. 한국의 F-35 도입은 박근혜 정부 때 결정된 것이었다. 하지만 도입은 문재인 정부 들어 본격화되었다. 2019년에 13대를 도입했고 나머지 27대도 2021년까지 순차적으로 도입할 예정이다. 게다가 20대를 추가로 구매하는 방안도 검토하고 있다.

문제는 F-35가 북한 지도부 참수작전의 핵심 전력으로 거론되어왔다는 데에 있다. 스텔스 기능을 갖춘 F-35는 '자객'처럼 은밀하게 평양까지 침투해 작전 수행이 가능하기 때문이다. 이를 과시하듯 한국 공군은 2019년 12월에 F-35가 북한에 은밀하게 침투해 북한의 ICBM(대륙간탄도미사일)급 미사일인 '화성-14형'을 가상으로 타격하는 모습을 홍보 동영상으로 제작해 공개했다. 이를 두고 공군은 "당연히 수행해야 할 임무들에 대해 동영상을 통해 설명한 것"이라고 말한다. F-35를 도입한 주된 이유 가운데 하나가 북한의 탄도미사일 발사 징후 시 선제타격을 가해 파괴하는 데에 있기 때문에 공군이 "당연한 임무"라고 주장할 수는 있다. 하지만 이걸 동영상으로 제작해 공개한 것은 현명하지 못한 처사이다.

공군은 F-35의 능력 과시를 통해 북한에 핵미사일을 쏠 생각도 말라는 메시지를 전달하고 싶었을 것이다. 그러나 북한은 달리 생각할 확률이 높다. '잃느냐 사용하느냐'는 딜레마에 처한 북한은 유사시 미사일의 즉각적인 발사 태세를 갖추려고 할 것이기 때문이다. 즉 F-35가 은밀히 날아와 미사일 기지를 공격하기 전에 사용하려는 유혹에 빠질 수 있다는 것이다. 그래야만 남한의 작전 목적을 좌절시킬 수 있다고 여기면서 말이다. 또 북한은 남한의 F-35 도입을 강력히 비난하면서 단거리 발사체들을 집중적으로 선보였다. 유사시 남한의 F-35 기지가 우선적인 타격 대상이 될 것이라고 경고하면서 말이다. 김여정 노동당 중앙위원회 제1부부장이 "몰래몰래 끌어다 놓는 첨단전투기들이 어느 때든 우리를 치자는데 목적이 있겠지 그것들로 농약이나 뿌리자고 끌어 들여왔겠는가"라고 힐난한 것도 이러한 분석을 뒷받침해준다.

다시 참수작전 얘기로 돌아와 보자. 만약 한미동맹이나 두 나라 가운데 한 나라가 유사시 북핵 사용 승인권자인 김정은을 제거하겠다고 위협하거나 실제로 제거한다면, 북한의 핵 공격을 막을 수 있을까? 이 질문에 대한 답을 찾기 위해서는 다른 나라들의 사례부터 살펴볼 필요가 있다. 냉전 시대 핵 대결을 벌였던 미국과 소련의 관계가 이에 해당한다.

1962년 쿠바 미사일 위기를 비롯해 여러 차례 핵전쟁 위기를 겪은 두 나라는 유사시 '참수작전'을 생각해냈다. 전쟁 발발 시 핵 공격 명령권자인 최고 지도자를 제거하면 명령권자가 사라져 핵 공격을 막을 수 있을 것이라는 믿음에서 비롯된 것이었다. 그러나 이건 상대가 있는 게임이다. 참수작전은 당연히 '적국의 공격에 우리 지도자가 제거될 경우 어떻게 대응할 것인가'라는 근본적인 대책성 질문으로 이어졌다. 그리고 소련은 답을 찾았다. "죽은 자의 손(dead hand)"으로도 불렸던 '페리미터(Perimeter)'가 바로 그것이다. 1970년대에 입안된 이 작전은 소련의 지도자가 적국에 의해 제

거될 경우 자동으로 대규모 핵 보복을 가한다는 것이다.[4]

오랫동안 비밀로 유지되었던 이 무시무시한 작전이 뒤늦게 세상에 알려진 것은 한 당사자의 폭로에서 비롯되었다. 30여 년간 소련 핵전쟁 작전 장교로 근무하면서 1980년대에는 페리미터 작전 장교로 근무했던 발레리 야리니치가 1990년대 초반에 미국의 전 전략사령부 사령관에게 천기를 누설한 것이다. 그는 '죽은 자의 손'을 비밀로 유지하는 것은 어리석은 짓이라고 봤다. 미국이 이를 알고 있어야 위험천만한 참수작전에 나서지 않을 것으로 여긴 것이다.[5]

이러한 사례에서도 알 수 있듯이, 한국이나 미국이 참수작전을 추구하는 것은 자구책이 아니라 자멸의 길이 될 가능성이 높다. 최고 지도자의 결사 호위를 공언해온 북한을 상대로 한 것이기에 더욱 그러하다. 북한의 핵무기는 김정은의 통제하에 있다. 그런데 한미가 참수작전을 강구할수록 북한은 김정은 유고 시의 대응책을 마련할 가능성이 높아

---

4) Bruce G. Blair, Russia's Doomsday Machine, The New York Times, Oct. 8, 1993

5) David E. Hoffman, Valery Yarynich: the man who told of the Soviets' doomsday machine, The Washington Post, December 20, 2012

진다. 대응책 가운데 하나가 바로 '죽은 자의 손'이 될 수 있다. 김정은의 통제하에 있는 핵 사용 권한을 다른 지휘관에게 사전 위임해 유고 시 즉각적인 보복을 가할 수 있도록 말이다. 이렇게 되면 핵전쟁의 위험은 더욱 커지게 된다. 참수작전 계획 자체만이 아니라 이를 거론하는 것부터 우리 안보에 해로운 것이기 때문이다.

참수작전보다는 덜 자극적이지만 트럼프가 검토했던 '코피 작전(bloody nose)'의 위험성도 따져볼 필요가 있다. 북미 간의 대결이 정점에 달했던 2017년 하반기에 트럼프 행정부는 이 작전을 고안해냈다. 이는 미국이 북한의 미사일 발사 징후 포착 시 주한미군이 보유한 육군 전술미사일(ATACMs)을 동원해 미사일 발사대를 선제공격하는 것을 의미한다. 여기에는 덩치가 압도적으로 큰 미국이 덩치가 작은 북한의 코피를 터트려도 북한이 대들지 못할 것이라는 기대감이 담겨 있었다. 일종의 "정치군사적 TKO승"을 기대하는 것이다. 그러나 김정은이 한 대 맞았다고 해서 움츠러들 것이라는 보장은 없다. 이에 따라 미국이 코피 작전에 나서려면 확전, 특히 핵무기까지 동원되는 전면전에도 대비할 필요가 있었

다. 이를 우려한 제임스 매티스 국방장관은 코피 작전을 구체화하는 것을 거부했다.[6]

참수작전이나 코피 작전은 북한 지도부에게 최대한의 공포심을 불어넣어 북한의 군사 행동을 억제하고 더 나아가 북한의 핵 포기를 힘으로 강제해보겠다는 취지를 담고 있다. 그러나 이러한 힘을 앞세운 미국의 일방주의야말로 북핵을 키워준 핵심적인 요인이었다. 이러한 역사적 교훈을 망각할수록 아마겟돈의 위험도 커지게 될 것이다.

MD의 경우

북한의 핵미사일과 미국 주도의 미사일방어체제(MD)의 '적대적 동반성장'을 추적해보면, "닭이 먼저냐 달걀이 먼저냐"는 말이 떠오른다.[7] 일반적으로는 북한의 핵미사일이 MD(미사일방어체제)를 낳은 것처럼 간주한다. 하지만 역사적 진

---

6) Fred Kaplan, The Bomb,(Simon & Schuster, 2020), 264~267쪽.

7) 북핵과 MD의 오랜 악연에 관해서는 정욱식,《MD 본색》, (서해문집, 2016년) 참조.

실을 추적해보면 오히려 MD(미사일방어체제)에 대한 미국의 강렬한 열망이 북한의 핵미사일 개발·보유를 부채질한 측면이 강하다. 명칭에서도 알 수 있듯이 미사일 방어망은 누군가 미사일을 이용해 미국이나 동맹국을 공격할 것이라는 가정이 성립해야 만들어질 수 있다. 1990년대 초반 이래 미국은 그 누군가로 '북한'을 콕 찍었다.

MD는 미국의 군산복합체 및 이와 결탁한 세력의 오랜 열망이다. 사업 규모 자체가 어마어마하게 커서 이들에게는 '황금알을 낳는 거위'이자 사업의 지속적인 확장을 담보해주는 '마르지 않는 샘'이기 때문이다. 이는 거꾸로 미국 납세자들에게는 '돈 먹는 하마'이자 '밑 빠진 독에 물 붓기'라는 것을 의미한다. 그래서 MD 옹호자들은 북한 정권을 악마화하면서 MD를 정당화하려고 해왔다. 이들이 1994년 북미 간의 제네바 합의를 증오했던 것도 이 때문이었다. 2000년 미국 대선에서 정권교체에 성공한 공화당의 조지 W. 부시 행정부가 가장 먼저 취한 조치도 북한과의 협상을 중단하고 북한의 위협을 이유로 MD 구축을 선언한 것이었다. 심지어 민주당의 버락 오바마 행정부도 대북정책은 "전략적 인

내"로 후퇴하면서 MD(미사일방어체제)에 기반을 둔 한미일 삼각동맹을 추구했다.

결국 말이 씨가 되고 말았다. 미국이 MD를 위해 북한의 위협을 부풀리고 협상다운 협상을 거부한 사이에 북한의 핵과 미사일 능력이 비약적으로 성장한 것이다. 비핵화 전망은 불투명해지고 북한의 핵무장이 가시화되면서 MD는 당연히 해야 할 것으로 간주되었다. 이는 미국과 일본, 그리고 보수 정권들인 이명박-박근혜 정부에 국한되지 않는다. 문재인 대통령은 취임 첫해인 2017년 10월 1일 국군의 날 연설에서 "북한 핵과 미사일 위협에 대한 대응능력 확보가 최우선"이라며, "한국형 미사일 방어체제(KAMD)를 더욱 강화해야 한다"고 말했다. 이러한 의지를 보여주듯 2019년 국군의 날 연설에서는 국방비를 대폭 늘려 "더 강력하고 정확한 미사일방어체제"를 갖추겠다고 다짐했다.

북핵 위협에 대처하기 위해서 MD는 당연히 필요하고 또한 강화돼야 할까? 그렇다면 미국과 소련은 왜 1972년도에 탄도미사일방어(ABM) 조약을 체결해 사실상 MD를 만들지 말자고 합의했던 것일까? 그리고 2002년에 미국이 이 조약에서 탈퇴할 때까지 미국을 포함한 국제사회가 "ABM(탄도미사일방어) 조약은 국제 평화와 안정을 지키는 초석"이라고 칭송했던 것일까? 여러 국제정치 학자들이 냉전(cold war)을 핵전쟁이 없었던 "긴 평화(long peace)"라고 표현하면서 그 비결 가운데 하나를 ABM 조약에서 찾았던 이유는 무엇일까? 그리고 ABM 조약이 사라진 이후 미국-중국-러시아 사이에 군비경쟁이 격화되어온 까닭은 어디에 있을까?

MD(미사일방어체제)는 지독한 역설을 품고 있다. 적의 미사일을 잘 요격하지 못할 것 같아도 문제이고, 잘 요격할 것 같아도 문제이기 때문이다. 특히 한반도에서 그러하다. 지리의 법칙을 고려할 때, 한반도에서 MD는 '무용지물'에 가깝다. 그래도 MD가 북한의 핵미사일을 막아줄 수 있을 것이라는 믿음이 커지면 '백해무익'한 결과를 초래할 수 있다. 왜 그런지 하나씩 따져보자.

2000년대 초반부터 한국은 미국으로부터 패트리엇 최신형인 PAC-3를 도입하기 시작했다. 정부와 군은 북한의 미사

일을 효과적으로 요격할 수 있다고 장담했다. 1991년 걸프
전과 2003년 미영 연합군의 이라크 침공 당시 패트리엇이
많은 문제점을 보였고, 종심이 짧은 한반도에서는 더더욱
효과가 없을 것이라는 비판은 무시당했다. 한국이 PAC-3와
이지스 전투체계 등 MD(미사일방어체제)를 도입하면 결국 미
국 주도의 MD에 편입될 것이라는 지적도 무시당했다.

2016년에 북한은 중거리·장거리 미사일을 고각으로 쏘
는 시험 발사를 연달아 실시했다. 그러자 박근혜 정권은 '저
고도' 방어망인 패트리엇으로는 북한이 높이 쏘는 미사일
을 요격할 수 없다며 '고고도' 방어망인 사드(THAAD) 배치
를 결정했다. 사드의 요격 고도가 40~150km이기 때문에,
그 밑이나 위로 날아오는 미사일은 요격조차 시도하기 힘들
다며 만류하고 저항해도 소용없었다. 오히려 박근혜 대통령
은 반지름 200km(사드의 사거리)의 원형 평면도를 펼치고는
"사드를 배치하면 대한민국의 3분의 2를 보호할 수 있다"며
사드 배치를 밀어붙였다. 상당수 언론과 전문가들도 이에

동조했다.[8]

이로써 한국은 북한의 미사일 위협으로부터 해방된 것처럼 여겨졌다. 낮게 날아오는 것은 패트리엇으로, 높게 날아오는 것은 사드로 요격하면 되기 때문이다. 그런데 2019년 5월부터 '북한의 미사일 앞에 대한민국이 뻥 뚫렸다'는 언론 보도가 쏟아졌다. 북한이 5월부터 연말까지 '북한판 이스칸데르'로 불리는 신형 미사일, 대구경 방사포, 초대형 방사포, 신형 전술미사일 등 '단거리 발사체 4종 세트'를 선보인 것이다. 이들 단거리 발사체들 가운데 일부는 매우 낮은 고도로 비행하면서도 중간에 비행 각도를 꺾을 수 있는 회피 기동 능력을 보유한 것으로 알려졌다.

그러자 보수 언론과 정당들은 이들 미사일을 패트리엇이나 사드로 요격이 불가능해졌다며 대책을 촉구하고 나섰다. 이에 국방부는 "미사일 방어 능력을 지속해서 보강해 나갈 것"이라고 밝혔다. PAC-3의 속도와 사거리를 크게 높인 패

---

8) 사드에 관한 자세한 내용은 정욱식, 《사드의 모든 것》, (유리창, 2017년) 참조.

트리엇-MSE를 미국으로부터 도입하고, 한국 자체적으로도 MD(미사일방어체제) 개발에 박차를 가하기로 했다. 또 북한의 잠수함발사탄도미사일(SLBM) 대응용으로 'SM-3'을 도입해 한국형 이지스함에 장착하는 방안도 검토되고 있다.

그럼 이러한 무기들이 배치되면 우리는 진짜로 안전해질 수 있을까? MD의 역설을 이해하면 '아니오'라고 답할 수밖에 없다. 우선 MD의 성능이 아무리 좋아도 한반도의 '지리의 법칙'을 극복할 수는 없다. 휴전선을 맞대고 있고 종심이 짧아 어떤 MD를 갖다 놓아도 곧 무용지물이 될 것이기 때문이다. 흔히 MD는 '총알로 총알 맞추기'에 비유한다. 물리적으로 확률이 낮을 뿐만이 아니라 요격 시간도 매우 촉박하기 때문이다. 그런데 종심이 짧다는 것은 그만큼 요격 시간을 확보하기 어렵다는 것을 의미한다. 이뿐만 아니다. 거리가 가까우면 요격 가능 고도 '아래'로도 쏠 수 있고 그 '위'로도 넘길 수 있다.

그래도 '없는 것보다 낫지 않겠느냐'고 반문할 수 있다. 미국 주도의 MD에 적극적으로 참여하고 앞으로도 국방비를 대폭 투입해 차곡차곡 MD(미사일방어체제) 자산을 배치하면 언젠가 완벽에 가까운 방어망을 구축할 수 있다고 믿을 수도 있다. 하지만 이러한 믿음조차도 MD의 지독한 역설을 피해갈 수는 없다. 우선 경제학에서 말하는 '세이의 법칙'처럼 MD는 끊임없이 수요를 창출하고 그래서 무서운 '증식' 능력을 품고 있다. MD를 두고 '돈 먹는 하마'이자 '밑 빠진 독에 물 붓기'라고 표현한 까닭이다. 그런데 돈 문제에 국한되지 않는다. MD가 미사일을 요격하지 못해도 문제지만, 잘 요격할 수 있다고 믿는다면 더 큰 문제가 일어날 수 있기 때문이다. 두 가지 차원에서 그렇다.

먼저 이렇게 질문해보자. 한미동맹이 완벽에 가까운 MD를 구축하면 북한은 어떻게 대응할까? 이와 관련해 미국은 MD를 구축하면 북한이 핵미사일을 가져봐야 소용없게 된다며, 비핵화에 도움이 될 것이라고 주장해왔다. 하지만 현실은 정반대로 나타났다. 북한은 "자위적 억제력"을 강화한다는 명분으로 더 많은, 더 다양한 핵무기와 미사일을 개발해온 것이다. 이것이 바로 앞서 언급한 'MD와 북핵의 적대적 동반성장'의 본질이다. 이 과정에서 미국은 한국에 무기라도 팔 수 있는 이익이 있다. 그런데 한국에게는 어떤 이익이 있을까? 막대한 예산 낭비와 더불어 남북한의 군비경쟁과 안보 딜레마를 격화시키고 있는 것은 아닐까?

또 하나는 전쟁과 평화라는 근본 문제와 연결된다. 군사적으로 적대 관계에 있는 어느 일방이 상대방의 핵미사일을 공격해서 절반 정도는 파괴하고 나머지 절반은 MD(미사일방어체제)로 요격할 수 있다고 믿게 되면 어떻게 될까? 자신감을 가진 쪽은 여차하면 선제공격을 통해 상대방을 제압하려고 하는 유혹을 느낄 수 있다. 반면 불안감을 느낀 쪽은 자신의 핵미사일이 파괴되기 전에 사용하려는 유혹과 더불어 어떻게 해서든 MD를 무력화시킬 방안을 고안해내려고 할 것이다.

이는 단순한 가정이 아니다. 1991년 걸프전과 1994년 미국의 북폭 검토, 2003년 미영 연합군의 이라크 침공 및 미국의 대북 선제공격 검토 등의 사례가 말해주는 게 있다. 미국이 적국을 공격하거나 공격을 검토할 때, MD(미사일방어체제)부터 깔고 들어간다는 것을 말이다. 이는 미국이 북한 폭격을 검토할 때, 가장 중요한 고려 사항 가운데 하나가 자국의 피해 수준 판단이라는 것을 의미한다.

이를 너무나도 잘 보여주는 일화가 있다. 김정은과 트럼프가 말폭탄을 주고받던 2017년 8월에 공화당 중진이자 트럼프의 최측근인 린지 그레이엄 상원의원은 트럼프가 이렇게 말했다고 소개했다. "북한이 장거리 미사일을 개발하도록 내버려 두느니 북한과 전쟁을 하겠다. 만약 전쟁이 나더라도 거기(한반도)서 나는 것이고 수천 명이 죽더라도 거기서 죽는 것이지 여기(미국 본토)서 죽는 게 아니다." 두 달 뒤 트럼프는 〈폭스 뉴스〉와의 인터뷰에서 이렇게 말했다. "우리는 미사일을 공중에서 97%의 확률로 요격할 수 있는 미사일이 있어요. 두 개의 요격미사일을 발사하면 미사일을 떨어뜨릴 수 있다니까요."[9]

세계 최강의 공격력을 갖춘 미국이 상대방의 보복 능력

---

9) 이는 대단히 과장된 주장이다. 미국 국방부에 따르면 2017년까지 실시된 가상의 ICBM을 상대로 한 요격 시험에서 50% 정도의 성공률을 보였기 때문이다. 완벽하게 통제된 시험에서 요격률이 이 정도라면 실제 상황에서의 요격률은 더욱 떨어질 수밖에 없다.

을 무력화시킬 수 있는 방패까지 가질 수 있다고 믿게 되면 아마겟돈에 성큼 다가설 수 있다는 경고는 이러한 맥락에서 나온 것이다. 상대방의 미사일을 중간에 요격시킬 수 있다는 믿음이 강해질수록 선제공격의 유혹도 커질 수 있기 때문이다. 이 위험성을 일찍이 간파한 사람이 있다. 영국 총리 윈스턴 처칠은 "취약성이 안보에 기여한다"고 일갈한 바 있는데, 이는 절대 안보를 추구하는 것보다 상호 간의 억제가 작동하는 것이 안보에 더 이롭다는 것을 뜻한다. 그리고 이러한 취지가 고스란히 반영된 것이 바로 앞서 소개한 ABM(탄도미사일방어) 조약이다.

이러한 맥락에서 볼 때, 한국은 MD를 미국의 시각이 아니라 독자적인 시각으로 바라볼 필요가 있다. 앞서 설명한 것처럼, 미사일 요격은 기본적으로 시간 게임이고 그래서 거리가 중요해진다. 이에 따라 태평양 건너에 있는 미국은 북한의 소량의 ICBM(대륙간탄도미사일) 요격을 해볼 만한 게임으로 간주할 수 있다.[10] 동해 건너에 있는 일본도 미국 정

---

10) 미국은 2019년 현재 ICBM 요격용으로 서부에 44기의 지상발사요격미사일(GBI)를 배치해놓았고, 2023년까지 이를 64기로 늘릴 계획이다.

도는 아니지만 비슷한 생각을 가질 수 있다. 하지만 북한과 휴전선을 맞대고 있는 한국에 MD(미사일방어체제)는 무용지물에 가깝다. 북한이 유사시 한국을 공격할 수 있는 미사일도 많고 장사정포도 많다는 점도 간과해서는 안 된다. 그래서 한국의 사활적인 이익은 전쟁 방지에 있다. 그런데 MD는 전쟁 방지에 결코 도움이 되지 않는다.

2. 눈에는 눈, 핵에는 핵?

한반도 비핵화 전망은 어두워진 반면에 북한의 핵무장은 가시화되면서 한국도 핵무장에 나서야 한다는 주장이 끊임없이 제기되고 있다. 이러한 주장이 보수 진영 일각에서만 나오는 목소리는 아니다. 각종 여론조사를 보면 한국의 핵무장에 찬성하는 비율이 절반을 넘나드는 것을 어렵지 않게 볼 수 있다. 독자적인 핵무장이 어렵다면 미국의 전술 핵무기라도 재배치하거나 나토(NATO)식 핵 공유를 해야 한다는 주장도 나온다.

어떤 방식으로든 우리도 핵무기를 갖자는 주장은 감정적으로는 이해할 수 있다. 동북아 6개국 가운데 미국, 중국, 러시아가 핵 강대국이고 북한도 기술적으로는 핵보유국 대열에 합류하고 있다. 일본도 상당량의 플루토늄을 보유하고 있는 잠재적인 핵 강대국이다. '왜 우리만 안 되느냐?'는 반문은 그래서 이해할 수 있다. 하지만 독자적인 핵무장 추진은 칼의 손잡이를 손에 쥐는 것이 아니라 칼날을 손에 쥐는 결과를 초래할 것이다. 미국의 전술핵 재배치나 나토 식 핵 공유는 '문 뒤의 총'을 문 앞에 갖다 놓는 것이다. 이는 핵전 쟁을 억제하기보다는 유발할 위험성을 높이게 된다.

한국은 핵무기를 만들 수 있을까?

한국의 핵무장 능력이 새롭게 조명받은 시기는 2015년 4월 이었다. 찰스 퍼거슨 미국과학자협회(FAS) 회장이 미국 워싱 턴에서 열린 비공개 간담회에서 발표한 내용이 국내 언론에 대대적으로 소개됐다. 퍼거슨은 "한국이 마음만 먹으면 5년 내 수십 개의 핵폭탄을 만들 수 있다"고 주장했다. 그가 주 목한 원전은 월성에 있는 4개의 가압중수로이다. 천연 우라 늄을 사용하는 중수로의 사용 후 연료에는 저농축 우라늄 을 사용하는 경수로에서 나온 사용 후 연료봉보다 플루토 늄이 더 많이 들어있다. 이를 근거로 퍼거슨은 한국이 이들 4개 중수로에서 다량의 플루토늄을 생산할 수 있다고 주장 했다. 이에 앞서 미국의 핵 전문가인 토머스 코크란과 매튜 매카시는 한국이 4개의 가압중수로에서 매년 416개의 핵폭

탄 분량에 해당하는 플루토늄 2500kg을 생산할 수 있다는 분석을 내놓기도 했다.[11]

이러한 미국 전문가들의 분석은 국내 핵무장론에 새로운 활력을 불어넣었다. 대표적인 인물이 서울대 원자력공학과의 서균렬 교수이다. "2년 내 최대 100개까지 생산 가능하다"고 주장하고 나선 것이다. 그는 "한국의 원전에 쌓인 사용 후 핵연료는 1만 톤에 육박"하고 "이 중 플루토늄이 수십 톤이며 핵폭탄 한 발 제작에 플루토늄 5kg 정도가 필요하니 핵폭탄 대량생산에 들어갈 수도 있다"고 주장했다. 그의 주장은 여기에서 멈추지 않는다. "우리의 레이저 우라늄 농축기술은 세계가 주목할 만한 경지에 이르고 있어 플루토늄이 없이도 단기간에 핵무장이 가능"하고, "우리는 강력화약 TNT 고폭 실험을 통하여 핵폭발에 관한 공학자료를 수집하고 이를 바탕으로 핵실험 없이 슈퍼컴퓨터만으로도 핵탄두 설계가 가능한 시대에 살고 있다"는 것이다. 서균렬의 결론을 이렇게 이어진다. "국가가 결심하고 정치인들이 방패만 되

---

11) 정욱식, "'공포의 불균형' 속 '핵 가진 가난한 한국' 원하나,"《신동아》, 2016년 3월호

어준다면 핵 개발은 연탄 찍기처럼 간단할 수도 있다."[12]

    2019년에 한반도 비핵화 협상이 교착상태에 빠지자, 중앙일보는 작심하고 한국의 독자적 핵무장을 주창하고 나섰다. 배명복 대기자는 '핵 균형을 통한 한반도 평화'라는 제하의 칼럼에서 "마음만 먹으면 한국이 짧게는 6~8개월 내 핵무장을 할 수 있을 것"이라고 썼다.[13] 남정호 논설위원도 '플랜B, 한국의 핵무장은?'이라는 제목의 칼럼에서 "핵무장은 다른 안보 방안보다 훨씬 싸게 먹힌다"며, "핵무기 개발도 1조 원이면 너끈하다"고 주장했다.[14] 이 두 사람의 주장을 합치면 '한국이 마음만 먹으면 6~8개월 내 1조 원을 들여 핵무기를 만들 수 있다'는 결론에 도달하게 된다. 유력 매체와 국내외 일부 전문가들의 이러한 주장은 국민에게 한국의 핵무장에 대한 환상을 키워주었다.

---

12) 서균렬, "한국의 핵무기 제조 잠재 능력은 세계 10위권으로 평가받아," 〈주간조선〉, 2015년 5월 19일

13) 배명복, "핵 균형을 통한 한반도 평화," 〈중앙일보〉, 2019년 09월 17일

14) 남정호, "'플랜B' 한국의 핵무장은?," 〈중앙일보〉, 2019년 09월 17일

그러나 이러한 주장에는 몇 가지 중요한 문제점들이 내포되어 있다. 우선 사용 후 연료에서 플루토늄을 대량으로 추출하려면 대규모 재처리 시설이 필요하다. 한국이 재처리와 관련한 연구개발 기술을 일정 정도 축적했지만, 아직 상용화해본 경험은 없다. 또 북한 영변의 재처리 공장과 일본 도카이무라 재처리 공장의 연간 플루토늄 생산량이 20kg 정도라는 점에서 한국이 연간 수백kg의 플루토늄을 추출할 수 있는 재처리 공장을 짓기 위해서는 상당한 시간과 비용이 소요될 수밖에 없다.

일례로 일본의 로카쇼무라 재처리 시설 사례를 살펴보자. 이 시설은 1993년에 착공돼 1997년에 완공될 예정이었다. 그러나 연기를 거듭한 끝에 완공 시점은 2021년으로 미뤄졌다. 이때 가서 가동될지도 불확실한 상황이다. 비용도 엄청 소요되고 있다. 1993년부터 2011년까지 무려 275억 달러, 한화로는 30조 원이 넘는 비용이 쓰였다.[15] 2012년부터 완공 때까지도 10조 원 안팎이 족히 들어갈 것이다. 일본은

---

15) https://www.forbes.com/forbes/2011/0425/technology-rokkasho-japan-electric-nuclear-disaster.html#264b75f7619b

소규모의 재처리 시설을 짓고 가동해본 경험이 있는 나라이다. 그런데 이러한 경험이 없는 한국이 일본보다 빠른 시일에 작은 비용을 들여 대규모의 재처리 시설을 짓는 것이 가능할까? 또 플루토늄을 확보해 핵무기를 만들려면 핵탄두 연구·개발 및 제조 시설이 필수적이다. 이들 시설을 만드는 데에도 상당한 비용과 시간이 필요하다. '6~8개월 내 1조 원을 들여 핵무기를 만들 수 있다'는 주장은 소설 속에서나 가능한 것이다.

핵폭탄을 제조할 수 있는 또 하나의 경로인 우라늄 농축은 어떨까? 서균렬은 레이저 농축 방식으로 빠른 시일 안에 핵폭탄을 만들 수 있다고 주장했다. 하지만 이 방식은 상용화된 것으로 보기 어렵다. 일부 국가에서 레이저 농축으로 핵연료 생산을 시도하고 있지만, 여전히 대세는 원심분리기를 이용한 우라늄 농축이다. 핵심적인 이유는 레이저 농축 기술이 우라늄의 농축 속도를 높일 수는 있지만, 많은 양을 생산하기 어렵다는 점에 있다. 한마디로 원심분리기보다 효율성이 떨어진다. 더구나 한국은 2000년에 국제원자력기구(IAEA)에 신고하지 않고 레이저를 쏴서 0.2g의 고농축 우라늄을 실험용으로 추출했다가 미국과 IAEA(국제원자력기구)에 발각된 적이 있다. 그 이후 한국의 레이저 농축기술은 정체 상태에 있다는 게 이 분야에 정통한 전문가의 전언이다. 우라늄 농축 방식의 문제는 여기에서 그치지 않는다. 농도 90% 이상의 고농축 우라늄을 만들려면 상당량의 우라늄이 필요하다. 그런데 한국이 핵무장을 추진하는 순간, 국제사회에서 가장 먼저 취할 조치가 바로 우라늄 금수이다.

한국이 핵실험 없이도 핵무기 제조가 가능하다는 주장도 검증되지 않은 것이다. 슈퍼컴퓨터를 이용한 모의 핵실험은 실제 핵실험을 통해 다량의 데이터를 확보한 이후에나 가능하다. 세계 최대의 핵실험 데이터를 보유한 미국조차도 핵무기의 신뢰성을 확보하기 위해서는 실제 핵실험의 문을 닫아서는 안 된다며, 포괄핵실험금지조약(CTBT) 비준을 거부하는 실정이다. 핵실험 경험도 전혀 없고 관련 데이터도 전무한 한국이 과연 '실험 없는 핵무기'를 만들 수 있을지 의문이 드는 까닭이다. 더구나 현대식 핵무기는 탄도미사일에 장착할 수 있는 소형화가 필수적이고, 소형화는 실험을 통한 데이터 축적이 전제되어야 한다. 그래야만 무기로서의 신뢰성을 확보할 수 있다.

　국내적으로도 커다란 난관이 도사리고 있다. 미국이 한국의 사용 후 연료의 형질 변경, 즉 재처리 시설 보유에 동의해줄 가능성도 극히 낮지만, 설사 미국이 동의해주더라도 문제가 따른다. 재처리 공장은 으뜸가는 위험 시설이다. 재처리 대상인 사용 후 연료와 재처리 결과물인 플루토늄 및 잔여 고준위 폐기물에는 엄청난 양의 방사능 물질이 담겨 있기 때문이다. 이에 따라 사고 발생이나 피격 시 대재앙이 일어날 수 있다. 해당 지역 주민들과 환경 단체들의 격렬한 반발을 야기해 입지 선정부터 상당한 진통이 따를 것임을 예고해주는 대목이다. 또 앞서 언급한 것처럼 신뢰성 높은 핵무기를 만들기 위해서는 핵실험이 필요하다. 과연 좁은 영토에 5000만 명이 모여 사는 대한민국에서 지하 핵실험장을 건설하고 실제로 핵실험을 할 수 있을까?

　물론 한국이 국가적 차원에서 결단을 내리고 총력을 기울이면 핵무기를 만드는 것 자체가 불가능한 일은 아니다. 그런데 더 심각한 난관이 도사리고 있다. 한국이 갈수록 촘

촘해지고 있는 국제 핵 비확산체제를 뚫고 핵 보유 문턱을 넘어서려다가 그 문턱에 걸려 넘어질 가능성이 높기 때문이다. 한국은 핵확산금지조약(NPT) 회원국이자 IAEA(국제원자력기구)의 상시 감시를 받고 있다. 몰래 핵무기를 만드는 것은 불가능하다는 것이다. 이에 따라 한국이 핵무기를 만들려면 북한처럼 NPT와 IAEA를 탈퇴하고 사찰단을 추방해야 한다.

한국이 이렇게 하면 어떻게 될까? 우선 유엔 안보리 회부가 불가피해진다. 'NPT를 탈퇴할 경우 안보리 차원에서 다룬다'는 국제적 공감대가 이미 형성되어 있기 때문이다. 유엔 안보리의 한국에 대한 제재는 한국의 핵무기 수준에 따라 달라질 것이다. 일단 우라늄 금수 조치가 바로 내려질 것이다. 이에 따라 비축해놓은 핵연료가 떨어지면 '원전 제로'를 강요받을 처지에 몰릴 수밖에 없고, 이는 곧 전력 대란과 의료 대란으로 이어질 것이다. 그래도 한국이 고집을 꺾지 않으면, 국제사회의 경제제재는 더욱 강해질 것이다. 국제사회의 수출 통제 품목은 핵과 미사일, 그리고 생화학무기 등으로 전용될 수 있는 거의 모든 공산품을 포괄하게 될 것이다. 그런데 한국의 무역의존도는 85%에 이른다. 국제 금융 시장과 신용평가사의 움직임에도 대단히 민감하다. 수출입 급락과 신용 폭락 및 금융시장 대혼란이 일어나면서 우리 경제를 초토화할 것이다.

혹자들은 그래도 "경제보다는 안보가 중요하다"고 말한다.[16] 그렇다면 우리 국민이 북한처럼 허리띠를 졸라매고 핵무기를 손에 넣으면 안보에라도 도움이 되는 것일까? 그렇지 못하다. 우선 한미동맹이 위기에 처할 것이다. 한국의 독자적인 핵무장은 미국 핵우산에 대한 불신의 다른 표현이다. 한미동맹은 한국의 독자적인 핵무장 포기와 미국 핵우산 제공 사이의 교환이다. 이에 따라 한국이 핵무장을 추진하면 주한미군 철수 및 한미동맹의 파기까지 염두에 두어야 한다. 물론 주한미군 철수 및 한미동맹 파기는 미국의 손쉬운 선택지가 아니다. 반면 미국을 믿지 못하니까 핵무기를 갖겠다는 한국을 방치할 경우 미국의 세계 전략은 치명타를 입게 된다. 그래서 미국은 한국의 핵무장 추진 시 초

---

16) "트럼프, 북핵 해법 '한·일 동반 핵무장'에 긍정적일 수도," 〈중앙선데이〉, 2019년 9월 21일

장에 기를 꺾어놓으려고 할 것이다. 그래도 한국이 핵무장을 고집하면 한미동맹에 일대 파란은 불가피해진다. 과연 독자적인 핵무장이 한미동맹과 맞바꿀 정도의 안보적 가치가 있는지 의문이 드는 까닭이다.

또 한 가지. 한국이 핵무장 추진에 따른 모든 난관과 비용을 감수하더라도 북한과의 핵 군비경쟁에서 불리할 수밖에 없다는 현실도 직시해야 한다. 북한은 우라늄 광산에서부터 재처리에 이르기까지 독자적인 핵연료 주기를 완성해놓고 있다. 또 2020년 현재 핵물질을 포함해 약 60개의 핵탄두를 보유한 것으로 알려져 있고 영변 핵시설만 가동해도 매년 7~8개의 핵무기를 추가로 생산할 수 있다. 영토의 80%가량이 산악 지형이고 수천 개의 지하시설도 갖고 있어 2차 공격 능력에 필수적인 핵무기의 은폐 및 분산 배치도 남한보다 용이하다. 가령 남한이 연간 30kg의 플루토늄 생산을 통해 5년간 30개의 핵무기를 만들더라도 북한은 이 사이에 100개 이상의 핵무기를 가질 수 있다.

핵전쟁 시나리오에서도 남한이 북한보다 훨씬 취약하다.

대도시와 거대 산업 시설뿐만 아니라 20여 기에 달하는 원전과 사용 후 연료 중간 저장소, 그리고 재처리 시설이 피격당하면 한국은 아마겟돈을 피할 수 없다. 이러한 현실은 남북한이 '핵에 의한 공포의 시대'에 진입하면 압도적인 공포의 불균형이 초래될 것임을 예고해준다. 핵무장은 안보 딜레마를 격화시켜 우리의 안보를 위태롭게 만들 수 있다는 것이다. 더구나 한국이 핵무장에 나서면 잠재적인 핵 강대국인 일본도 같은 길을 선택할 가능성이 높아진다.[17]

'문 뒤의 총'이 문 앞에 오면

"문 뒤의 총"은 2차 세계대전 말엽에 원자폭탄을 손에 쥔 미국의 국무장관 제임스 번스가 쓴 표현이다. 그는 핵무기를 이렇게 부르면서 "소련을 다루기 쉬워졌다"고 주장했다. 그리고 미국은 소련의 대일 선전포고가 예정되었던 1945년 8월 15일에 앞서 "문 뒤의 총"을 문 앞에 갖다 놓기로 했다.

17) 정욱식, '북한 비핵화의 지연 또는 실패 시 한국의 핵무장화가 필요하다.' '아니다' 편, 김계동·박선영 엮음,《한국사회 논쟁》, (명인문화사, 2019년), 153~165쪽.

8월 6일과 9일에 히로시마와 나가사키에 핵폭탄을 투하한 것이다. 이는 미국의 교전국이었던 일본은 물론이고 연합군의 일원이자 경쟁국으로 떠오른 소련을 상대로 한 무력시위의 성격이 짙은 것이었다. 그러자 미국이 다루기 쉬워질 것으로 믿었던 소련도 결심했다. 스탈린이 소련 과학자들에게 핵무기를 최대한 빨리 만들라고 지시한 것이다.[18]

북핵 문제의 평화적 해결 전망이 불투명해지면서 국내외 일각에서도 "문 뒤의 총"을 문 앞에 갖다 두어야 한다는 주장이 끊임없이 제기되고 있다. 특히 한국이 핵무장 카드를 지렛대로 삼아 미국의 전술핵 재배치를 이끌어내자는 주장이 보수 진영을 중심으로 나오고 있다.[19] 그 구체적인 방식으로 나토 식의 핵 공유도 거론되고 있다. 이들은 미국의 전술핵 재배치가 이뤄지면 "북한의 일방적 핵 보유로 인한 전략적 불균형이 상당 부분 해소"되고, "남북 간 '공포의 균형'

---

18) 이에 대한 자세한 내용은 정욱식, 《핵과 인간》, (서해문집, 2018년), 32~53쪽 참조.

19) 참고로 미국 정부나 군부는 '전술 핵무기(tactical nuclear weapon)'라는 용어를 공식적으로 사용하지 않고 있다. '비전략 핵무기(nonstrategic nuclear weapon)'가 공식 용어이다. 하지만 언론과 전문가들은 이 두 가지 표현을 혼용해서 사용한다. 때로는 폭발력을 크게 낮췄다는 의미에서 '소형 핵무기(small nuclear weapon)'라는 용어도 사용된다.

이 성립됨으로써 '이성적 판단에 의한 전면전쟁'의 위험성이 소멸될 것"이라고 주장한다. 또한 "태평양 건너의 전략핵보다는 현장의 전술핵이 더욱 강한 사용 의지를 대변하기 때문에 더 큰 억제력을 발휘한다"고 주장한다.[20]

전술핵이 '뜨거운 감자'로 부상한 때는 2017년 5월 대선 때부터였다. 자유한국당의 홍준표 후보는 미국의 전술핵 재배치를 대선 공약으로 내세웠다. 그는 대선 패배 이후에도 '전술핵 전도사'를 자처하고 나섰다. 홍준표가 대표로 있던 자유한국당은 2017년 추석 연휴에 전국 방방곡곡에 "5천만 핵 인질, 전술핵 재배치 꼭 필요합니다"라는 문구가 적힌 현수막을 내걸었다. 추석 연휴가 끝난 뒤에 열린 국회 국방위원회 국정감사에서도 자유한국당 의원들을 필두로 야당 의원들이 송영무 국방장관에게 미국의 전술핵 재배치를 요구해야 한다고 목청을 높였다. 그리고 홍준표는 미국을 방문해 미국의 전술핵 재배치를 강력히 요구했고, 1천만 국민 서명운동에 돌입하기도 했다.

---

20) 김태우, '북한 비핵화의 지연 또는 실패시 한국의 핵무장화가 필요하다.' '그렇다'편, 김계동·박선영 엮음,《한국사회 논쟁》, (명인문화사, 2019년), 146쪽.

그런데 2017년에는 미국이 한국에 배치할 수 있는 핵무기를 갖고 있지 않았다. 전략 핵무기이자 핵 삼축(nuclear triad) 체계인 대륙간탄도미사일(ICBM), 전략폭격기, 잠수함발사탄도미사일(SLBM) 가운데 어떤 것이라도 한국에 상시 배치한다는 것은 상상할 수 없는 일이었다. 유일한 선택은 전투기에 장착할 수 있는 B61이다. 이 핵폭탄의 폭발력은 0.3~340킬로톤으로 다양하다. 전술적, 전략적 목적으로 혼용할 수 있도록 고안되었기 때문이다. 그런데 미국은 독일, 벨기에, 이탈리아, 네덜란드, 터키 등 나토 동맹국 기지에 B61 180기를 배치해놓고 있었고, 이들 무기를 한국으로 옮기는 것은 나토에 심각한 균열을 야기할 수 있다는 점에서 비현실적이다. 또 미국에 보관된 B61은 폐기에 돌입해 있었다. 이러한 이유로 오바마 행정부 때 백악관 핵 비확산 담당 선임보좌관을 지낸 존 울프스탈은 "미국은 한국에 배치할 핵무기가 없다"고 단언했다.[21]

그렇다면 앞으로는 어떨까? 이는 한미 양국 정부의 정책

---

21) http://foreignpolicy.com/2017/10/11/putting-u-s-nukes-back-in-south-korea-is-a-terrible-idea/

과 양국의 여론, 미국의 한국 내 배치 가능한 전술핵의 보유 여부, 북핵 상황, 중국과 러시아의 입장 등이 맞물린 고차방정식이라고 할 수 있다. 일단 북핵 문제 해결에 진전이 없거나 상황이 악화하면, 국내 보수 진영에서는 전술핵 재배치 주장을 강하게 들고나올 것이다. 이에 반해 문재인 정부는 전술핵 재배치를 고려하지 않고 있다는 입장을 줄곧 밝혀왔다. 이에 따라 2022년 5월 한국 대선에서 이 문제가 핵심 쟁점으로 부상할 가능성이 높다.

트럼프 행정부도 한국에 전술핵 재배치를 공개적으로 거론한 적은 없다. 다만 그 가능성을 완전히 배제한 것은 아니다. 2018년 핵 태세 검토(NPR) 보고서에서는 북한의 지하시설을 겨냥해 "이들 시설을 탄착지로 삼는 재래식 및 핵 능력을 계속 배치할 것"이라며 동북아에 비전략 핵무기 배치 가능성도 시사했다. "비전략 핵무기의 배치는 미국이 확전에 대응할 수 있는 전진 배치 능력을 보유하고 있다는 점을 잠재적인 적대국에게 보내는 확실한 억제 신호"라며, "필요할 경우, 동북아와 같은 (유럽 이외의 다른) 지역에도 비전략 핵무기와 그 운반수단을 배치할 능력을 갖고 있다"고 밝힌 것이다. 이와 관련해 클린턴 행정부 때 북한 담당관을 지낸 대표적인 대북 협상론자 조엘 위트는 북한의 핵 위협이 증대될 경우 대북 억제력 강화 차원에서 "핵무기를 한반도에 재배치하는 문제가 거론될 수 있다"고 내다봤다.[22]

이러한 상황에서 주목할 점은 미국이 조만간 신형 전술핵인 'B61-12'을 갖게 될 가능성이 높다는 것이다. 미국이 "스마트 핵무기"로 부르는 B61-12는 주로 적대국의 핵무기 보유고와 같은 주요 군사 시설, 특히 지하 요새를 타격하기 위한 목적을 띠고 있다. 이를 위해 정밀유도 장치를 달아 정확도는 크게 높이는 대신에 폭발력은 크게 낮추는 방향으로 개발되고 있다. 군사적 효율성은 극대화하면서 부수적 피해와 방사능 오염은 최소화해 미국의 핵 공격 옵션을 다양화하겠다는 의도가 내포된 것이다. 이 무기는 미국의 현존 전략폭격기인 B-2A와 현재 개발 중인 B-21, 그리고 이중 능력 전투기(dual-capable aircraft)인 F-15E와 F-35 등

---

22) 38 North Press Call Transcript: Kim Jong Un's 2020 New Year's Address: No, Kim Jong Un Is Not Taking a Wait and See Approach, 38 NORTH, JANUARY 2, 2020, https://www.38north.org/reports/2020/01/pressbriefing010220/

에 장착될 수 있다. 당초 미국 에너지부 산하 국가핵안보국(NNSA)은 "초도 생산을 2020년까지 마무리"하고 2025년까지 400~500개 생산을 완료한다는 계획을 밝혔었다.[23] 그러나 B61-12 개발 및 생산 단가가 크게 늘어나 초도 생산이 2022년으로 늦춰질 가능성도 제기되고 있다.[24]

국내에서 미국 전술핵 재배치의 구체적인 방식으로 나토 식 핵 공유가 거론되는 것도 주목할 필요가 있다. 이와 관련해 2019년 7월 31일 나경원 자유한국당 원내대표가 긴급 기자회견을 열어 "핵 억지력을 강화할 필요가 있다"며, '나토(NATO) 식 핵 공유'를 정부가 적극적으로 검토할 것을 주문하기도 했다. 국회 외통위원장인 윤상현 의원도 "우리가 미국과 핵 공유 협정을 맺으면 금상첨화일 것"이라고 거들었다. 당시 두 가지 일이 이러한 주장을 확대 재생산시키는 계기가 되었다. 하나는 북한의 연이은 단거리 발사체 시험 발사였고, 또 하나는 미국 국방부 산하 국방대(NDU) 보

---

23) https://www.energy.gov/sites/prod/files/2018/12/f58/B61-12%20LEP%20factsheet.pdf

24) https://www.armscontrol.org/act/2019-11/news/us-bomb-programs-face-delays-cost-hikes

고서였다. 국내 언론도 대대적으로 인용한 이 보고서에서는 "미국은 위기 시 일본과 한국 등 아시아-태평양의 일부 파트너들과 비전략 핵 능력의 구금형 공유(custodial sharing)를 포함한 논쟁적인 새로운 개념을 강력하게 검토해야 한다"는 내용이 담겼다.[25] 이는 미국이 한국이나 일본에 전술핵 재배치를 검토할 필요가 있다는 것이었다.

그렇다면 미국이 전술핵을 재배치해 직접 운용하거나 나토 식 핵 공유를 통해 일부 전술핵을 한국의 전투기에 장착하면, 한국의 안보는 더욱 튼튼해질 수 있을까? 폭발력을 300톤(히로시마에 투하된 핵폭탄의 50분의 1)까지 낮출 수 있는 B61-12가 실제로 만들어지면, 이는 세상에서 '가장 작은 핵무기'가 될 것이다. 하지만 이 소형 핵무기가 품고 있는 위험성은 가장 거대하다. 비핵 전쟁과 핵전쟁의 경계를 더욱 흐리게 만들 것이기 때문이다. 이건 공격하는 쪽이나 공격받는 쪽 모두에 해당한다. 공격자 입장에서는 "스마트 핵

25) Ryan W. Kort, Carlos R. Bersabe, Dalton H. Clarke, and Derek J. Di Bello, Twenty-First Century Nuclear Deterrence: Operationalizing the 2018 Nuclear Posture Review, U.S. National Defense University, JFQ 94, 3rd Quarter 2019.

폭탄"이 대량살상을 하지 않고도 지하시설 파괴와 같은 군사적 목적을 달성할 수 있다고 여기게 된다. 그만큼 핵무기 사용 문턱이 낮아질 수 있다. 반면 피격자 입장에서는 미국이 핵무기를 사용할 가능성이 높다고 여기게 된다. 그만큼 피격자의 핵 보복 문턱이 낮아질 수 있다.

이는 냉전 시대에서도 그 교훈을 찾을 수 있다. 당시 미국과 소련의 핵전력은 크게 전략핵무기와 비전략핵무기 두 축으로 이뤄졌었다. 메가톤급 폭발력을 보유한 전략핵은 주로 상대방에게 '종말'의 두려움을 안겨줌으로써 적대국의 전쟁 결심이나 핵 공격을 억제하는 데에 목적을 두었다. 이에 반해 전술(tactical), 혹은 전역(theater) 핵무기로도 불렸던 비전략핵은 폭발력을 낮추되 유사시 상대방의 군사력이나 지휘부를 겨냥하는 제한적인 목적을 띠었다. 전략핵이 전술핵보다 압도적으로 위험해 보였지만, 실상은 달랐다. 실전에서 사용 가능성은 전술핵이 압도적으로 높았기 때문이다. 미국과 소련이 전략핵 감축 협상에 앞서 전술핵에 해당하는 중거리핵미사일폐기(INF) 협정부터 체결했고, 양국이 냉전 종식 이후 전술핵을 대거 폐기한 까닭도 바로 여기에 있었다.

이러한 교훈을 망각하고 미국의 전술핵이 한국에 전진 배치되면, 의도적이든, 우발적이든, 핵전쟁이 일어날 우려가 커지게 된다. 안 그래도 종심이 짧고 면적이 작은 한반도는 세계 최대의 군사력 밀집 지역이다. 이러한 상황에서 미국의 전술핵까지 들어오면 위기관리가 대단히 어려워질 수밖에 없다. 가령 미국의 전술핵이 배치된 상황에서 미군 전투기가 이륙하면 북한은 이를 자신에 대한 핵 공격 신호로 간주하고 핵 보복 태세에 돌입하게 될 것이다. 핵전쟁을 억제하겠다고 '문 뒤의 총'을 문 앞에 갖다 놓으면 오히려 핵전쟁의 위험이 커지게 되는 셈이다.

전술핵 재배치와는 별개로 우려되는 점은 또 있다. 트럼프 행정부가 "효과적으로 핵전력을 유지하기 위해서는 냉전시대의 유산을 재편해야 한다"며 전술핵의 부활을 선언한 것이다. 구체적으로는 세 가지 전술핵 보유 계획을 밝혔다. 하나는 앞서 소개한 B61-12인데, 이 무기를 생산하면 F-35에 주로 장착한다는 계획이다. 또 하나는 잠수함발사탄도미사일(SLBM)의 일부를 저위력(low-yield) 핵탄두로 대체하겠다는 것이다. 아울러 해상발사순항핵미사일(SLCM) 개발 계획도 밝혔다. 이러한 신형 전술핵 3종 세트로 "핵 능력의 유연성과 다양성"을 증대하겠다는 것이 미국 계획이다.[26]

문제는 미국이 신형 핵무기와 공격적인 핵 정책을 추구하면서 그 주된 이유를 북한에서 찾는다는 데에 있다. 2010년 NPR(핵태세검토)에서는 4번 언급되었던 반면에 2018년 NPR에는 50번이나 언급되었을 정도다. 보고서에서는 "북한에 대한 맞춤형 전략"을 제시했는데, 이는 크게 세 가지로 구성된다. 첫째는 "미국의 억제 전략은 북한이 미국이나 동맹·우방국에 대한 핵 공격 시 북한 정권의 종말을 초래할 것이라는 점을 분명히 해두는 것"이다. 둘째는 "미국은 북한의 핵무기 기술이나 물질, 그리고 전문지식을 다른 나라나 비국가 행위자에게 이전 시 그 책임을 전적으로" 묻겠다는 것이다. 셋째는 북한의 지하시설을 겨냥해 "이들 시설을 탄착지로 삼는 재래식 및 핵 능력을 계속 배치할 것"이라고 밝힌 것이다. 이러한 미국의 핵 정책이 가시화되면 한반도 정세는 대단히 위험해질 수 있다. 전술핵 탑재 능력을 갖춘 미

---

26) https://media.defense.gov/2018/Feb/02/2001872886/-1/-1/1/2018-NUCLEAR-POSTURE-REVIEW-FINAL-REPORT.PDF

국의 군용기, 잠수함, 함정 등이 한반도로 전개되면, 북한
의 반발 수위는 과거나 현재보다 훨씬 높아질 것이기 때문
이다.

유념할 점은 또 있다. 전술핵 옵션은 한미동맹에만 있는
것이 아니라는 것이다. 향후 가장 우려되는 시나리오 가운
데 하나는 북한이 한미동맹에 대한 군사적 열세를 만회하
고자 전술핵 개발·배치에 나서는 것이다. 북한이 2019년에
집중적으로 선보인, '신종 단거리 발사체 4종 세트' 일부에
소형 핵폭탄을 장착하는 것이 이에 해당한다. 극심한 경제
난에 처한 북한으로서는 이것이 가성비가 뛰어난 방식이라
고 여길 가능성을 배제할 수 없다. 특히 이러한 시나리오는
미국의 중거리 미사일이나 전술핵 재배치가 가시화될 때 나
타날 수 있다. 냉전 시대에 미국이 공산권과의 재래식 군사
력 열세를 만회하기 위해 전술핵을 전진 배치한 사례나 파
키스탄이 인도의 월등한 군사력에 대응하기 위해 전술핵을
개발·배치한 사례에서 이러한 가능성을 엿볼 수 있다.

전술핵이 한미동맹의 대북 억제를 위한 현명한 선택이 아

니듯이 북한 역시 전술핵에 손을 대서는 안 된다. 상기한 위험성으로부터 북한 역시, 아니 북한이 훨씬 더 불안한 상황에 직면할 수 있기 때문이다. 한미 양국 역시 과도한 수준의 한반도 군사력 증강을 자제함으로써 북한에 전술핵 개발 빌미를 주어서는 안 된다. 오히려 지금은 하루속히 북핵 동결부터 이뤄내야 한다. 북한의 추가적인 핵물질 생산을 차단하면 북한의 추가적인 핵무기 생산, 특히 전술핵 보유라는 악몽은 막아낼 수 있기 때문이다.

핵은 '만능의 무기'가 아니라네

지구상에 북핵을 과대평가하는 집단은 크게 두 부류로 나뉜다. 하나는 핵무기를 "만능의 보검"이라고 자랑해온 북한 정권이고, 또 하나는 북핵을 "게임 체인저"로 규정하는 국내외 일부 보수 세력이다. 핵이 북한에게 "만능의 보검"이 될 수 없다는 점은 자명해졌다. 김정은 정권은 2013년 "경제건설과 핵무력 건설 병진 노선"을 채택하면서 핵 보유를 통해 재래식 군비 부담을 줄이고 이를 경제발전과 인민 생활 향상에 쓸 수 있다고 주장했었다. 그러나 "국가 핵무력 완성"을 향한 질주가 역사상 가장 강력한 경제제재를 유발하면서 북한 경제는 하락세로 접어들었다. 미국과 "힘의 균형"을 이뤄 담판을 지을 수 있을 것으로 믿었지만, 이 역시도 아직은 희망사항에 머물러 있다.

국내외 보수세력 일부가 북핵을 "게임 체인저"로 규정하는 것도 과도한 것이다. 이들은 "이제 북핵의 노예로 사느냐, 죽느냐는 양자택일만 남았다"는 극단적인 언어를 동원해 강력한 대응을 주문한다. 심지어 북한이 미국 본토에 대한 핵공격 위협을 가하면서 미국의 개입을 저지하고는 적화통일을 추구할 것이라는 주장까지 내놓는다. "미국이 서울을 구하기 위해 LA나 샌프란시스코의 희생을 감수하겠느냐"며 대한민국의 종말이 시시각각 다가오는 것처럼 말한다. 그러나 이러한 두려움이 현실화할 가능성은 없다. 과도한 피해망상은 우리 자신을 피폐하게 만들 수 있기 때문에 보다 냉정하고 정확하게 상황을 볼 필요가 있다.

핵무기와 관련된 역사적인 사례들을 살펴보면, 핵은 결코

'만능의 무기'가 아니라는 것을 알 수 있다. 세계 최초의, 그리고 최강의 핵보유국인 미국의 사례가 대표적이다. 미국은 핵무기의 위력을 믿고 1949년에 주한미군 대부분을 철수시켰지만, 북한의 남침을 막지 못했다. 미국 주도의 유엔군이 인천상륙작전에 성공한 직후에 북진통일을 감행한 데에도 핵무기 위력에 대한 과신이 똬리를 틀고 있었다. 북진통일 추진 시 중국의 참전으로 확전될 것이라는 경고가 있었지만, 당시 비핵국가였던 중국이 세계 최강 핵보유국 미국을 상대로 전쟁을 선택하지 못할 것이라며 북진을 강행했다. 하지만 그 결과가 어떠했는지를 우리는 잘 알고 있다.

미국이 굴욕적인 패배를 경험한 베트남 전쟁 사례는 더욱 극적이다. "베트남이 공산화되면 도미노 현상이 벌어질 것"이라는 과대망상에 휩싸인 미국은 북베트남과의 전쟁을 선택했다. 북베트남의 강력한 저항에 고전하던 미국은 핵 위협을 극도로 높이면서 자신이 원하는 방식으로 전쟁을 종결시키려고 했다. 그러나 북베트남 지도부는 미국의 핵 위협에 더더욱 결사 항전 의지로 맞섰다. 1972년 12월 4일에 파리에서 열린 평화협상 대표인 레득토는 미국 대표인 헨리

키신저에게 다음과 같이 말했다.[27]

"우리가 (1950년대) 프랑스에 맞서 저항을 할 때 닉슨 부통령이 핵무기 사용을 언급한 바 있었기 때문에, 우리는 가끔 당신들이 우리에게 핵폭탄을 떨어뜨릴 가능성을 생각해 봅니다. 만약 우리 세대가 목표를 달성하지 못하면, 우리의 자손들이 계속 투쟁할 것입니다. 우리는 이미 600개의 핵무기와 맞먹는 엄청난 폭격을 받았습니다. 간명한 진리는, 우리는 결코 항복해 노예로 사는 일은 없다는 것입니다. 단언컨대, 당신들의 위협과 약속 위반은 타협에 도달하는 진정한 방법이 아니라는 것입니다."

21세기 들어서도 미국의 고전은 계속되었다. 아프가니스탄, 이라크, 시리아, 리비아 등을 상대로 전쟁의 목적을 달성하지 못한 것이다. 미국뿐만이 아니다. 소련은 1960년대 들어 중소분쟁이 격화되면서 중국을 상대로 핵 위협을 가했지만, 오히려 1969년 3월에 우수리강에서 중국군의 기습 공

---

27) 이 사례에 대한 자세한 내용은 《핵과 인간》, 235~244쪽 참조.

격을 당해 수백 명의 사상자가 발생했다. 소련은 1979년에
는 아프가니스탄을 침공했지만, 전쟁의 목적을 달성하지 못
하고 1980년대 말에 철수했다. 아프간 침공은 소련 몰락 원
인의 하나로 지목될 정도로 그 후유증이 컸다. 프랑스는
1960년에 핵실험에 성공해 핵보유국이 되었지만, 식민지였
던 아프리카 여러 나라의 독립전쟁에서 패배했다. 이처럼 핵
강대국에게 핵무기가 결코 만능의 무기가 아니었다면, 이들
나라보다 훨씬 약한 북한에게도 결코 예외일 수는 없다.

북한이 핵을 앞세워 한반도를 공산화할 수 없는 현실적
인 이유는 또 있다. 국내 일각에서는 미국의 핵우산을 비롯
한 안보 공약을 의심하지만, 이는 미국을 몰라도 너무 모르
고 하는 걱정이다. 미국은 자신을 절멸시킬 수 있는 소련(현
재는 러시아)을 상대로도 동맹국들을 향해 핵우산을 넓게 펼
쳐왔다. 그런데 미국이 한 줌밖에 안 되는 북한의 핵 위협
이 두려워 한국을 향해 핵우산을 펼치길 주저할까? 오히려
북한이 핵 위협을 앞세워 남침을 시도할 경우 미국은 더욱
강력한 보복 의지를 과시하지 않을까? 미국의 핵우산 정책
은 비단 한미동맹 차원에 국한된 것이 아니다. 동맹의 핵심

은 신뢰이다. 그래서 만약 미국이 북한의 핵 위협에 굴복한다면 그 파장은 미국 동맹국 전체로 퍼질 수밖에 없다. 세계 전략의 핵심인 동맹의 기초를 허무는 선택을 미국이 할 리가 만무하다는 것이다.

또 북한의 6·25 남침은 소련과 중국의 승인 및 지원이 결정적인 배경이었다. 그런데 한국은 1990년에는 러시아, 1992년에는 중국과 수교를 맺었다. 중국은 한국의 최대 교역국이고 러시아는 11번째이다. 한국에는 중국인들이 수십만 명 체류하고 있고 매년 수백만 명이 방문한다. 또 중국과 러시아는 유엔 안보리 상임이사국들이다. 이러한 상황들을 종합해보면, 중국과 러시아의 선택은 자명해진다. 핵을 앞세운 북한의 남침을 지지·지원하는 것이 아니라 북한이 아예 이런 생각도 못하게 만들려고 할 것이다.

한국의 국력이 북한을 압도하고 있다는 점도 간과해서는 안 된다. 한국의 경제력은 북한보다 50배쯤 강하고, 국방비도 북한보다 30배쯤 많이 쓰고 있다. 외국의 한 연구기관은 2018년과 2019년에 한국의 군사력을 세계 7위로, 북한은 18위로 평가하기도 했다. 2020년에는 한국이 6위, 북한이 25위로 평가되어 격차가 더 벌어졌다.[28] 더구나 한국은 미국과 연합전력을 유지하고 있다. 특히 각종 정보 자산은 북한의 움직임을 속속들이 파악하고 있어 6·25 때처럼 북한의 기습 남침 자체가 불가능해졌다. 이에 따라 북한이 공산화 전쟁을 시도했다가는 괴멸당하는 쪽은 한국이 아니라 북한이 되고 말 것이다. 북한이 살아남기 위해 만든 핵무기를 사용하는 순간 북한 체제는 사라지게 될 것이다.

북한이 적화통일 시도까지는 아니더라도 핵을 공갈·협박의 수단으로 삼아 남한을 길들일 것이라는 주장도 제기된다. 이른바 "북핵 인질론"이다. 그러나 이 역시 '가짜 공포'에 가깝다. 북한이 대북 지원을 해주지 않으면 한국에 핵 협박을 할 것이라는 걱정이 있었지만, 오히려 상황은 거꾸로 전개되었다. 문재인 정부가 주겠다는 5만 톤의 쌀도 거부한 것이다. 또 북한은 금강산 관광과 개성공단 재개를 희망했지만, 이것이 이뤄지지 않는다고 핵 위협을 가한 사례 자체

---

28) https://www.globalfirepower.com/countries-listing.asp

도 없다. 북한이 핵을 보유했다고 해서 하늘이 무너진 것도, "게임 체인저"라고 부를 정도로 엄청난 상황 변화가 있는 것도 아니라는 것이다.

북한은 그것이 억제용이든, 협상용이든 살아남기 위해 핵무기를 만들었다. 반면 그 핵무기를 사용하는 순간 종말을 피할 수 없다. 미국의 저명한 현실주의 국제정치학자인 스테판 월트는 "위협을 과장하는 사람들은 (김정은과 같은) 핵 깡패들은 억제가 불가능하고 방사능 홀로코스트를 일으켜 자살할 준비가 되어있다고 주장하지만" "그들은 자기 보존이라는 본능에 매우 충실하다"고 일갈한다.[29] 제임스 클래퍼 전 미국 국가정보국(DNI) 국장조차도 "북한 지도부는 재래식 군사력의 결핍 때문에 (핵무장을 통한) 억제와 방어에 초점을 맞추고 있다"며, "결정적인 군사적 패배의 순간이 오지 않는 한" 핵무기를 사용하지 않을 것이라고 봤다.[30] 그의 후임자인 댄 코츠는 "김정은이 매우 특이한 타입이지만,

---

29) http://foreignpolicy.com/2016/09/08/my-top-5-foreign-policy-unicorns-and-why-i-want-to-kill-them/

30) http://www.dni.gov/files/documents/2014%20WWTA%20SFR_SASC_11_Feb.pdf

미친 것은 아니다"며, "그의 행동은 정권 및 국가의 생존을 위한 합리적 사고에 기반한 것"이라고도 했다.[31]

이들의 지적처럼 핵무기는 근본적으로 억제용이다. 상대방에게 가공할 보복 능력을 과시함으로써 상대방의 공격을 억제하기 위해 존재하는 것이다. 이는 곧 핵무기가 실제로 사용되면 그 가치는 실종된다는 것을 의미한다. 실제로 핵보유국이 다른 나라의 침공을 받은 사례는 없다. 거꾸로 1945년 미국이 일본을 상대로 핵폭탄을 떨어뜨린 이후로 핵무기가 사용된 사례도 없다. 북핵에 대한 과도한 피해망상은 우리를 안전하게 만드는 것이 아니라 병들게 만든다. 많은 이들은 유비무환의 정신을 강조한다. 그런데 한국은 엄청난 예산을 쏟아부어 유비무환을 해왔다. 2010년 세계 12위였던 군사력이 2020년에는 세계 6위가 되었고, 세계 최강의 미국과 동맹도 유지하고 있기 때문이다.

---

31) http://aspensecurityforum.org/wp-content/uploads/2017/07/At-the-Helm-of-the-Intelligence-Community.pdf

3. 최악의 휘말림

한반도 주민들의 안전과 생존은 남북관계나 북미관계와 같이 한반도 문제에만 국한되는 것이 아니다. 미중 패권경쟁이 격화되고 "동아시아의 약한 고리"로 불리는 동중국해, 대만해협, 남중국해 등에서 긴장이 고조되거나 충돌이 발생하면 한국이 여기에 휘말릴 위험도 존재하기 때문이다. 특히 한반도 평화 프로세스의 좌초와 미중 패권경쟁의 격화가 맞물릴 경우 한국은 최악의 시나리오에 직면할 수 있다.[32]

미중 간의 패권경쟁은 2010년부터 본격적으로 고개를 들기 시작했지만, 시진핑 정권 및 트럼프 정권 취임 이후 더욱 격화되고 있다. 트럼프 행정부는 2019년 6월에 공식 발표한 '인도-태평양 전략보고서'에서도 "수정주의 세력으로서의 중국"을 가장 큰 도전 요인으로 꼽았다. 특히 주요 파트너십

---

32) 이에 대한 상세한 내용은 다음 보고서 참조. 정욱식·손대권, 〈미중 패권경쟁과 한반도의 선택〉, 정의정책연구소 연구보고서, 2020년 1월.

국가로 대만을 명시해 중국의 강력한 반발을 불러왔다.[33] 미국은 한국의 유일한 동맹국이고 한미동맹을 중국을 견제하는 형태로 재편하기를 원한다. 반면 중국은 한국의 최대 교역상대국이면서 한미동맹이 자신을 견제하는 형태로 바뀌는 것에 대해 대단히 예민한 반응을 보인다. 이에 따라 미중 간의 패권경쟁은 한국에게 '고래 싸움에 새우등 터지는 신세'를 야기할 수 있다.

미국 합참의장의 안도

2019년 여름 일본의 아베 신조 정권이 수출 규제를 통해 경제 도발에 나서자 문재인 정부는 한일군사정보보호협정(지소미아) 종료 결정을 통해 맞대응을 선택했다. 그러자 미국이 전방위적인 압박에 나섰다. 특히 11월 중순 일본 및 한국 방문길에 오른 마크 밀리 미국 합참의장은 지소미아가 "지역의 안보와 안정에 핵심"이라며 "한미일은 함께일 때,

---

33) https://media.defense.gov/2019/Jul/01/2002152311/-1/-1/1/DEPARTMENT-OF-DEFENSE-INDO-PACIFIC-STRATEGY-REPORT-2019.PDF

어깨를 나란히 할 때 더 강력하다"고 강조했다. 그러면서 한국과 일본의 사이가 틀어지면 북한과 중국만 좋을 것이라고 주장했다.

이는 미국이 본색을 드러낸 순간이기도 했다. 미국은 2016년 한일 양국에 지소미아 체결을 요구하면서, 지소미아는 북한의 핵과 미사일 정보를 공유하기 위한 것으로 중국과는 무관하다고 주장했었다. 그런데 2019년부터는 북한뿐만 아니라 중국도 겨냥한 것임을 숨기지 않고 있다. 마크 밀리 합참의장은 지소미아 유지를 통해 주한미군 및 주일미군의 안정적인 주둔을 확보하고 한미일 군사협력을 강화해야할 필요성을 강조하면서 이런 발언도 했다. "우리는 70년 동안 강대국 사이의 평화를 유지해왔다. 전쟁은 있었다. 한국전쟁, 베트남 전쟁, 걸프 전쟁, 그리고 테러와의 전쟁들이 바로 그것들이다. 하지만 이것들은 제한전이었다. 강대국 사이의 전쟁은 없었다."[34] 그러면서 "우리가 압도적이고 의문의

---

34) Chairman Travels to Indo-Pacific; Affirms Region's Strategic Importance, November. 11, 2019. https://www.defense.gov/explore/story/Article/2013116/chairman-travels-to-indo-pacific-with-american-strategic-thinking/

여지가 없는 군사력과 경제적 힘을 유지한다면, 강대국 사이의 평화는 유지할 수 있을 것"이라고 말했다.

이 발언 속에는 전쟁과 평화를 바라보는 미국의 시각이 잘 반영되어 있다. 미국 입장에서는 미국 본토가 공격당할 수 있는 강대국 사이의 전쟁을 예방하는 것이 최우선 목표라는 점을 솔직히 드러냈기 때문이다. 한국이 한미동맹 강화 및 한미일 삼각동맹 추진에 대단히 유의해야 하는 까닭은 이 지점에서 발견할 수 있다. 우리가 여기에 발을 깊이 담글수록 미국이 동아시아에서 벌일 수도 있는 '제한전'에 빨려 들어갈 위험도 그만큼 높아지기 때문이다. 미국 입장에서는 이게 제한전일 수 있지만, 우리에게는 국운이 달린 전면전이 될 수 있다는 점도 간과해서는 안 된다.

이는 미국에만 국한된 것이 아니다. 역사적으로 보더라도 정명가도(征明假道)를 앞세운 일본의 침략으로 발발한 임진왜란, 구한말의 청일전쟁과 러일전쟁은 동북아 패권경쟁에서 한반도를 자신의 영향권 아래에 두기 위한 성격이 짙은 것이었다. 이에 따라 이들 전쟁은 강대국 사이의 전쟁이었지만 주요 전쟁터는 한반도나 그 인근이었다. 한국전쟁 당시 중국의 개입도 장차 미국과의 전쟁이 중국 본토에서 벌어지는 것을 예방하기 위한 선택에서 비롯된 것이었다. 전쟁은 아니었지만, 2016~2017년에 벌어진 사드 대란도 시사하는 바가 크다. 미국은 한국에 사드 배치를 강행하면서 이게 중국과 무관하다는 점을 입증하려는 노력을 하지 않았고, 중국은 사드 배치 주체인 미국이 아니라 한국에 보복을 가했다. 그 결과 한국은 약 10조 원에 달하는 경제적 피해를 당하기도 했다.

이러한 맥락에서 한국의 이익과 안전을 위태롭게 하는 위협의 실체를 냉철하게 따져볼 필요가 있다. 최근 국내에서는 북한위협론뿐만 아니라 중국·러시아·일본 등 주변국들 위협론도 맹위를 떨치고 있다. 그러나 북한의 위협은 억제 가능하고, 중국·러시아·일본 등 주변국들은 한국과의 '양자관계'를 고려할 때, 한국에 직접적인 군사 위협을 가할 동기와 목표 자체가 거의 없다. 최근 중국과 러시아의 독자적이거나 합동 군사 훈련 및 한국의 방공식별구역 진입이 잦아지고 있는 데에는 한미, 미일 동맹 강화 및 한미일 삼각동맹 움직임에 대한 경계심이 작용한 것으로 해석할 수 있다. 이는 평택 미군기지 확장 및 주한미군의 전략적 유연성 추구, 제주해군기지 건설, 한미일 군사정보 보호 약정과 한일 지소미아 체결, 성주 사드 배치 때부터 제기되어왔던 문제이다.

한국 내에서 만연해지고 있는 일본위협론의 실체도 좀 더 깊이 들여다볼 필요가 있다. 우선 일본은 대량 파괴와 살상을 야기할 수 있는 핵무기 및 생화학무기, 그리고 이들 대량파괴무기를 운반할 수 있는 탄도미사일 자체를 보유하고 있지 않다. 또 일본의 군사력이 증강되고 있는 것은 사실이지만, 상대방의 영토를 향한 공격적·침략적 성격과는 여전히 거리가 멀다. 평화헌법의 취지도 크게 훼손되어 왔지만 이 헌법이 지닌 규범적 구속력은 여전히 강하다. 아베 신조 정권이 평화헌법을 바꿔 '전쟁할 수 있는 나라'로의 탈바꿈을 시도하고 있지만, 일본 국민 절반 이상은 여전히 이에 대해 반대 의사를 밝히고 있다.

설사 평화헌법이 바뀌더라도 "한반도 재침략"을 시도하

기 위한 것이라는 국내 일각의 주장은 현실과는 너무나도 동떨어진 것이다. 우선 임진왜란이나 구한말 때처럼 일본이 은밀히 침략을 준비하는 것 자체가 불가능해졌다. 일본의 군사적 움직임을 포착할 수 있는 한국의 정보 능력은 비약적으로 커진 반면에, 일본의 군사적 투명성은 군국주의 시대와는 비교할 수 없을 정도로 높아졌기 때문이다. 또 한일 간의 군사력을 비교해보면 침략 및 점령 전쟁 수행에 필요한 병력수 및 공격력은 한국이 압도적인 우위에 있다. 병력수는 한국이 일본의 2배이고, 일본은 지상을 공격할 수 있는 지대지·공대지·함대지 미사일을 거의 갖고 있지 않은 반면에 한국은 수천 개를 보유하고 있기 때문이다.

갈수록 국내에서 맹위를 떨치고 있는 중국위협론은 어떨까? 일단 중국은 2020년 현재 약 300개의 핵무기를 보유하고 있고 미사일을 비롯한 다양한 투발수단도 보유하고 있다. 또 중국은 세계에서 가장 빠른 속도로 군사비를 증액해온 나라이다. 2019년 군사비는 약 250조 원으로 약 780조 원을 쓴 미국에 이어 세계 2위를 기록했다. 하지만 이를 곧바로 우리에 대한 위협으로 간주하는 데에는 신중해질 필요가 있다.

우선 중국은 비핵국가에 대해서는 핵무기 사용 및 사용 위협을 하지 않겠다는 '소극적 안전 보장'과 핵보유국을 상대로도 먼저 핵무기를 사용하지 않겠다는 '핵 선제 불사용(No First Use)'을 공식화해온 국가이다. 아울러 중국은 미국과 러시아처럼 즉각적인 발사가 가능한 형태로 핵전력을 운영하지 않고 핵탄두를 발사체에서 분리해 중앙 통제하에 두고 있다.[35] 중국의 군사 현대화는 주로 역내 국가들과의 영유권 분쟁, 대만 독립 저지, 유사시 미국의 개입 차단, 군인 처우 개선 등을 목적으로 이뤄지고 있다. 우리에 대한 직접적인 군사 위협으로 보기는 어렵다는 것이다. 홍콩 사태 및 대만 문제에서도 확인할 수 있듯이 중국은 '하나의 중국'을 지키는 것조차 버거워하고 있다. 이런 중국이 북한이나 더 나아가 한국에 대해 영토적 야심을 갖는다는 것도 결코 합리적인 가정은 아니다.

이처럼 '북한 및 주변국 위협론'이 맹위를 떨치고 반면에,

---

35) https://fas.org/issues/nuclear-weapons/status-world-nuclear-forces/

'미국의 위협'에는 둔감하기만 하다. 여기서 미국의 위협이란 미국이 한국을 군사적으로 공격할 수 있다는 뜻이 아니다. 미국이 타국과 군사안보 경쟁을 벌일 때 나타날 수 있는 한국의 연루 위험을 가리키는 것이다. 이는 주변국들의 군사적 위협보다 훨씬 현실적인 문제이다. 우선 미국과 중국 사이의 무력충동 발생 가능성의 높고 낮음을 떠나 우리가 이를 예방하거나 억제할 방법 자체가 마땅치 않다. 무력충돌 발생 시 미국은 한국의 지원을 요구할 가능성이 높고 만약 한국이 이를 수용한다면 중국의 보복에 직면할 수 있는 것이다. 그러나 이러한 현실적인 문제보다는 가상의 위협에 초점을 맞추고 있는 것이 우리 사회의 전반적인 현주소이다.

우리 사회에는 "중국이 두렵다"고 말하는 사람들이 꽤 있다. 한국인에게 "중국을 조심하라"고 경고성 조언을 하는 미국인도 있다. 그런데 중국에 대한 '막연한' 두려움이야말로 우리가 가장 경계해야 할 대상이다. 그 두려움을 달래고자 한미동맹을 중국을 견제하고 봉쇄하는 데에 맞춰갈수록 막연한 두려움이 '현실'로 다가올 수 있기 때문이다.

연루의 위험

한국 입장에서 최악의 시나리오는 한반도 평화 프로세스의 교착상태와 미중 패권경쟁이 맞물리면서 한미동맹과 한미일 군사협력이 중국을 겨냥한 형태로 구체화하는 과정에서 잉태될 수 있다. 중국은 이러한 움직임을 자신의 전략적 이익이나 핵심 이익을 침해하는 것으로 간주하면서 강력한 대응을 경고해왔기 때문이다. 이러한 관점에서 볼 때, 평택미군기지 확장 사업과 제주해군기지 건설, 그리고 경북 성주 사드 배치가 품고 있는 문제들을 살펴볼 필요가 있다. 아울러 임시배치 상태에 있는 사드의 정식배치와 미국 중거리 미사일 배치 문제 등도 미리 짚어볼 필요가 있다.

주한미군의 캠프 험프리와 오산공군기지가 있는 평택은 중국의 심장부에서 가장 가까운 곳이다. 더구나 미국이 평택미군기지 확장을 추진한 데에는 '주한미군의 전략적 유연성'을 확보해 주한미군을 동북아 기동군으로 재편하겠다는 전략이 깔려 있었다. 이는 곧 미국이 중국과의 무력충돌 시 주한미군의 투입도 고려할 수 있다는 것을 의미한다. 제주해군기지는 한국의 해군기지이지만 미군도 '겸용'할 수 있다는 특징을 갖고 있고, 이는 미중관계 악화 시 한국에 큰 부담이 될 소지를 안고 있다.[36] 이와 관련해 미 7함대 작전 참모를 지낸 데이비드 서치타는 "제주해군기지는 미국에 커다란 유용성을 제공할 것"이라며, "제주기지 건설로 가장 위협을 받을 나라는 중국"이라고 분석한 바 있다.[37] 또 경북 성주에 배치된 사드는 미국 주도의 글로벌 MD(미사일방어체제)의 일환이 될 수 있는 '잠재력'이 있고 중국과 러시아는 이를 좌시하지 않겠다는 입장을 보이고 있다.

그렇다면 평택미군기지, 제주해군기지, 성주 사드 기지가 미중 무력충돌 시 한국이 이에 휘말리게 될 위험성을 높이는 이유는 무엇일까? 먼저 미중 간의 무력충돌 발생이나 위기 고조 시 미국이 주한미군의 공군력을 활용하는 방안을 따져보자. 미국이 주한미군기지를 중국용으로 사용할 경우

---

36) 제주해군기지 사업 추진 당시부터 이러한 문제 제기가 있었지만, 한국 정부와 군 당국은 "근거 없는 주장"이라고 일축했었다. 그러나 기지 완공 이후 이지스함과 핵 추진 잠수함, 그리고 핵 추진 항공모함 등 미군 함정이 잇따라 방문하고 있다.

37) David Suchyta, Jeju Naval Base: Strategic Implications for Northeast Asia, United States Army War College Class of 2013, ⟨https://apps.dtic.mil/dtic/tr/fulltext/u2/a590234.pdf⟩

선택지는 크게 세 가지가 있다. 하나는 오산공군기지나 군산공군기지에서 출격한 군용기로 초계활동을 벌이는 것이다. 이는 노무현 정부 당시에도 청와대가 촉각을 곤두세운 문제였다. 노회찬 당시 민주노동당 의원이 공개한 청와대 문서 '주한미군 지역적 역할 관련 논란 점검'에는 "대만사태 등에 주한미군의 투입 가능성과 군산에서 출격한 미군 군용기의 대중국 초계활동 등에 대한 철저한 검토와 대응책 마련 필요"라고 적혀 있었다.[38] 또 미국이 오산이나 군산 공군기지에 공군력을 추가적으로 전개해 중국을 압박하는 경우도 있을 수 있다. 아울러 미중 간의 무력충돌이 확전 양상을 보인다면, 오산이나 군산에서 출격한 미 공군기가 중국군을 공격하는 상황까지 발생할 수 있다.

미국이 제주해군기지를 이용할 가능성은 앞서 소개한 데이비드 서치타의 논문에서 유추해볼 수 있다. 그의 분석이다. "제주해군기지는 센카쿠열도(尖角列島)/댜오위다오(釣魚島)에서 일본과 중국의 무력충돌 발생 시 일본을 지원할 수 있다.

---

38) 〈프레시안〉, 2006년 2월 22일

게다가 중국 동부 대륙붕의 약 70%는 서해와 동중국해에 있다. 대만 해협에서 무력충돌이 발생하면, 제주해군기지를 이용하는 미국 함정과 잠수함, 그리고 항공모함은 남쪽으로 향하는 중국의 북해함대를 막을 수 있다. 또 중국의 동해함 대의 측면을 공격하는 데에도 효과적이다." 서치타는 동아 시아에서 무력출동 발생 시 제주해군기지가 중국의 숨통을 막을 수 있는 전략적 포인트가 될 수 있다고 간주한 것이다. 미국이 이를 염두에 두고 있는지는 불확실하지만, 2017년 이후 미 해군의 이지스함, 핵 추진 잠수함, 핵 추진 항공모 함이 제주해군기지를 여러 차례 입항해왔다.

미중 경쟁 시 성주 사드가 동원될 가능성도 존재한다. 미 국은 유사시 주한미군과 제주해군기지를 중국용으로 사용 할 경우 중국이 미사일을 동원해 보복 공격에 나설 가능성 에 대비하려고 할 것이다. 일단 한국 서쪽에 있는 주한미군 기지로 향하는 중국 미사일을 한국 동쪽에 있는 사드 미사 일로 요격하는 것은 거의 불가능하다. 사드 미사일의 최대 사거리는 200km이고 요격 고도는 40~150km인 반면에, 평 택이나 군산에 있는 미군기지로 향하는 중국의 미사일이

목표물에 근접하면 사드의 요격 고도 아래로 비행할 것이기 때문이다.[39]

하지만 미국이 2018년부터 '주한미군 합동긴급작전요구(United States Forces Korea Joint Emergent Operational Need)'라는 이름으로 성주 사드 기지 업그레이드에 나서면서 앞으로의 상황은 달라질 수 있다. 우선 미국은 사드 포대와 패트리엇 포대 사이의 연동성을 강화하고 있다. 성주에 배치된 AN/TPY-2 레이더에서 수집한 정보를 패트리엇 포대로 전달해 요격 정보로 활용하겠다는 것이다. 또한 "사드 발사대를 확대하거나 원격 조정하는 방안"도 제시했다. 이는 성주 사드 포대에서 요격미사일 발사대를 분리해 전방이나 후방으로 이동하거나 발사대를 추가로 배치해 "한반도에서 커다란 유연성"을 확보하겠다는 계획의 일환으로 나온 것이다.[40] 이러한 업그레이드가 완료되면 적어도 기술적으로는

---

39) 다만 미국이 2020년대 중반 개발을 목표로 한 '확장형 사드(THAAD-ER)'가 한국에 반입될 경우 상황은 달라질 수 있다. 이 요격미사일의 사거리는 기존 사드 요격미사일보다 3~4배가량 길고 속도도 훨씬 빠르기 때문이다.

40) http://www.defense.gov/Newsroom/Transcripts/Transcript/Article/2081326/department-of-defense-press-briefing-on-the-presidents-fiscal-year-2021-defense/

사드 기지가 중국용으로 이용될 가능성이 높아진다. AN/TPY-2 레이더를 이용해 중국의 미사일을 탐지·추적하고 이 정보를 주한미군기지에 있는 패트리엇으로 전송하는 방법도 있고, 평택이나 군산 등 미군기지에 사드 발사대를 이동 배치하거나 추가로 배치할 수도 있기 때문이다.

이와 관련해 주한미군 사령관으로 재직하면서 상기한 업그레이드를 본국에 요청한 빈센트 브룩스는 "사드는 미사일 방어 시스템으로 중국과는 아무 상관이 없다"고 주장했다.[41] 하지만 이는 미국 국방부 설명과 충돌한다. 펜타곤은 '주한미군 합동긴급작전요구'에 대해 설명하면서 "극초음속 무기가 적대국들의 무기고에 추가되는 것은 시간문제"라며 "극초음속 무기 방어가 최우선 과제가 됐다"고 밝혔다. 그런데 북한이 극초음속 미사일 개발에 나섰다는 소식은 전혀 없다. 반면 미국은 중국의 극초음속 미사일 개발 움직임에 촉각을 곤두세워왔다. 액면 그대로 본다면 사드를 비롯한 MD(미사일방어체제) 업그레이드가 중국의 극초음속 미사

---

41) 〈동아일보〉, 2020년 2월 15일.

일에 대응하기 위한 것이라는 해석을 불러올 수 있는 것이다.[42] 또 펜타곤은 북한뿐만 아니라 중국의 위협에 대처하기 위해 지소미아가 필요하다고 강조해왔다. 지소미아는 한미일 MD를 위해 설계된 것인데, 성주 사드는 이와 무관하다고 보기 힘든 것이다.

정리하자면, 어떤 형태로든 한국에 배치된 미국 군사력이 중국용으로 동원되면 한국이 미중 충돌에 연루될 위험은 피하기 어려워진다. 제3자인 한국이 미국에 군사기지를 제공하는 것은 국제법적으로 한국이 중국에 군사적 적대 행위를 하는 것이나 마찬가지이기 때문이다. 이는 중국이 해당 기지를 정밀 타격하거나 한국에 군사적 보복을 가할 수 있는 국제법적 근거가 될 수 있다. 너무 비관적인 시나리오가 아니냐는 반문이 나올 수 있다. 하지만 미중 간의 국지적 무력충동 가능성은 상존하고, 더 중요하게는 우리가 개입해서 어떻게 할 수 있는 여지는 많지 않다.

42) https://www.bloomberg.com/news/articles/2018-06-27/u-s-upgrading-korea-missile-defense-even-as-war-games-halted

사드 정식배치와 미국의 중거리 미사일

미중 패권경쟁과 한국의 연루 위험 '예고편'에 해당하는 사드 갈등은 2017년 10월에 봉합되었다. 문재인 정부가 사드를 추가적으로 도입하지 않고, 미국 주도의 MD(미사일방어체제)에 참여하지 않으며, 한미일 군사동맹을 추구하지 않겠다는 '3불(不)' 입장을 밝혔기에 가능했다. 주한미군 사령부도 2017년 9월 10일 '사실 보고서'를 통해 "(성주에 배치한) AN/TPY-2 레이더는 일본의 AN/TPY-2 레이더와 똑같은 것이지만 한국에 배치될 레이더의 역할과 임무는 일본의 레이더와 달라 다른 프로그램이 설치되어 있다"며, "사드가 한국에 배치될 시 유일한 임무는 북한의 중단거리 탄도미사일로부터 한국을 지키는 것"이라고 밝혔다. 사드가 중국과는 무관하다는 점을 강조한 것이다.[43] 그러나 그 이후 미국은 사드 업그레이드를 해왔고 임시배치 상태에 있는 사드의 정식배치 문제도 남아 있다.

---

43) 이에 반해 주한미군 사령부는 "일본의 레이더는 북한의 장거리 미사일로부터 미국 본토와 일본을 방어한다"고 밝혔다.

이와 관련해 주한미군은 2019년 3월 사드 기지 부지 70만m²에 대한 사업계획서를 제출했고 이에 따른 일반환경영향평가도 4월부터 실시되고 있다. 한국 국방부에 따르면 사드 일반환경영향평가는 최소 15개월에서 최대 23개월이 걸린다. 이에 따라 환경영향평가는 2020년 7월에서 2021년 3월 사이에 마무리될 것으로 보인다. 이러한 절차가 마무리되면 사드 정식배치 여부를 결정해야 한다. 임시배치 상태에서는 지반 공사를 할 수 없기 때문에, 이동식 알루미늄판을 깔고 발사대와 레이더 등 핵심 장비를 그 위에 올려놓은 상태로 유지되어왔다. 또 송전망 공사도 할 수 없기 때문에 자체적인 발전기로 필요한 전력을 공급해왔다. 그러나 정식배치 단계에서는 알루미늄판을 거둬내고 콘크리트로 지반을 조성해 발사대와 레이더, 사격통제장치를 그 위에 올려놓게 된다. 아울러 송전망도 깔아 외부에서 전력을 안정적으로 공급할 수 있게 된다.

만약 사드가 정식배치되면, 그 위험성은 더욱 커질 공산이 크다. 앞서 소개한 사드 업그레이드 이외에도 몇 가지 잠복 요인들이 도사리고 있기 때문이다. 이와 관련해 주목해야 할 점은 크게 두 가지이다. 하나는 성주에 있는 AN/ TPY-2 레이더를 한반도 밖의 MD(미사일방어체제) 자산과 연동시켜 '글로벌 MD'의 일환으로 삼는 것이다. 구체적으로는 이 레이더를 미국 본토의 전략사령부와 하와이에 있는 인도태평양 사령부의 지휘통제전투관리통신(C2BMC)과 연동시키는 것이 이에 해당한다. C2BMC는 글로벌 MD의 '두뇌'이다. 이에 따라 성주 레이더가 이와 연동되면 한국은 미국 글로벌 MD의 최전방 기지가 되고 만다.[44]

이는 앞서 언급한 제주해군기지 문제와도 연결될 수 있다. 미국은 중국과의 갈등 시 제주해군기지를 이용하려고 할 경우 중국이 '항공모함 킬러'로 불리는 지대함 탄도미사일을 동원할 가능성에 대비할 것이다. 그 대비책 가운데 하나가 성주에 배치된 AN/TPY-2 레이더와 항공모함을 호위하는 이지스함의 MD 자산을 연동시키는 것이 될 수 있다.

---

44) 이와 관련해 미국 국방부의 2017년 예산서에는 '특수화된 통신 및 레이더 소프트웨어의 제공에 힘입어 사드 포대는 MD 체제의 C2BMC 시스템과의 직접 통신이 가능할 수 있게 될 것이다. 이로 인해 사드 포대는 통상적인 적극 방어용 교전 임무뿐만 아니라 (탄도미사일의) 탐지 및 추적 기능도 수행할 수 있다'고 밝혔다. 여기서 '통상적인 적극 방어용 교전 임무'란 사드 포대의 기능을 의미하고, 'C2BMC)과의 직접 통신'은 다른 MD 자산과의 연동을 의미한다.

성주 사드가 정식배치 되어 안정적인 전력을 공급받고 레이더의 소프트웨어를 업그레이드하면 이지스함을 비롯한 다른 MD(미사일방어체제) 자산과 연동시킬 수 있기 때문이다. 또 성주 레이더를 주일미군 및 일본의 MD 자산과 연동시킬 가능성도 배제할 수 없다.

또 하나는 '확장형 사드(THAAD-ER)'를 만들어 대륙간탄도미사일(ICBM) 요격용으로도 사용하는 것이다. 이와 관련해 존 힐 미국 미사일방어청(MDA) 청장은 "미국은 본토 방어용 사드 요격미사일 개발을 시작할 것"이라며, "요격미사일의 사거리를 확대하면" "ICBM 요격용으로 매력적인 무기"가 될 것이라고 강조했다. 다만 당장 이러한 능력은 확보하기 힘들 것이라며 "2020년대 중반에 가능할 것"이라고 밝혔다.[45] 그런데 확장형 사드는 기존 발사대에도 장착이 가능하다. 또 ICBM 비행 초기 단계에서 요격을 시도할 수도 있다. "다층적 MD"를 추구해온 미국으로서는 이 요격미사일 개발에 성공하면 한국에 있는 사드 포대에 장착하는 옵

---

45) 이에 반해 주한미군 사령부는 "일본의 레이더는 북한의 장거리 미사일로부터 미국 본토와 일본을 방어한다"고 밝혔다.

션을 강구할 수 있다는 것이다.

　미국의 중단거리 지대지 미사일 배치 문제도 짚어볼 필
요가 있다. 미국이 중거리 미사일 한국 배치를 타진할 가능
성을 배제할 수 없기 때문이다. 이러한 우려를 뒷받침하듯
마크 에스퍼 미국 국방장관은 2019년 8월 4일 중거리 미사
일의 아시아 배치와 관련해 "해당 지역 동맹 및 파트너들과
협의를 거쳐 배치할 것"이라고 말했다. 그는 12월 12일에도
"유럽과 아시아 등의 우리 동맹국들과 배치 가능성을 긴밀
히 상의하고 협력할 것"이라는 입장을 거듭 밝혔다.

　미국은 INF(중거리핵미사일폐기) 조약에서 탈퇴해 중거리
미사일을 만들면서 중국 견제도 시야에 넣고 있다. "우리는
INF 조약에 손발이 묶여 있는 사이에, 중국은 마음대로 만
들고 배치하고 있다"는 불만이 제기되어온 것이다. 이러한
푸념은 2017년 4월 상원 청문회에서 당시 태평양 사령부 사
령관 해리 해리스(현 주한미국대사)를 통해 공개적으로 표출
됐다. 그는 "중국이 INF 조약의 당사국이었다면 중국 미사
일 전력의 약 95%는 이 조약을 위반하는 셈이 된다"며, "미

국은 러시아와의 INF(중거리핵미사일폐기) 조약에 의해 (중국과) 상응할 능력이 없기 때문에 이러한 사실은 중대한 것"이라고 주장했다.[46] 트럼프 역시 "러시아가 (INF 조약이 금지한 무기를) 만들고 중국도 만들고 있는데 우리만 조약을 준수한다면, 그건 받아들일 수 없다"고 말한 바 있다.

이처럼 사드 정식배치 및 미국의 중거리 미사일 배치 문제는 미중 패권 구도에서 한국의 딜레마를 격화시킬 수 있는 불안 요인들이다. 이와 관련해 2019년 12월에 방한한 중국의 왕이 외교부장은 "사드는 미국이 중국을 겨냥해서 만든 것"이라며 "미국이 만든 문제이고 미국이 사드를 한국에 배치해서 한중관계에 영향을 줬다"고 비판했다. 중국 외교부 대변인도 한중 외교장관 회담 결과를 설명하면서 "중한은 공동 인식에 따라 사드 등 양국 관계의 건강한 발전에 영향을 끼치는 문제를 계속 적절히 처리하고 서로의 핵심 이익과 정당한 관심사를 존중하기로 했다"고 밝혔다. 미국의 중거리 미사일 배치 문제와 관련해서는 더 강한 경계심

---

46) The Washington Post, October 21, 2018.

을 드러내고 있다. 중국 매체들은 한국이 미국의 중거리 미사일 배치를 수용하면 "한국은 중국의 적국이 될 것"이라고 경고하고 있기 때문이다.

딜레마에 처한 문재인 정부는 사드 정식배치 결정을 최대한 늦추려고 하고 있다. 중거리 미사일의 한국 배치와 관련해서도 "미국의 공식적인 요청도 없고 검토된 바도 없다"며 선을 긋고 있다. 그런데 이들 문제는 북핵 문제를 비롯한 한반도 정세의 향방에 크게 영향을 받을 수밖에 없다. 한반도 비핵화와 평화체제 구축이 획기적으로 진전되면, 한국 내에서 사드 정식배치를 거부하려는 움직임도 커질 것이고 중거리 미사일을 한국에 배치하는 것도 쉽지 않을 것이다. 반면 한반도 정세가 교착상태에서 벗어나지 못하거나 악화되면 반대의 상황이 전개될 수 있다. 특히 이들 문제는 2022년 한국 대선과 맞물리면서 급격히 정치화될 가능성도 높다. 보수적인 정당 및 언론, 그리고 전문가들은 사드 정식배치뿐만 아니라 미국의 전술핵 및 미사일 재배치를 강하게 요구할 공산이 크기 때문이다.

제2부

희망 고문

1. 트럼프의 '실패의 기술'

미국이 70년을 넘긴 북한과의 적대 관계를 청산한다는 것은 북미관계를 포함한 한반도에만 국한된 것이 아니다. 국제정치의 관점에서 본다면, 북미관계 정상화를 비롯한 한반도 평화는 동아시아의 중대한 현상 변경을 의미한다. 이에 따라 한반도 평화는 동아시아의 현상 유지를 위해 미국이 취해왔던 동맹 및 대중국 전략과 상당한 긴장 관계에 있다. 즉 "태평양 국가"를 자임해온 미국의 기존 패권 전략과 마찰이 불가피하다는 것이다. 또 북미관계는 미국 내부 정치의 문제이기도 하다. 북한 정권에 대해 체질적인 거부감과 불신을 갖고 있으면서 한반도에서 현상 유지를 선호해온 미국 주류와의 갈등이 불가피하다. 때로는 대통령 본인의 다른 유혹과도 충돌할 수 있다.

그러므로 미국의 대북정책은 '보이지 않는 거대한 싸움'이자 '자기와의 싸움'이다. 한반도 평화와 비핵화를 원하지 않는다고 대놓고 말하는 사람은 없지만, 내심 이를 경계하는 세력은 분명 존재한다. 이는 "북한이 주기적으로 문제를 일으키고 있지만 이를 굳이 나쁘게 볼 필요가 없으며 오히려 미국의 입장에서는 반길 만하다"는 2013년 6월 힐러리 클린턴 전 국무장관의 발언에 잘 담겨 있다.[47] 도널드 트럼프 대통령은 1차 북미정상회담 이후 미국 안팎에서 회의론이 거세지자 "모든 사람이 틀렸다는 것을 우리 둘(나와 김정은)이 증명할 것"이라고 장담했다. 하지만 그의 장담은 아직 실현되지 않고 있다. 미국 정부 안팎의 다양한 세력의 반격도 문제이지만, 트럼프 본인의 머릿속에도 다양한 욕구가 충돌하고 있기 때문이다.

보이지 않는 세력의 반격

"나는 언젠가는 주한미군을 철수하고 싶습니다. 집으로 데리고 오고 싶어요. 그 이유는 돈이 너무 많이 들기 때문입니다. 한국도 돈을 좀 내고 있으나 미국이 너무 많이 내

---

47) 클린턴의 연설 및 토론 내용 전문은 여기에서 볼 수 있다. https://wikileaks.com/podesta-emails//fileid/11011/2873

고 있어요. 그러나 지금 당장 철수는 하지 않을 것입니다."
2018년 6월 12일 싱가포르에서 열린 사상 최초의 북미정상
회담을 마치고 기자회견 자리에서 트럼프가 한 말이다. 귀
국 직전에 〈폭스뉴스〉와 가진 인터뷰에서도 "나는 가능한
빨리 병력을 빼내고 싶다"며 "지금 논의되고 있지 않지만,
적절한 시기에 그렇게 될 것"이라고 말했다. 이 발언은 미국
주류의 또 다른 공포심을 자극했다.

2017년 하반기에 트럼프는 북한을 상대로 "화염과 분노",
"완전파괴"와 같은 말폭탄을 던지면서 한국에 있는 미국인
소개 작전을 검토하라고 지시했었다. 전쟁 공포에 휩싸인 트
럼프의 참모들은 그를 만류하기에 바빴다. 이것이 트럼프에
대한 미국 주류의 공포심의 한 축이었다면, 위에서 소개한
트럼프의 발언은 미국 주류의 다른 공포심을 자극한 또 하
나의 축이었다. 그것은 바로 트럼프가 김정은과 담판을 짓
고 주한미군 철수를 감행할 수도 있다는 것이다. 미국 주류
에게 "미국이 많은 숫자의 기지와 수십만 명의 병력을 해외
에 상시 주둔시켜야 한다는 생각은 미국의 대외 정책과 국

가안보 정책에서 거의 종교적 신념"이나 다름없다.[48] 특히 경쟁자로 떠오른 중국을 견제하기 위해서는 주한미군이 필수적이라고 여겨왔다.

물론 "워싱턴 기득권 세력(Washington establishment)"으로 불려온 미국 주류가 1차 북미정상회담에 불만을 나타낸 것은 주한미군 철수 공포에만 있었던 것은 아니다. 구체성이 결여된 합의가 결국 북한의 핵무장을 막지 못할 것이라는 비판도 있었다. 더불어 북한 지도자에 대한 체질적인 거부감 및 이런 북한의 지도자와 "사랑에 빠졌다"고 말한 트럼프에 대한 반감도 크게 작용했다. 일례로 트럼프 행정부 내 저항세력을 자처한 현직 고위 관료는 자신을 비롯한 많은 관료가 저항에 나서게 된 이유 가운데 하나로 트럼프가 "북한의 지도자 김정은과 같은 독재자들을 향해서는 호감을 보이고 있다"는 점을 들었다.[49] 익명의 폭로자로 나선 이 관료는 트럼프가 김정은에게 매료된 이유를 이렇게 설명하기

---

48) 데이비드 바인 지음, 유강은 옮김, 《기지 국가》, (갈마바람, 2018년), 서문.

49) I Am Part of the Resistance Inside the Trump Administration, The New York Times, September 5.

도 했다. "트럼프는 독재자들이 절대 권력, 임기 무제한, 강요된 인기, 반대자를 침묵시킬 수 있는 능력을 갖고 있는 것을 자신도 갖기를 원했다."[50]

공포감에 휩싸인 미국 주류는 다양한 방식으로 반격에 나섰다. 첫 방식은 '미국이 또다시 북한에 속고 있다'는 프레임을 만드는 것이었다. 싱가포르 북미회담 직후 미국 〈NBC〉 방송은 정보당국의 보고서 내용을 인용해 "북한이 최근 몇 달간 여러 곳의 비밀 장소에서 핵무기의 재료인 농축 우라늄 생산을 늘리고 있다"고 보도했다. 〈워싱턴포스트〉 역시 복수의 미국 정부 관계자들을 인용해 "국방정보국(DIA)은 북한이 미국 정부를 속이고 핵탄두와 미사일, 핵개발 관련 시설의 수를 줄여서 신고하는 방법을 찾고 있다는 결론을 내렸다"고 보도했다. DIA는 북한의 핵 보유량을 65개 정도로 추산하고 있는 반면에, 북한은 이보다 훨씬 적게 신고할 가능성이 높다는 것이었다.[51] 이들 언론이 보도한 내용의 진위 여부를 떠나 주목할 점이 있다. 그것은 바로

---

50) Anonymous, A Waring, Twelve, 2019, pp. 187~190.

51) The Washington Post, June 30, 2018.

펜타곤과 정보기관이 이러한 내용을 언론에 흘렸다는 점이다. 이는 한반도 평화를 향한 작용이 있을 때마다 어김없이 등장한 미국 강경파들의 '백래시(backlash)'였다.

2018년 11월에는 트럼프와 앙숙 관계에 있던 〈뉴욕타임스〉가 전면에 나섰다. 이 신문의 1면 머리기사는 "북한의 은폐된 기지는 속임수를 시사한다(Hidden Bases In North Korea Suggest Deceit)"였고, 인터넷판에는 "거대한 속임수(Great Deception)"라는 더 자극적인 제목이 달렸다.[52] 미국 싱크탱크인 국제전략문제연구소(CSIS)가 북한의 미공개 미사일 기지 13곳의 위치를 파악했다는 보고서를 먼저 입수해 보도하면서 이렇게 제목을 단 것이다. 〈뉴욕타임스〉는 CSIS의 분석을 주도한 빅터 차 석좌를 가리켜 "저명한 북한 전문가"라고 소개하면서 그의 분석이 상당한 권위가 있는 것처럼 묘사했다. 반면 김정은에 대해서는 "가장 잔인한 독재자 가운데 한 명"이라고 표현하면서 그가 속임수에 능한 사람인 것 같은 이미지를 만들어냈다. 한국과 미국의 다른

---

52) The New York Times, November 12, 2018.

매체들도 이 보도를 상세히 전하면서 상당한 파장을 일으켰다.

그러나 이 보도에는 몇 가지 중대한 오류가 있었다. 우선 기사 제목부터가 팩트와 맞지 않았다. 2018년에 북한이 폐기 의사를 밝힌 미사일 시설은 동창리에 있는 시설이 유일했다. 그 외의 미사일 기지에 대해서는 활동 중단이나 폐기 의사를 밝힌 적이 없었다. '속임수'나 '기만'과 같은 표현은 애초부터 성립할 수 없었던 것이다. 또한 CSIS(국제전략문제연구소)와 〈뉴욕타임스〉는 마치 새로운 사실을 발견한 것처럼 호들갑을 떨었지만, 이들이 제시한 13곳의 미사일 기지는 오래전부터 한미 정보당국이 파악하고 있었고 몇몇 언론도 이미 이를 보도했었다. 분석을 주도한 빅터 차는 "저명한 북한 전문가"의 여부를 떠나 양심부터 부족한 사람이다. 그는 1990년대 후반부터 '북한 붕괴 신봉론자'였다. 특히 2011년 12월 김정일 사망 직후에는 "몇 주가 될지 몇 달이 될지는 알 수 없지만, 북한 정권은 김정일의 갑작스러운 죽음을 감당할 수 없을 것"이라며 "북한은 끝났다"고 단언했다. 이랬던 그는 북한이 멀쩡히 존재하자 〈중앙일보〉를 통해 "북

한의 붕괴에 대해 속단하지 않았다"고 거짓말을 했다.[53]

엉터리 분석과 보도는 '보이지 않는 세력'의 실체를 드러
내기도 했다. 조중동 등 국내의 보수 매체들은 〈NYT〉의 보
도와 CSIS(국제전략문제연구소)의 보고서를 대단한 권위가 있
는 분석인양 대서특필했다. 이를 본 한국의 보수정당들은
문재인 정부에 맹폭을 가했다. 청와대가 "북한이 동창리 미
사일 기지 외에 다른 미사일 기지를 폐기하겠다고 약속한
적이 없다"며 팩트를 말하자, 극우 보수 언론과 정당들은 일
제히 "북한의 대변인"이라고 공격했다. 또 한 가지 중요한 점
이 있다. CSIS의 최대 후원자는 바로 일본과 미국의 거대 군
수업체들이라는 점이다. CSIS 홈페이지를 보면 일본 정부는
2018년 한해만도 최소 50만 달러를 기부한 것을 비롯해 일
본의 기업, 재단, 개인 기부자들이 대거 명기되어 있다는 것
을 확인할 수 있다. 또한 CSIS의 주요 후원 기업에는 록히드
마틴, 보잉, 노스롭그루먼, 레이시온 등 미국 군수 산업체들
이 대거 포진해 있다.

---

53) 빅터 차, "미국은 북한의 위협을 과장하지 않는다", 〈중앙일보〉, 2017년 2월 24일

반격의 또 하나의 방식은 종전선언을 무산시킨 것이었다. 이번에는 트럼프 행정부의 고위 관료들이 나섰다. 2018년 3월 들어 문재인 대통령이 평화협정에 앞서 종전선언의 필요성을 강조하자 트럼프도 화답했었다. 4월 17일 기자회견에서 "사람들은 한국전쟁이 아직 끝나지 않았다는 걸 깨닫지 못한다"며 "남북한은 한국전쟁 종전 문제를 논의하고 있으며, 나는 이 논의를 축복한다"고 말했다. 뒤이어 트럼프가 6월 1일 김영철 북한 노동당 부위원장의 백악관 방문 및 6월 12일 북미정상회담에서 "한국전쟁을 끝내는 선언에 서명하겠다"고 약속했다는 미국 언론들의 보도도 나왔다.

그러자 북한은 정전협정 체결 65주년이 되는 2018년 7월 27일을 '디데이(D-day)'로 잡았다. 대북 협상을 총괄하는 마이크 폼페이오 국무장관의 7월 초 방북은 이를 논의할 수 있는 좋은 기회로 간주되었다. 하지만 폼페이오는 화답하지 않았다. 7월 27일에 "종전선언을 발표하는 문제에 대한 미국 측의 답을 기대"했던 북한은 "우리의 기대와 희망은 어리석다고 말할 정도로 순진한 것"이었다고 낙담했다. 폼페이오가 "이러저러한 조건과 구실을 대면서 멀리 뒤로 미루어놓으려는 입장을 취하였다"는 것이다. 북한 외무성은 종전선언과 관련해 "트럼프 대통령이 더 열의를 보이였던 문제"라고 주장했다. 이게 사실이라면 '믿는 도끼에 발등 찍힌 셈'이었다.

뒤이어 미국의 고위 관료들은 종전선언에 공개적으로 거부감을 드러냈다. 존 볼턴 백악관 안보보좌관은 "종전선언과 같은 어떠한 양보도 북한에 나약함을 드러나는 것이고 그래서 도움이 안 된다"고 주장했다. 제임스 매티스 국방장관은 "종전선언의 함의에 대한 철저한 고려가 없는 상태에서 이 선언이 나오면 한미 양국의 군사적 태세에 부정적인 영향을 줄 것"이라는 우려를 표명했다.[54] 종전선언이 트럼프가 말한 주한미군 철수의 전주곡이 될 것이라는 걱정이 강하게 반영되어 있었던 것이다. 이러한 걱정은 미국 언론과 전문가들에 의해 확대 재생산되었다.

그러자 남북한 정상들은 이구동성으로 이들을 향해 '걱

54) The Washington Post, August 27, 2018.

정하지 말라'는 메시지를 보냈다. 김정은은 9월 초에 평양을 방문한 문재인 정부의 대북 특사단에게 "종전선언은 한미동맹의 약화나 주한미군 철수와는 별개"라고 강조했다. 평양 남북정상회담을 마치고 돌아온 문재인 역시 종전선언은 "유엔사 지위라든지 주한미군의 주둔 필요성 등에는 전혀 영향이 없는 것"이라고 강조했다. 심지어 9월 25일 미국 〈폭스뉴스〉와의 인터뷰에서는 "(종전선언은) 정치적 선언이라 북한이 약속을 어길 경우 언제든 취소할 수 있다. 미국으로서는 전혀 손해 보는 일 없다"며 미국의 결단을 거듭 촉구했다.

하지만 미국 주류에게 공포의 대상은 김정은이나 문재인보다는 자신들의 대통령 트럼프였다. 이들은 이미 트럼프가 주한미군에 대해 얼마나 불만을 갖고 있는지 톡톡히 경험한 터였다.[55] 밥 우드워드의 《공포: 백악관의 트럼프》에 따르면,[56] 트럼프는 주한미군에 대해 수시로 불만을 토로했다. 2017년 7월 전 세계의 군사적 움직임을 실시간으로 파

---

55) 주한미군과 사드를 둘러싼 트럼프와 그의 참모 사이의 갈등은 《비핵화의 최후》, 94~104쪽 참조.

56) Bob Woodward, Fear: Trump in the White House, Simon & Schuster, 2018.

악할 수 있는 펜타곤의 '탱크'에서 벌어진 일이다. 트럼프는 주한미군의 필요성을 역설하는 참모들의 얘기를 들을수록 고개를 갸우뚱했다. 개리 콘 백악관 국가경제위원회 위원장이 "대통령님께서 잠을 편히 주무시려면 그 지역에 무엇이 필요하겠습니까?"라고 묻자, "빌어먹을 것은 필요 없소. 나는 아기처럼 잘 잘 수 있소"라고 답했을 정도였다. 이를 지켜본 렉스 틸러슨 국무장관은 트럼프가 자리를 뜨자 "그는 바보 멍청이야"고 말했다.[57]

2018년 1월에도 비슷한 일이 벌어졌다. 매티스는 "북한이 ICBM(대륙간탄도미사일) 발사 시 주한미군은 7초 안에 이를 감지할 수 있지만, 알래스카의 레이더로는 15분이 걸린다"며, "우리는 3차 세계대전을 막기 위해" 주한미군이 필요하다고 말했다. 그러자 트럼프는 "우리가 어리석지 않았다면, 우리는 진작 부자가 되었을 거요"라고 푸념했다. 트럼프가 자리를 뜨자 매티스는 주변 동료들에게 "대통령은 5~6학년처럼 행동"한다고 탄식했다.

---

57) 틸러슨의 이 발언이 언론 보도를 통해 나오자 트럼프는 그를 해고했다.

주한미군 철수에 대한 공포심은 미국 의회도 갖고 있었다. 그리고 이들은 특단의 조치를 취했다. 상하원에서 통과시킨 2019년 국방수권법에서는 주한미군의 병력 수를 2만 2000명 이하로 줄이지 못하도록 아예 법으로 못박았다. 뒤이어 2020년 국방수권법에서는 행정부가 일방적으로 감축할 수 없는 주한미군 규모를 2만8500명으로 정해 전년보다 6500명을 늘렸다.[58] 트럼프가 주한미군 감축이나 철수를 단행할 수 있다는 공포심을 법제화를 통해 달래려고 한 것이다.

반격의 백미는 '하노이 노딜' 유도에 있었다. 협상을 불발시키는 가장 손쉬운 방법은 상대방이 받아들일 수 없는 제안을 하는 것이다. 2019년 2월 27~28일에 베트남 하노이에서 열린 2차 북미정상회담 때 트럼프가 김정은에게 들이민 '비핵화 정의' 문서가 정확히 그랬다. 이 '노딜 문서'에는 미국이 정의한 '한반도 비핵화'가 북한의 핵 포기뿐만 아니라

58) 다만 주한미군 감축이 미국의 국가안보 이익에 맞고, 동맹국들의 안보를 중대하게 침해하지 않으며, 한국과 일본 등 동맹과 적절히 협의한다는 조건이 충족되면 감축이 가능하다는 예외 단서가 달렸다.

생물·화학무기와 모든 탄도미사일, 그리고 이중용도 프로그램도 모두 폐기하라는 내용이 담겼다. 또 북핵 폐기 방식도 핵과 미사일을 미국에 넘기라는 요구도 있었다. 당황한 김정은은 이를 수용할 수 없다고 했고, 트럼프는 자리를 떴다.

이를 '노딜 문서'라고 칭한 이유는 그 내용에만 있는 것이 아니었다. 필자가 2019년 3월 하순에 미국 국무부 관계자들을 만나 확인한 결과 트럼프가 김정은에게 문제의 문서를 처음 건네준 시점은 회담 이틀째인 2월 28일 오전이었다. 미국이 이 문서에 기초해 진지하게 협상할 의도가 있었다면, 정상회담에 앞서 열린 실무회담이나 최소한 회담 첫날에 북한과 공유했어야 했다. 긴밀한 공조 대상인 문재인 정부에게 전달한 시점도 하노이 회담 '이후'였다. 아마도 하노이 회담 이전에 한국에 전달했다면, 문재인 정부는 북한이 도저히 수용할 수 없는 요구라며 조정을 요구했을 것이다.

이러한 점들을 종합해보면, 미국의 의도는 '노딜'에 있었다고 볼 수밖에 없다. 이는 볼턴의 노림수이기도 했다. '비핵화 정의' 문서는 볼턴의 주도 아래 국무부, 국방부, 백악관 국가안보회의(NSC), 재무부, 에너지부 등의 핵심 관계자들 참여하에 만들어졌다. 그리고 그 목적은 "이 문서를 통해 트럼프 대통령이 충동적으로 어정쩡한 타협을 하지 않도록 제어하는"데에 있었다.[59] 트럼프는 1차 북미정상회담 이후 "더 이상 북한의 핵 위협은 없다"거나 "한국전쟁을 끝내는 것은 대단한 일이다"라며 노벨평화상에 대한 욕심을 드러낸 바 있다. 트럼프의 참모들은 이 점을 불안해했다. 그러자 볼턴이 동료들을 이렇게 안심시켰다고 한다. "걱정하지 말라. 협상은 붕괴될 것이다."[60] 우드워드의 《공포》의 결론, 즉 "미국의 현직 관료들이 대통령을 상대로 행정적인 쿠데타를 벌이고 있다"는 대목을 떠올리게 하는 대목이 아닐 수 없다.

이처럼 다양한 방식으로 한반도 평화 프로세스를 방해한 미국 정부 안팎의 세력들은 이제는 이렇게 조롱한다. "북

---

59) 《중앙일보》, 2019년 3월 30일

60) The New York Times, March 2, 2019.

한이 핵을 포기할 것이라고 믿는 사람은 트럼프 대통령과 문재인 대통령밖에 없다."

데이트 폭력

미국 정부 안팎에서 다양한 방식으로 북미정상회담을 방해하려는 움직임이 있었지만, 결국 '하노이 노딜'을 선택한 당사자는 바로 트럼프였다. '노딜'의 원인이 된 '비핵화 정의 문서'를 2월 28일 오전에 김정은에게 건넨 당사자도 트럼프였다. 그렇다면 트럼프는 김정은이 거부할 것을 뻔히 알면서도 이 문서를 들이민 이유가 무엇일까?

우선 트럼프 본인도 밝힌 것처럼, 그는 김정은과의 회담에 집중할 수 없었다. 그의 개인 변호사인 마이클 코헨의 의회 증언이 하노이 정상회담 일정과 정확히 일치했기 때문이다. 청문회에 나선 코헨은 트럼프를 "거짓말쟁이", "사기꾼"으로 칭하면서 맹폭을 가했고, 이는 미국 언론의 헤드라인을 장식했다. 그런데 청문회 날짜를 선택한 주체는 반(反)트럼프 정서가 강하고 북미정상회담에 비판적인 민주당이었다. 트럼프는 민주당이 코헨을 앞세워 자신에게 정면 도전에 나서자 언론의 헤드라인을 바꾸기로 결심했을 공산이 크다. 거의 누구도 예상하지 못한 '노딜'을 통해서 말이다. 실제로 미국 언론의 헤드라인은 코헨의 청문회에서 '하노이 노딜'로 바뀌었다.

'개의 꼬리가 몸통을 흔든 일(Wag the dog)'은 이때만이 아니었다. 2018년과 2019년에 김정은과 트럼프는 모두 세 차례 만났다. 그런데 하노이 사례뿐만 아니라 2018년 3월에 트럼프가 북미정상회담을 수락했을 때와 2019년 6월 판문점에서 '번개팅'을 할 때도 트럼프의 국내 정치적 계산이 작용했을 공산이 크다. 그것은 바로 미국 언론의 헤드라인 바꿔치기였다.

김정은의 정상회담 제의를 전격적으로 수락했던 2018년 3월 8일에 트럼프에게는 대형 악재가 예고되어 있었다. 트럼프와 성관계를 맺었다고 주장한 전직 포르노 배우 스테파니 클리포드의 기자회견이 바로 그것이었다. 트럼프의 변호

사는 대선 직전에 클리포드에게 13만 달러를 주면서 함구를 요구했는데, 그녀는 기자회견을 통해 이 계약이 무효라고 선언할 예정이었다. 악재를 만난 트럼프는 김정은의 메시지를 들고 백악관을 방문한 정의용 청와대 안보실장을 통해 반전을 도모했다. 클리포드의 기자회견에 앞서 정의용에게 백악관 기자실에서 생중계로 북미정상회담 합의 소식을 발표해달라고 요청한 것이다. 미국을 비롯한 전 세계의 언론이 뉴스 속보로 이 소식을 전했고 이를 접한 클리포드는 기자회견을 연기했다. 트럼프가 자신의 참모들과 아무런 논의도 없이, 그것도 청와대 안보실장에게 북미정상회담 합의 소식을 발표하게 한 데에는 '큰 뉴스를 더 큰 뉴스로 덮겠다'는 계산이 깔려 있다고 볼 수밖에 없는 장면이었다.

2019년 6월 말에는 세계가 놀랄 만한 '깜짝쇼'가 펼쳐졌다. 트럼프는 G-20 정상회담이 열리는 일본 오사카를 거쳐 서울을 방문할 예정이었다. 그러자 문재인 정부는 판문점에서 북미 정상 간에, 혹은 남북미 정상 간의 회동을 위해 미국과의 물밑 협의에 들어갔다. 하지만 트럼프 행정부는 이에 동의하지 않았고, 트럼프가 김정은을 만날 계획도 없다고 밝혔다. 그런데 6월 29일 오전에 극적인 반전이 일어났다. 트럼프가 서울로 출발하기에 앞서 트위터에 "김 위원장이 이것을 본다면, 나는 DMZ에서 그를 만나 악수하고 인사(say Hello)할 수 있을 것"이라고 적었다. "2분 동안 만나는 게 전부겠지만 그래도 좋을 것"이라고도 덧붙였다. 김정은은 사전 협의도 없이 나온 트럼프의 깜짝 제안을 전격적으로 수락했고, 6월 30일 판문점 회동은 이렇게 성사되었다.

트럼프의 이 '깜짝쇼'도 미국 국내 정치 상황과 무관하다고 보기 힘든 것이었다. 6월 말은 민주당 대선 후보들의 TV 토론이 시작된 때였고 미국 언론의 보도도 이 내용이 주를 이뤘다. 트럼프가 G-20 정상회담에서 자신의 활약상에 대한 미국 언론의 보도가 많지 않다고 불만을 토로할 정도였다. 이것이 영향을 미쳤는지는 알 수 없지만, 트럼프의 깜짝 제안으로 성사된 남북미 3자 정상들의 판문점 회동은 민주당 경선 소식을 밀어내고 미국 언론의 최대 화젯거리가 되었다.

김정은과 트럼프의 세 차례의 만남은 기이한 화학작용을

일으키기도 했다. 트럼프는 기회가 있을 때마다 김정은과의 정상회담을 자신의 최고 외교 업적으로 치켜세웠다. 구체적으로는 "핵실험도 없고 장거리 미사일 발사도 없다"거나 "우리의 인질이 돌아왔다"거나 "3차 세계대전을 막았다"고 자랑해왔다. 하지만 북한은 미국에 농락당했다고 여겼다. "우리는 아무런 대가도 없이 미국 대통령이 자랑할 거리를 안겨 주었으나 미국 측은 이에 아무런 상응 조치도 취하지 않았으며 우리가 미국 측으로부터 받은 것은 배신감 하나뿐"이었다는 것이다. 북한은 핵실험 및 장거리 미사일 발사 중단, 풍계리 핵실험장 폐기, 북한에 억류된 미국인과 미군 유해 송환과 같은 긍정적인 조치들을 취했는데, 미국은 오히려 대북 제재를 강화한 것에 대한 불만이었다.

실제로 트럼프가 김정은을 상대하는 방식을 보면, '데이트 폭력'이라고 해도 지나치지 않다. 트럼프는 한 손에는 경제제재를 앞세운 '최대의 압박'을, 다른 한 손에는 "사랑에 빠졌다"는 말로 대표되는 '최대의 애정'을 들고 김정은을 상대해왔다. 하지만 애정은 말뿐이었고 실제로는 괴롭힘의 연속이었다. 트럼프 본인도 '하노이 노딜' 한 달 후에 "북한은 굉장히 고통받고 있다. 그들은 힘든 시간을 보내고 있다"고 말할 정도였다. 이처럼 사랑한다며 고통을 계속 가하는 모습을 보면, 트럼프 행정부의 "저항세력의 일원"이 지적한 말이 절로 떠오른다. "트럼프 문제의 근원은 도덕 관념이 없는 것(amorality)이다."[61]

비핵화 회의론이 강해질수록 트럼프는 "모든 사람이 틀렸다는 것을 우리 둘(나와 김정은)이 증명할 것"이라고 호언장담했다. 하지만 그가 실제로 취한 방식은 김정은과의 '의기투합'보다는 김정은에게 '백기 투항'을 요구하는 것이었다. 트럼프는 세 차례의 만남을 통해 김정은의 약점을 잡았다고 여겼다. 그가 경제발전과 인민 생활 향상에 얼마나 큰 열정과 기대를 가지고 있는지를 확인하고는 제재를 유지·강화하면 '미션 임파서블'로 불린 북한의 핵 포기를 이뤄낼 수 있다고 믿었거나 믿는 척했다. 또 협상의 달인을 자처하는 트럼프는 자신의 '거래의 기술'은 최대한 적게 주고 최대한 많이 받아내는 거라고 생각했다. "북한의 핵실험도 없고

---

61) I Am Part of the Resistance Inside the Trump Administration, The New York Times, September 5.

미사일 발사도 없고 미군 유해도 받아낸 반면 내가 북한에게 준 것은 없다"는 트럼프의 자랑에서 이러한 기질을 잘 볼 수 있다. 하지만 이러한 접근법은 '성공의 기술'이 아니라 '실패의 기술'이 되고 있다. 왜 그럴까?

트럼프 행정부를 비롯한 대북 제재 옹호론자들은 제재를 통한 압박이 북한을 대화로 이끌어냈다고 믿고 있다. 그리고 제재를 계속 가하면 결국 비핵화를 이룰 수 있을 것이라고 주장한다. 북한이 제재 해제를 원하는 것은 분명하다. 김정은이 2018년 3월에 트럼프에게 정상회담을 제안한 이유 가운데 하나도 "경제건설에 유리한 대외적 환경", 즉 대북 제재 해결을 원한다는 데에 있었다. 또한 그가 2020년 신년사를 대신한 노동당 전원회의 보고에서 경제제재 해결이 "절실히 필요한 것은 사실"이라고 말한 것도 북한의 절박감을 엿보게 한다. 트럼프는 아마도 북한이 경제제재가 고통스럽다며 비명을 지를 때에도, 북한이 경제제재를 풀어달라고 호소할 때에도 '제재가 통하고 있다'고 믿고 있을 터였다.

하지만 트럼프가 결정적으로 간과한 것이 있다. 제재가

강해질수록, 그래서 북한이 느끼는 심리적·물질적 고통이 커질수록 북한은 이에 굴복하지 않겠다는 결기도 강해지고 있다. 김정은은 제재 해제가 "절실히 필요한 것은 사실"이라면서도 "지금껏 목숨처럼 지켜온 존엄을 팔 수는 없다"고 말했다. 이러한 북한의 결기는 고문당하는 사람이 고문에 무릎을 꿇기보다는 끝까지 저항하는 경우를 떠올려보면 이해할 수 있다. 특히 그 고문이 부당하다고 느껴질수록 저항심은 더욱 강해진다.

북한은 핵을 만든다는 이유로 제재를 받아왔다. 그런데 그 제재 결정권을 쥔 유엔 안전보장이사회 상임이사국들이 모두 핵보유국이다. 또한 이스라엘, 인도, 파키스탄도 국제 규범을 어기고 핵을 만들었는데, 이들 나라는 제재는 고사하고 미국의 지원을 받기도 한다. '친미무죄, 반미유죄'라고 해도 과언이 아니다. 적어도 북한의 눈에는 대북 제재가 부당하다고 느낄 수밖에 없는 이유들이다. 북한이 저항을 선택한 본질적인 이유도 바로 여기에 있다. 피고문자가 고문에 굴복하는 것을 자존감을 잃는 것으로 여기듯이 제재에 굴복하는 것은 "나라의 존엄"을 잃는 것이라고 간주한다. 이게

'있는 그대로의 북한'이다. 그리고 북한이 이러한 선택을 할 것이라는 점은 충분히 예상할 수 있었다.

결국 트럼프가 '미션 임파서블'로 불려온 한반도 비핵화를 달성하기 위해서는 김정은을 상대로 한 '데이트 폭력'부터 중단해야 한다. 제재가 효과를 보려면 그 고삐를 계속 당길 것이 아니라 북한의 긍정적인 조치에 조응하는 방식으로 제재를 풀어가야 한다. 그래서 김정은에게 비핵화가 강요된 굴욕이 아니라 명예로운 선택이 될 수 있도록 만들어야 한다. 트럼프가, 또한 제재에 중독된 미국이 이 간단한 이치를 깨닫지 못하는 한 북핵 문제 해결은 영원히 불가능하다.

돈벌이가 먼저

거의 모든 이들이 불가능하다고 여기는 한반도 비핵화를 달성하기 위해서는 '선택과 집중'이 필수적이다. 그런데 트럼프 행정부는 산만하기 그지없다. 비핵화에 북한의 핵 포기뿐만 아니라 생화학무기와 모든 탄도미사일, 그리고 이중용도 프로그램 폐기까지 집어넣으면서 과유불급(過猶不及)의 어리석음을 범한 것이다.

산만함은 여기서 그치지 않았다. 트럼프는 하노이 북미정상회담 직후 기자회견에서 비핵화에 대해 "많은 사람은 이게 무엇을 의미하는지 모르지만, 나에겐 매우 분명하다. 핵무기를 제거해야 한다는 것이다"라고 말했다. 4월 12일 한미정상회담 때에도 "빅딜은 우리가 (북한의) 핵무기를 제거해야 한다는 것"이라고 강조했다. 비핵화가 북핵을 제거하는 것이라면 자신의 참모들에게 이점을 분명히 해야 했다. 하지만 그는 거꾸로 참모들이 이것저것 주워 넣은 비핵화 봉투를 김정은에게 건네고 말았다.

이뿐만이 아니다. 트럼프는 '자기와의 싸움'에서도 지고 말았다. 미국 주류는 한반도 평화가 주한미군 및 한미동맹의 약화로 이어져 대중국 전략에 차질을 빚을 것을 우려했다면, 트럼프는 돈벌이에 차질이 생길 것을 걱정했다. 싱가포르 북미공동성명이 잘 이행되어 한반도 평화와 비핵화에 획기적인 진전을 이룬다면, 한국을 상대로 막대한 무기 수출 수입도 줄어들 수 있고 방위비 분담금의 대폭적인 인상 요구도 여의치 않을 수 있다고 생각했다. 또 본인이 방아쇠를 당긴 미중무역전쟁에서도 지렛대가 악화될 수 있다고 여겼다. 이렇듯 머릿속에 잡생각이 많다 보니 대북 협상에 선택과 집중을 하지 못했다.

'하노이 노딜' 직후 가진 기자회견에서도 트럼프의 잡생각은 거침없이 드러났다. 그는 김정은과의 정상회담이 그랬듯이 시진핑 중국 주석과의 무역협상에서도 언제든 자리를 박차고 일어날 수 있다고 말했다. 또 한국이 방위비 분담금을 터무니없이 적게 내고 있다고 불만을 토로하기도 했다. 그리고 트럼프는 북한과의 협상을 "서두르지 않겠다"는 입장을 여러 차례 밝히면서 돈벌이에 치중하려는 모습을 보였다.

2019년 4월 중순 미국 워싱턴에서 열린 한미정상회담은 트럼프의 관심사를 잘 보여준 자리였다. 당시 회담은 '하노이 노딜' 이후 한미 간의 대북정책 방향을 논의하는 중대한 자리였다. 하지만 트럼프는 정상회담에 앞서 가진 공개적인 모두 발언에서 한국이 미국의 군사 장비를 많이 구매하고 있고, 추가적으로도 구매를 결정했다는 점을 여러 차례 강조했다. 특히 "미국은 미국의 장비를 구매하는 나라를 굉장히 좋아한다"고 말해, 문재인 대통령에게 추가적인 무기 구매를 강하게 압박하기도 했다. 9월에 뉴욕에서 열린 한미정상회담 역시 마찬가지였다. 청와대가 "무기 구매에 대해서는 문 대통령이 지난 10년간, 그리고 앞으로 3년간 우리 계획에 관해 설명했다"고 밝힐 정도였다.

트럼프의 또 하나의 관심사는 방위비 분담금 인상이다. 그는 2016년 대선 유세 때 "주한미군의 방위비 분담금을 미국이 모두 부담하고 있다"는 '가짜뉴스'를 퍼트리면서 한국을 "무임승차자(free rider)"로 불렀다. 그러면서 한국을 비롯한 동맹국의 방위비 분담을 획기적으로 높이겠다는 공약을 발표했다. 대통령 취임 이후 한국이 상당한 수준의 분담을 하고 있다는 팩트를 알 법도 했을 텐데, 트럼프는 막무가내였다. 문재인 정부에 노골적인 압력을 가해 2019년 방위비 분담금을 전년도보다 8.2%나 올려 1조 389억 원을 받아내기로 한 것이다. 그런데 트럼프의 탐욕은 여기서 그치지 않았다. 2019년 들어서는 한국 측 부담을 5배가량 올려달라고 요구하고 나선 것이다. 그러자 미국 언론과 의원들조차도 트럼프가 주한미군을 "용병" 취급하고 있다는 비판을 쏟아내기도 했다.

한국을 상대로 한 트럼프의 상술은 '공포 마케팅'과 '희망 마케팅'을 버무린 것이다. 트럼프만큼이나 한국에서 이미지 세탁에 성공한 사람도 없다. 그는 2017년 취임 이후부터 2018년 초까지는 '미친 자(mad man)'의 전형을 보여줬다. 북한을 상대로 "화염과 분노", "완전한 파괴", "핵 버튼" 발언을 쏟아내며 코리아 아마겟돈의 문턱을 두드렸다. 그러나 이는 공포 마케팅의 일환이었다. '내가 두려우면 내가 하라는 대로 해!'라는 강압 외교의 전형을 보여준 것이다. 그 주된 상대는 한국이었다. 문재인 정부로서도 트럼프의 극단적인 선택을 예방해야 한다는 부담을 가질 수밖에 없었다. 트럼프는 바로 그 부담감을 이용했다. 공포 마케팅을 통해 무기 판매를 최대한 늘리고 한미 자유무역협정(FTA)과 방위비 분담금 협상 등에서 유리한 고지를 선점하려고 했다.

'미친 자'를 자처했던 트럼프는 2018년 3월부터는 '한반도 피스메이커'로 둔갑했다. 김정은의 정상회담 제안을 전격적으로 수락했고 그 이후 그를 세 차례나 만났다. 이렇듯 이미지 변신에 성공하면서 한국인들의 트럼프에 대한 호감도도 크게 높아졌다. 미국의 설문조사 전문업체인 퓨 리서치 센터가 2018년 10월 1일 공개한 자료에 따르면, 한국인들의 트럼프에 대한 지지도는 44%로 나타났다.[62] 하지만 트럼프의 장삿속은 변함이 없었다. '미친 자'를 자처한 시기에는 한국에 '공포심'을 안겨 자신의 요구를 관철하려고 했다면, '피스메이커'로 둔갑한 이후에는 '기대감'을 불러일으켜 최대한 돈을 벌려고 했다. 한국을 미국의 현금자동지급기(ATM)로 취급하는 게 아니냐는 느낌이 들 정도였다.

---

62) 참고로 미국의 전통적인 맹방들로 불려왔던 호주 32%, 일본 30%, 영국 28%, 캐나다 25%, 독일 10%, 프랑스 9% 등을 기록했다. https://www.pewresearch.org/global/2018/10/01/trumps-international-ratings-remain-low-especially-among-key-allies/

2. 문재인의 허망한 '운전자론'

2018년 남북관계는 '이게 실화냐'는 감탄을 자아내게 할 정도였다. 세 차례에 걸친 남북정상회담은 숱한 명장면들을 연출했다. 이 가운데 최고 명장면은 문재인 대통령이 9월 19일 평양 능라도 경기장을 가득 메운 15만 명의 평양 시민들 앞에서 연설한 것이다. 이 자리에서 문재인은 "백두에서 한라까지 아름다운 우리 강산을 영구히 핵무기와 핵 위협이 없는 평화의 터전으로 만들어 후손들에게 물려주자고 김정은 위원장과 확약했습니다"라고 천명했고, 평양 시민들은 열렬한 박수와 환호로 화답했다. 하지만 2019년부터 남북관계는 지속적으로 악화되었다. 이러한 현실을 잘 보여준 씁쓸한 장면이 있었다. 2019년 10월 15일 평양에서 열린 2022 카타르 월드컵 아시아 지역 남북한 예선전이 '무관중-무중계'로 치러진 것이다. 이를 두고 외신들은 "세상에서 가장 이상한 더비"라고 표현했다.

북한의 막말과 남한 푸대접이 연이어 나오면서 국내의 반응도 엇갈렸다. 보수 진영에서는 언제까지 '북한의 눈치나 보면서 매달릴 것이냐'며 문재인 정부를 힐난했다. 반면 문재인 정부 지지자들 사이에서는 '북한이 배은망덕하다'는 말이 나왔다. 하지만 이러한 진영 논리는 자기모순을 품고 있다. 보수 진영에서는 문재인 정부를 가리켜 '김정은의 대변인'이라고 맹공격을 펼쳤었다. 문재인 정부를 겨냥한 북한의 막말은 이게 얼마나 근거 없는 정치적 공세임을 잘 보여준다. 반면 남북관계가 좋았을 때 김정은의 리더십과 판단을 높이 평가했던 사람들이 남북관계가 나빠지고 북한이 막말을 쏟아내자 '배은망덕' 운운하는 것도 앞뒤가 잘 맞지 않는다.

오늘날 남북관계를 비롯한 한반도 정세는 이와 같은 진영 논리에 가둬둘 정도로 한가하지 않다. 남북관계란 좋을 때도 있고 나쁠 때도 있지만, 2019년부터 남북관계는 질적으로 매우 나빠졌다. 2018년에 남북한 지도자들이 세 차례나 만나 의기투합했던 것은 온데간데없고 '근친 증오'가 그 자리를 차지하고 있기 때문이다. 특히 이러한 현상이 나타나는 데에는 문재인 정부의 책임도 분명히 존재한다.

운칠기삼

돌이켜보면 2017년 한반도는 운명적 순간과 역사적 사건이 조우한 순간이었다. 김정은과 트럼프의 건곤일척의 승부는 한반도를 예측 불허로 몰아넣었다. 코리아 아마겟돈의 위험성까지 잉태하면서 말이다. 그런데 바로 이때 촛불 혁명이 일어났다. 수백만 명의 한국 시민들이 들어 올린 촛불은 가장 평화적이면서도 가장 강력한 민주주의와 평화를 향한 다짐이자 호소였다. 그 결과 헌정 유린과 국정농단을 일삼았던 박근혜 정권은 탄핵 되었고 2017년 5월에 실시된 조기 대선에서 촛불 혁명에 힘입어 문재인 대통령이 등장했다. 이러한 맥락에서 볼 때, 한반도 평화를 향한 위대한 도전을 가능케 한 주역은 바로 평범한 한국 시민들이다.

'촛불 대통령' 문재인은 이러한 시대적 요청에 부응해야 할 역사적 책무가 있고 또한 스스로 이를 다짐해왔다. 그는 취임사에서 "한반도의 평화를 위해 동분서주하겠다"며, 이를 위해 한미, 한중, 한일 정상회담과 더불어 "여건이 조성되면 평양에도 가겠다"고 밝혔다. 또한 사드 문제 해결, 북핵 문제 해결과 한반도 평화체제 구축, 자주국방 강화, 동북아 평화구조 정착을 주요 과제로 언급했다. 하지만 임기 초반에 문재인 정부는 미국 주도의 대북 제재에 지지를 표명하고 "한미군사훈련과 북한의 핵·미사일 시험을 동시에 중단하자"는 일각의 요구를 거부했다. 또 당시 최대 쟁점이었던 사드도 대규모의 공권력을 동원해 임시배치를 강행했다.

  그러나 문재인 정부는 2018년 2월부터 열린 평창동계올림픽을 반전의 기회로 포착했다. 북한에는 대회 참가를 지속적으로 요구하고 미국에는 한미군사훈련을 평창대회 이후로 연기하자고 제안하면서 대화 분위기 조성에 박차를 가했다. 다행히 북한과 미국이 이에 호응하면서 평창대회 이후 한반도에도 봄이 찾아왔다. 판문점에서 남북정상회담이 열렸고 싱가포르에서는 사상 최초의 북미정상회담도 개최됐다. 이를 바탕으로 문재인 정부는 남북관계 발전을 통한 북미관계의 견인, 한반도 비핵화와 평화체제 구축의 선순환적 발전, 그리고 한반도 평화경제론을 주축으로 평화구상을 본격화하려고 했다.

문재인 정부의 '한반도 운전자론'이 힘을 받으면서 문 대통령에 대한 지지도는 80%를 넘나들었고, 대통령의 핵심 참모인 정의용 안보실장은 '한국의 헨리 키신저'라는 별명을 얻기도 했다. 당시 나는 정부 안팎의 들뜬 분위기에 우려를 갖고 있었다. 2018년 10월에 열린 한 토론회에서 '문재인 정부의 외교 안보 정책에 몇 점을 주겠느냐'는 질문을 받고 "70점 이상은 주기 어렵다"고 답했다. "한반도 평화 프로세스가 본격화된 것은 '운칠기삼(운이 70% 실력이 30%)'인데, 정부와 지지자들이 '운삼기칠'로 이해하고 있다"며, "이렇게 자만에 빠지면 시야가 흐려지고 제 역할을 도모하기가 어려워질 것"이라고 걱정했다.

이렇게 걱정한 데에는 그럴 만한 이유가 있었다. 문재인 정부 안팎에서는 사상 최초의 북미정상회담이 합의된 것도, 이것이 불발 위기에 처했을 때 되살린 것도 문재인 정부가 주도적인 역할을 한 덕분이었다고 강조한다. 그러나 이는 자화자찬의 성격이 짙다. 이러한 지적이 문재인 정부의 역할을 폄하하고자 하는 것은 아니다. 북미정상회담 성사 과정에서 문재인 정부가 의미 있는 역할을 한 것은 분명하다. 하지만 이는 실력보다는 운이 좋았기 때문이라고 할 수 있다.

먼저 2018년 3월 북미정상회담 합의는 김정은의 제안과 트럼프의 동의를 본질로 한다. 김정은은 3월 6일 평양을 방문한 문재인 정부 특사단에게 트럼프와의 정상회담을 희망한다며 이를 미국에 전달해달라고 부탁했다. 이러한 배경에는 "국가 핵무력 건설 완성"을 선언해 "미국과 힘의 균형"을 이룬 만큼, 미국과 담판을 지을 때가 왔다는 생각이 똬리를 틀고 있었다. 이틀 후 문재인 정부 특사단은 김정은의 메시지를 들고 백악관을 방문했고, 김정은의 제안을 들은 트럼프는 "가능한 빨리 만나고 싶다"고 즉각 화답했다. 이러한 배경에는 "햄버거를 먹으면서 김정은과 핵 협상을 하겠다"는 트럼프의 대선 공약과 본인의 "최대의 압박"이 통했다는 생각이 주효하게 작용했다. 이뿐만 아니다. 앞서 설명한 것처럼 '섹스 스캔들'이라는 우연의 일치도 있었다. 이처럼 문재인 정부는 평양과 워싱턴을 차례로 방문하면서 김정은의 제안을 트럼프에게 전달하는 '메신저' 역할을 했던 것이지, 북미정상회담을 양측에 제안해서 성사시킨 것은 아니었다.

뒤이어 북미 양측 사이에서 설전이 오가면서 북미정상회담이 불발될 위기에 처했다. 백악관 안보보좌관으로 기용된 존 볼턴이 '리비아 모델'을 운운하면서 북한을 자극했고, 이에 북한이 대미 비난 성명을 쏟아낸 것이다. 보다 못한 트럼프는 5월 24일 북미정상회담을 취소하겠다고 발표했다. 이틀 후에는 판문점에서 비공개로 남북정상회담이 열렸다. 그리고 그 직후 북한의 김영철 노동당 부위원장이 미국을 방문해 트럼프를 만나 정상회담을 열기로 다시 합의했다. 이 과정에서도 문재인 정부가 주도적인 역할을 했다는 주장이 맹위를 떨쳤다. 하지만 판문점 '번개팅'을 제안한 쪽은 김정은이었다는 점에서 이와 같은 주장은 과장된 측면이 있다.

문재인 정부의 실력 부족을 절감할 수 있었던 시기는 2018년 9월 평양 남북정상회담부터 2019년 2월 하노이 북미정상회담까지였다. 남북정상회담 결과로 나온 평양공동선언에서 가장 눈에 띈 것은 "북측은 미국이 6·12 북미공동성명의 정신에 따라 상응 조치를 하면 영변 핵시설의 영구적 폐기와 같은 추가적인 조치를 계속 취해나갈 용의가

있음을 표명하였다"는 대목이었다. 그 이후 문재인 정부 안
팎에선 '영변 핵시설이 북한 핵 능력의 70~80%를 차지하
고 영변 핵시설 폐기는 불가역적인 비핵화 조치'라는 말이
나왔다. 그래서 "영변 핵시설의 영구적 폐기"에 대한 상응
조치로 대북 제재 완화가 가능할 것이라고 봤다.

하지만 이는 미국의 인식과는 확연히 차이가 나는 것이
었다. 미국은 영변 폐기는 "부분적인 폐기에 불과하다"는
입장을 보였고, "영변 핵시설은 전체 북한의 핵 능력에서
40~60% 정도를 차지한다"는 입장이었다.[63] 냉정하게 본
다면 문재인 정부의 평가는 과도한 측면이 있었다. 우선 북
한이 영변 핵시설을 폐기하더라도 비핵화의 핵심인 핵무기
와 핵물질은 남아 있기 때문에 불가역적인 단계로 접어들었
다고 보기 어렵다. 또 북한은 이미 만든 핵무기 및 무기화가
가능한 핵물질을 포함하면 60개 안팎의 핵무기를 보유한
것으로 평가되었는데, 매년 5~6개 핵무기 분량의 핵물질을
생산할 수 있는 영변 핵시설이 북핵 능력의 70~80%를 차

---

63) 이는 통일연구원과 정욱식으로 이뤄진 방미팀이 2019년 3월 21일 국무부 관계자에
게 들은 내용이다.

지한다는 주장도 납득하기 어려운 것이었다. 북한의 핵 능력이 이미 고도화되어 영변 핵시설의 상대적 가치가 떨어졌는데, 영변 핵시설 북핵 능력의 대부분을 차지했던 과거의 눈으로 사안을 바라본 셈이다.

사정이 이렇다면, 문재인 정부는 미국과의 긴밀한 협의를 통해 인식의 차이를 좁히고 북한의 영변 핵시설 폐기에 상응하는 조치를 조율했어야 했다. 하지만 이를 위한 실질적인 노력은 거의 보이지 않았다. 오히려 정부는 하노이 북미정상회담에서 좋은 결과가 나올 것이라고 낙관하고 다음 수순을 준비했다. 미국의 대북 제재 완화에 힘입어 남북경협이 활성화될 것으로 기대하고는 국가안보실 2차장에 경제협상 전문가인 김현종을 기용한 것이다. 하지만 하노이 정상회담은 '노딜'로 끝났고 그 여파로 남북경협은 한 걸음도 나아가지 못했다. '하노이 노딜'의 원인 가운데 하나는 영변 핵시설 폐기 값어치에 대한 북미 간의 동상이몽이 자리 잡고 있었다. 그리고 '회심의 카드'로 여겼던 영변 폐기가 '낭패'로 돌아오면서 남북관계에도 빨간불이 켜졌다.

이게 각론상의 문제라면 총론상의 문제도 있다. 바로 비핵화의 정의와 목표이다. 앞서 언급한 것처럼 문재인은 평양 능라도 경기장에서 "핵무기와 핵 위협이 없는 평화의 터전"을 만들자고 역설했고, 경기장을 가득 메운 평양 시민들은 열렬한 박수로 화답했었다. 하지만 남한은 그 의미를 제대로 짚어내지 못했다. 평양 시민의 눈에 비친 문재인은 대한민국의 대통령이자 '원자탄 피난민 2세'였다. 1950년 12월 흥남부두 철수 작전의 이면에는 미국의 공개적인 핵전쟁 위협이 똬리를 틀고 있었고, 필사의 탈출을 위해 흥남부두를 향해 몰려든 약 30만 명과 탈출에 성공한 약 9만3000명의 북한 주민들 속에는 훗날 남한의 대통령이 된 문재인의 부모님도 있었다.[64] 이러한 역사가 의미하는 바는 크다.

우리는 핵을 가진 북한을 어떻게 상대할 것인가를 두고 10여 년 정도 고민해왔다.[65] 그런데 북한은 핵 위협을 가해온 미국을 어떻게 상대할 것인가를 두고 70년 정도 골몰해

---

64) 북한이 공개적으로 문재인을 가리켜 '원자탄 피난민 2세'라고 하지는 않는다. 다만 흥남부두 철수 때 탈북한 주민들을 '원자탄 피난민'으로 부르고 있다.

65) 이는 북한의 1차 핵실험이 실시된 2006년 이후부터 현재까지를 가리킨다.

왔다. 즉, "핵무기와 핵 위협이 없는 평화의 터전"에는 북한의 핵 포기뿐만 아니라 미국의 대북 핵 위협 해소도 포함되어야 한다. 그러나 문재인 정부는 물론이고 우리 사회에서는 거의 '북한의 비핵화'에만 초점을 맞추고 말았다. 1차 북미정상회담 이후 비핵화의 정의와 최종 상태를 두고 북미 간의 이견이 현격히 벌어지고 있는데, 문재인 정부는 이를 조율하려는 창의적인 노력보다는 북미가 말하는 비핵화는 "같다"는 주장만 되풀이했다. 특히 한미회담에서는 미국이 주장해온 "최종적이고 완전히 검증되는 비핵화(FFVD)"에 동의하는 모습을 보였다. 그러나 FFVD에는 북한에게 핵무기뿐만 아니라 생화학무기와 모든 탄도미사일도 포기하라는 내용은 담겼던 반면에, 미국의 대북 핵 위협을 해소할 방안은 담기지 않았다. 문재인 정부가 마련했어야 할 '한국식' 한반도 비핵화의 정의와 목표도 부재했다.

뒷자리에 앉은 사람의 지시에 따르는 '운전기사'가 아니라 뒷자리에 앉은 사람의 '안내자'가 되려면, 운전자 스스로 가려는 목적지와 경로를 제대로 파악하고 있어야 한다. 하지만 문재인 정부는 '한반도 운전자론'에 자아 도취한 나머지, 그리고 북미회담이 잘 될 것이라는 낙관론에 경도된 나머지 제 역할을 제대로 하지 못했다. 이러한 현실을 반영하듯, 문재인은 2020년 신년사에서 "(지난해) 북미대화가 본격화되면서 남과 북 모두 북미대화를 앞세웠던 것이 사실"이라며, 북미대화의 진전도 없었고 남북관계도 악화한 것에 대해 답답함을 토로했다.

'미국의 범위'에 갇히다

집권 3년 동안 문재인 정부가 보여준 가장 아쉬운 대목은 '미국의 범위'에 갇혀 사실상 옴짝달싹하지 못해왔다는 데에 있다. 잘못된 첫 단추는 2017년 6월 말 한미정상회담에서 끼워졌다. 문재인은 워싱턴행 전용기에서 가진 기자회견에서 북한의 핵실험과 미사일 시험 발사를 "나쁜 행동", "악행", "불법", "도발"로 규정하면서 북한과 중국이 제안한 '쌍중단'을 거부했다. 또 한미정상회담에서는 "기존 제재를 충실히 이행하면서 새로운 조치들을 시행"하기로 합의했다. 문재인 정부와 상당수 언론은 "한국이 운전석에 앉게 되었다"

는 평가내렸지만, 그 주도권 앞에는 '미국의 범위 내에서'라는 조건이 달라붙고 만 것이다.

문재인 정부의 초기 입장과 대응이 아쉬운 까닭은 바로 이 지점에서 발견할 수 있다. 한국은 미국을 상대로 대북 제재가 약해서 북핵 문제가 악화한 것이 아니라 협상다운 협상이 없었다는 점을 부각해야 했다. 북한이 핵실험을 하거나 장거리 로켓을 발사할 때마다 국제사회는 추가적인 대북 제재를 부과하면서 "역사상 가장 강력한 제재"라고 말했지만, 그 결과는 북한의 핵과 미사일 능력의 비약적인 증강이었다는 점을 납득시켜야 했다. 그래서 지난 1990년대 초반부터 북핵 대처를 지배해온 '대북 제재를 어떻게 강화할 것인가'라는 프레임을 '대북 협상을 어떻게 할 것인가'로 바꾸려고 노력했어야 했다. 또 북한의 핵실험 및 탄도 미사일 시험 발사와 한미군사훈련을 함께 중단하자는 '쌍중단'에 대해서도 미국과 건설적인 협의에 나섰어야 했다. 이 과정에서 목청이 높아지고 얼굴이 붉혀지더라도 할 말은 해야 했다. 트럼프 행정부가 오바마 행정부의 '전략적 인내'를 강력히 비판하고 있었기에 오바마의 대북정책 실패를 정확히 짚어내면서 새로운 접근을 시도해보자고 해야 했다.

물론 한국이 미국을 상대로 위와 같은 입장을 밝혔다고 해서 원하는 결과가 바로 나오지는 않았을 것이다. 오히려 한미관계에 마찰이 일어나고 이것이 보수 진영의 정치적 공격을 격화시키는 결과를 낳았을 수도 있다. 그런데 문재인 정부의 문제점은 바로 이 지점에 있었다. 한미관계에 흔들림이 없어야 한다는 강박관념과 정치적 판단이 앞서서 미국에 너무 저자세로 임하고 말았다.

이를 잘 보여준 사례가 있다. 2017년 6월 중순 문정인 통일외교안보 특별보좌관이 "북한이 핵과 미사일 활동을 중단하면 미국의 전략자산 전개를 포함한 한미연합군사훈련 규모 축소를 미국과 논의할 수 있다"고 말하자 국내 보수 진영에서 거세게 반발했다. 그러자 청와대는 "청와대에서 책임질 만한 분이 문 특보에게 연락해 한미관계에 도움이 되지 않는다고 엄중하게 말했다"며 진화에 나섰다. 기실 문정인의 발언은 북한의 핵과 미사일 활동은 '중단'을, 한미군사훈련은 '축소'를 제안한 것이라는 점에서 '쌍중단'에도 못미치는 것이었다. 그러나 청와대는 미국과 국내 보수 여론을 의식해 문정인의 발언을 수습하는 데에 급급했다.

게다가 첫 한미정상회담에서 문재인 정부가 대북 제재에 동의하면서 두고두고 미국에 발목을 잡히는 결과를 낳고 말았다. 문재인 정부는 이후 거의 모든 한미회담에서 유엔의 대북 제재를 유지하겠다는 입장을 줄곧 표명해왔다. 2017년 9월 초에는 문재인이 블라디미르 푸틴 대통령에게 "대북 원유공급 중단과 북한 해외노동자 수입 금지 등을 검토할 때"라고 요청하자, 푸틴이 "(그러한 조치는) 수백만 북한 주민들의 고통만 훨씬 더 가중될 것"이라며, "북한은 자신들이 안전하다고 느끼지 못하면 풀을 먹으면서도 핵을 포기하지 않을 것"이라며 거부한 일도 벌어졌다. 이는 김대중과 노무현 정부가 경제제재는 북한의 언행을 바꾸는 좋은 수단이 아니라고 견제하면서 남북관계 발전과 더불어 북미대화 중재에 힘썼던 것과는 분명 차이가 나는 것이었다.

2018년 11월 20일에는 '한미 워킹그룹'이 출범했는데, 문재인 정부가 더더욱 미국의 범위에 갇히게 되는 결과를 초래하고 말았다. 이를 알리는 기자회견에서 마이크 폼페이오 국무장관은 "우리는 비핵화와 남북관계는 함께 나아가는 2인용 자전거이며, 중요한 병행 과정으로 생각한다. 워킹그룹은 그 방식을 유지할 수 있도록 고안됐다"고 설명했다. 그는 또한 "양국이 상의 없이 단독행동을 하지 않게 할 것"이라며, "한국 정부에 북한 비핵화가 남북관계 진전에 뒤처지지 않도록 보장하기를 원한다는 점을 분명히 했다"고도 말했다.

그 이후 이 조직의 운영 실태를 보면, 한미가 같이 일을 하는 '워킹그룹'이라기보다는 한국이 일을 못하게 하는 미국의 '간섭그룹'에 가까웠다. 비핵화와 남북관계의 병행발전보다는 비핵화의 지지부진을 이유로 한국의 대북정책 및 남북관계에 제동 거는 일을 주로 해왔기 때문이다. 남북한이 합의한 철도·도로 연결 사업에 제동 거는 역할을 해왔고, 남한의 대북 인도적 지원에도 사사건건 개입해 차질을 빚게 했다. 독감 치료제인 타미플루의 대북 전달이 무산된 것이 대표적인 사례이다. 문재인 정부는 2019년 1월에 20만 명분의 타미플루 지원을 결정했지만, 미국이 한미 워킹그룹을 통해 타미플루를 싣고 갈 화물차량이 대북 제재에 저촉될 수 있다는 이유로 제동을 걸면서 지원 시기를 놓친 것이다. 또 한미 워킹그룹은 남북한이 재개를 타진해온 금강산 관광 사업과 개성공단 사업에도 미국이 반대 입장을 관철해온 제도적 장치였다.

한미 워킹그룹의 퇴행적 운영은 '하노이 노딜' 과정에서도 확인할 수 있다. 9월 남북정상회담 3개월 후에, 그리고 2차 북미정상회담 2개월 전에 만들어진 이 그룹은 한미 양국이 비핵화 및 상응 조치를 협의할 수 있는 제도적 장치로 활용되었어야 했다. 그러나 영변 핵시설 폐기의 값어치 및 이에 대한 상응 조치에 대한 실질적인 논의는 알려진 바가 없었다. 무엇보다도 '하노이 노딜'은 트럼프가 김정은에게 미국의 일방적인 요구를 담은 '비핵화 정의' 문서를 건넨 것이 결정적인 원인이 되었는데, 미국은 하노이 회담에 앞서 문서를 한국과 공유하지 않았다. 폼페이오는 "양국이 상의 없이 단독행동을 하지 않게 할 것"이라고 했는데, 미국은 가장 결정적인 순간에 "단독행동"을 불사한 셈이다.

미국이 비핵화 협상에서는 한미공조보다는 자신의 일방주의를 추구하고 한국의 대북정책에 대해서는 한미공조를 앞세워 사사건건 방해해왔던 것이 워킹그룹의 실상인 것이다. 문재인 정부도 이러한 퇴행적 운영 책임을 피할 수 없다. 한미 워킹그룹은 비핵화의 정의와 목표, 그리고 비핵화에 필요한 상응 조치 논의가 존재 이유가 되어야 한다. 하지만 한국의 대북정책에 대한 미국의 간섭을 제도화하는 수준에 그쳤고 문재인 정부는 미국에 끌려다니는 수준을 벗어나지 못했다.

이러한 와중에 '착시 현상'도 나타나고 있다. 미국 정부와 한국의 보수 진영은 더딘 비핵화 속도에도 불구하고 문재인 정부가 무리하게 남북관계의 속도를 높여온 것처럼 비난하곤 한다. 하지만 비핵화에 속도가 붙지 않은 본질적인 이유는 미국이 북한에는 무리한 요구를 해온 반면 종전선언과 대북 제재 완화와 같은 상응 조치는 꺼린 데에 있다. 한국으로서는 북핵 해결도 중요하지만 남북관계의 모든 현안을 여기에 종속시킬 수도 없는 상황이다. 그런데 미국은 자신이 할 바는 하지 않으면서 한국도 일하지 못하게 했다. 폼페이오가 말한 "2인용 자전거"에서 미국은 페달을 밟지 않거나 브레이크 걸면서 착실히 페달을 밟으려는 한국을 비난한 꼴이 아닐 수 없다.

미국이 한국의 주권과 정책을 간섭하는 제도적 장치는 또 있다. 바로 유엔사령부이다.[66] 유엔사는 2018년 8월 21일에 "48시간 이전에 통보하도록 한 동행계획 통보시한이 지났다"는 이유로 남북 철도 공동조사 통행 신청을 불허했고, 9월 13일에도 "제재 면제 물품 여부 확인이 필요하다"는 이유로 동해선 군 통신선 물품 출경도 불허했다. 이러한 유엔사의 간섭으로 이들 사업이 지연되었다. 설상가상으로 2019년 들어서는 유엔사의 간섭이 더욱 노골화되었다. 2월에는 민족화해협력범국민협의회(민화협)의 새해맞이 행사를 위한 금강산 방북단의 휴대전화 및 노트북 등의 반출을 불허했다. 정전협정에는 허가 대상을 무기로 한정하고 있고 미국 상무부의 '수출관리규정'(EAR) 및 유엔 안전보장이사회

___

66) 유엔사는 그 명칭과는 달리 실질적으로는 미국의 기관이다. 이와 관련해 1994년 6월 16일 유엔 사무국 법률실은 유엔사는 유엔 안보리의 기구가 아니므로 미국 정부만이 그 존속이나 해체를 결정할 권한을 갖는다는 입장을 표명했다.

의 대북 결의 2397호에도 취재진의 장비 휴대를 금지하는 내용이 없다는 점에서 이는 명백한 월권에 해당된다.[67]

또한 유엔사는 2월 하순에 통일부 대학생 기자단 및 6월 초순 한독통일자문위원회 자문위원의 '철수 GP'[68] 현장방문을 불허했다. 유엔사는 명확한 불허 근거를 제시하지 않았지만, 철수 GP에 유엔기와 태극기를 게양해달라는 유엔사의 요구가 받아들여지지 않자 불허한 것으로 알려졌다. 실제로 유엔사 규정에는 "비무장지대 내 모든 유엔사 GP"에 유엔기가 게양되도록 규정하고 있다. 그러나 유엔사가 방문을 불허한 고성 GP는 남북한의 합의에 따라 이미 철수·비무장화되었고 표식 제거 및 검증도 완료되었다. 이에 따라 고성 GP는 더 이상 '휴전선 감시 초소'로서의 기능을 수행하지 않는다. GP의 임무가 종료된 곳에 유엔기가 게양되어 있지 않다고 해서 방문을 불허한 것 역시 월권으로밖에 볼 수 없는 것이다.

---

67) 〈한겨레〉, 2019년 2월 14일.

68) '철수 GP'는 남북한이 군사 분야 합의에 따라 비무장지대 내에 있는 GP를 철거한 곳을 말한다.

이처럼 미국의 '갑질'형 통제도 문제이지만, 문재인 정부가 지나치게 미국의 눈치를 본 사례들도 있다. 국내 민간단체들은 2018년에 10년 동안 닫혀 있던 남북관계의 빗장이 열리자 대북 지원 및 남북협력사업에 나서려고 했었다. 그러나 정부는 여건이 좀 더 성숙할 때까지 기다려달라는 입장이었다. 햇볕정책의 정신 가운데 하나인 선민후관(先民後官)과는 배치되는 것이었다. 정부 차원의 대북 인도적 지원도 미국의 눈치를 보다가 실기한 사례라고 할 수 있다. 정부는 2017년 9월에 800만 달러 규모의 대북지원을 결정해놓고도 한미 간의 협의를 이유로 2019년 5월까지 이를 집행하지 않았다. 이는 스위스, 스웨덴, 프랑스, 캐나다가 2018년에 모두 3300만 달러의 대북지원을 제공한 것과 비교되는 것이었다. 또한 김대중-노무현 정부 때 "인도적 지원은 정치적 사안과 별개가 되어야 한다"며 한국이 대북지원을 주도했던 것과는 확연히 달라진 것이었다. 뒤늦게 미국이 동의하면서 지원을 추진했지만, 이번에는 북한이 수령을 거부하고 말았다.

허언에 가까운 일도 있었다. 문재인은 2019년 3·1절 기념

사에서 "금강산 관광과 개성공단 재개 방안도 미국과 협의하겠다"고 밝혔다. 통일부는 "제재의 틀 아래서 남북공동선언의 주요사업을 추진하는 방안을 모색해 나가겠다"며, "개성공단 및 금강산 관광 재개 방안을 마련해서 대미협의를 준비하겠다"고 밝혔다. 이러한 입장은 '하노이 노딜' 직후에 나온 것이어서 더욱 주목을 끌었다. 하지만 미국이 공개적으로 반대 입장을 밝히자 문재인 정부도 소극적 태도로 돌아섰다. 공교롭게도 북한의 대남 비난은 이때부터 강해졌다. 결과적으로 정부가 '제재의 틀 내에서 남북경협 재개를 추진하겠다'는 얘기는 안 하느니만 못한 결과를 초래하고 만 것이다. 문재인 정부 출범 이후 개성공단 및 금강산 관광 재개를 기대했던 해당 기업인들에게는 뜻하지 않는 '희망 고문'이 되기도 했다.

2019년 내내 답답한 상황이 계속되자 문재인 정부는 2020년 들어 독자적인 남북관계 돌파 의지를 밝히기 시작했다. 문재인은 1월 14일 "북미대화만 바라보지 말고 남북관계를 발전시켜야 한다"며 "남북관계는 우리의 문제이기 때문에 우리가 조금 더 주체적으로 발전시켜 나가야 한다는 의지를 가져야 한다"고 힘주어 말했다. 그러자 김연철 통일부 장관은 "새해를 맞아 정부는 북미 관계가 해결될 때까지 기다리기보다 남북관계 개선을 위해 할 수 있는 조치를 취해 나갈 계획"이라고 밝혔다. 강경화 외교부 장관도 "특정 시점에 따라서는 북미가 먼저 나갈 수도 있고 또 남북이 먼저 나갈 수도 있다고 생각한다"고 힘을 보탰다. 북미관계 중심 구도에서 탈피해 남북관계 발전을 모색하겠다는 것이 2020년 정부의 대북정책 기조인 셈이다.

문제는 너무나도 촘촘하게 짜인 미국 주도의 대북 제재에 있고 정부도 이를 잘 알고 있다. 이에 따라 정부는 대북 제재에 저촉되지 않는 범위 내에서 우선적으로 남북협력 사업을 추진할 뜻을 밝혔다. 금강산 개별 관광, 비무장지대 유네스코 세계유산 남북한 공동 등재, 도쿄 올림픽 남북 공동 입장 및 단일팀 구성과 2032년 올림픽 남북 공동개최 추진 스포츠 교류 등이 이에 해당한다. 이에 대해 미국은 남북협력을 지지한다면서도 "비핵화와 보조를 맞춰야 한다"는 기존 입장을 되풀이하고 있다. 북한도 2020년 4월까지 호응이 없는 상태이다. 설상가상으로 코로나19가 '세계적인 대유행

(Pandemic)'으로 번지고 감염에 극히 취약한 북한이 이 사태가 해결될 때까지 문을 굳게 닫아걸겠다고 밝히면서 남북 관계의 불확실성도 커지고 말았다.

'내로남불'과 근친 증오

나는 앞서 남북관계가 질적으로 나빠졌다고 진단한 바 있다. 북한이 2019년 5월부터 남한에 막말을 쏟아붓고 "더 이상 상종하지 않겠다"고 밝힌 데에는 문재인 정부에 대해 실망감을 넘어 '배신감'을 품고 있다고 보기 때문이다. 정부 안팎에서는 북한의 대남 강경책 및 남북관계의 악화 원인을 '하노이 노딜'에서 찾는다. 이게 큰 이유인 것만은 분명하다. 북한은 '하노이 노딜'도 충격이었지만, 미국의 범위에 갇힌 남한이 남북경협에 한 걸음도 내딛지 못한 것도 실망스러운 것이었다. 그러나 문제의 원인을 이곳에서만 찾는 것은 정확하지 않고 실용적이지도 않다. 정확하지 않은 이유는 문재인 정부의 문제점을 제대로 보지 못하고 남북관계 악화를 북미관계의 탓으로만 돌리려는 데에 있다. 실용적이지 않은 이유는 '내 탓'을 찾지 못하면 정작 문재인 정부가 할 수 있는 바가 거의 없어지기 때문이다.

2019년 남북관계를 복기해보면, 북한의 배신감 및 남북관계 악화의 결정타는 7월 25일 김정은의 '권언'과 그 이후 상황 전개에 있었다. 그 직전에도 이상기류는 있었다. 문재인은 6월 중순 유럽 순방 기간 동안 "북한의 평화를 지켜주는 것은 핵무기가 아니라 대화"라거나 "평화란 힘에 의해 이루어질 수 있는 게 아니라 오직 이해에 의해서만 성취될 수 있다"라고 역설했다. 그런데 국방부는 문재인의 유럽 순방 기간에 "평화는 힘이 있어야 지킬 수 있다"며, 2020년도 국방예산안으로 8% 늘어난 50조4000억 원을 제출했다. 곧이어 F-35 2대도 추가로 도입되었다. 그러자 북한은 연일 이에 대한 비난을 쏟아냈다. 6월 30일 남북미 정상들의 판문점 회동이 성사되면서 반전의 계기가 마련되는 듯했다. 하지만 트럼프가 김정은에게 한미연합군사훈련 중단을 약속했음에도 불구하고 한미 양국이 8월에 군사훈련을 실시하겠다는 계획을 발표하면서 상황은 다시 꼬였다.

김정은의 '권언'은 이러한 와중에 나왔다. 그는 7월 25일 실시된 미사일 발사를 지도한 자리에서 "남조선 당국자들이 세상 사람들 앞에서는 '평화의 악수'를 연출하며 공동선언이나 합의서 같은 문건을 만지작거리고 뒤돌아 앉아서는 최신 공격형 무기반입과 합동 군사연습 강행과 같은 이상한 짓을 하는 이중적 행태를 보이고 있다"며 불만을 쏟아냈다. 그러면서 "우리는 부득불 남쪽에 존재하는 우리 국가안전의 잠재적, 직접적 위협들을 제거하기 위한 초강력 무기체계들을 줄기차게 개발해나가야 한다"며, "남조선 당국자가 사태발전 전망의 위험성을 제 때에 깨닫고 최신무기 반입이나 군사연습과 같은 자멸적 행위를 중단하고 하루빨리 지난해 4월과 9월과 같은 바른 자세를 되찾기 바란다는 '권언'을 남쪽을 향해 오늘의 위력 시위 사격 소식과 함께 알린다"고 덧붙였다.

북한은 김정은의 발언이 빈말이 아니라는 것을 보여주기라도 하듯이 단거리 발사체를 집중적으로 선보였다. 여기에는 북한판 '이스칸데르'로 불리는 KN-23, 기존 방사포의 개량형인 대구경 조종 방사포 및 초대형 방사포, 신형 전술 지대지 미사일 등이 망라되어 있었다. 이들 단거리 4종 세트의 공통점은 저고도 및 회피 기동이 가능해 요격이 쉽지 않고, 사거리도 크게 늘려 남한지역 대부분에 다다를 수 있으며, 고체 연료를 사용해 신속한 발사가 가능하다는 점들이다. 이러한 단거리 발사체의 유사시 주요 목표물은 성주 사드 기지와 청주에 있는 F-35 기지일 것이다.

8월 중순에는 상황이 더욱 악화되었다. 우선 8월 11일 시작된 한미연합지휘소훈련에는 '수복지역에 대한 치안·질서 유지'와 '안정화 작전'까지 포함되었다. 이는 사실상 북한 점령 훈련을 의미한다. 트럼프의 약속을 뒤집고 합동군사훈련을 강행한 것도 문제였지만, 이 훈련에 이들 내용까지 포함한 것은 더 큰 문제였다. 사흘 후에는 국방부가 2020~2024년 국방중기계획을 공개하면서 5년간 무려 290조5000억 원의 국방비를 투입하겠다고 발표했다. 그런데 다음날 문재인은 8.15 경축사에서 남북한이 평화경제론을 실현해 일본을 따라잡자는 취지로 연설했다. 그러자 북한의 조국평화통일위원회(조평통)은 대변인 담화를 통해 한미군사훈련과 남한의 대규모 군비증강을 맹비난하면서 문재인을 가리켜 "드

물게 뻔뻔스러운 사람", "웃겨도 세게 웃기는 사람", "삶은 소대가리도 앙천대소할 노릇" 등 차마 옮기기에도 민망한 표현들을 쏟아냈다. 그러면서 "남조선 당국자들과 더 할 말도 없으며 다시 마주 앉을 생각도 없다"고 못 박았다. 이후 남북관계는 문재인 정부 출범 이래 최악의 상황을 면치 못하고 있다.

그렇다면 이러한 현상을 어떻게 이해할 수 있을까? 김정은 정권이 문재인 정부에 대해 실망감을 넘어 배신감을 품고 있다고 보는 이유는 무엇일까? 이는 2019년 상황을 2018년과 비교해보면 알 수 있다. 북한군 수뇌부는 2018년 4월 판문점과 9월 평양에서 김정은의 지시로 문재인에게 거수경례를 한 바 있다. 또 남북정상회담에서는 "단계적 군축"을 추진키로 했다. 그런데 이후 상황은 정반대로 전개됐다. 문재인 정부가 이명박-박근혜 정부 때보다 국방비 증액률을 2배가량 높이면서 대규모 군비증강에 나서고 한미연합군사훈련도 계속하려고 한 것이다. 이에 대해 김정은이 직접 나서 '권언'까지 내놨지만, 이후 상황은 이 '권언'이 철저하게 무시당하는 형태로 전개되었다. 이에 따라 김정은은 자신의 권위에 손상을 크게 입었다고 판단했을 것이다. 북한의 언론과 정부 기관들은 "최고 존엄"이 모욕당했다며 경쟁적으로 문재인 정부에 막말을 쏟아낸 것도 이러한 맥락에서 이해할 수 있다.

그런데 북한의 불만은 김정은의 위신에 국한된 문제가 아니다. 김정은이 2013년에 발표한 "경제건설과 핵무력 건설 병진노선"에 부분적으로 담겼고 이를 결산하면서 2018년에 제시한 "새로운 전략 노선"의 핵심 가운데 하나는 과도한 군비 부담을 줄여 경제건설과 인민 생활 향상에 쓰겠다는 것이다. 그러나 북미협상의 불확실성과 남한의 역대급 군비증강이 맞물리면서 북한은 국가전략을 재설계해야 하는 상황에 직면하고 있다. 김일성·김정일 시대에는 국방력 건설을 위해 군수공업 및 이와 연관된 중공업을 중시했고 이것이 경제난의 주요 원인이었다면, 김정은 정권은 경공업 중시 노선을 통해 경제건설과 인민 생활 향상에 집중하려고 했다. 이러한 상황에서 남북한의 군비경쟁이 재발하면 김정은의 경제정책에도 상당한 압박 요인으로 작용할 수밖에 없다. 아울러 남한의 군비증강은 북한의 핵 포기에 대한 셈법에도 영향을 미칠 수밖에 없다. 북한은 비핵화 이후 한반도의 군사력 균형 상태를 염두에 둘 수밖에 없는데, 한미연합전력과의 군사력 격차가 더욱 벌어질 것이라고 여기면 비핵화를 결단하기가 그만큼 어려워질 것이기 때문이다.

물론 문재인 정부의 고민을 전혀 이해 못 할 바는 아니다. 정부는 임기 내에 전시작전권 전환을 마무리하려면 대규모의 군비증강 및 한국군 주도의 한미연합훈련이 불가피하다고 봤다. 또한 문재인 정부는 2017년 미국에 대규모의 국방비 증액 및 미국제 무기 도입을 약속한 상황이었다. 북한이 가장 예민하게 반응해온 F-35 도입도 박근혜 정부 때 결정된 것이기에 이를 번복하기 쉽지 않았을 터이다. 아울러 주변국의 위협에 대처하기 위해서라도 군비증강은 필요하다고 여겼다. 사정이 이랬다면, 문재인 정부는 2018년에 북한과 "단계적 군축" 추진에 합의하지 말았어야 했다. 전시작전권 전환은 한반도 군사 문제를 자주적으로 풀기 위한 조치이고 통일 이후에도 주변국 위협에 대처하기 위해서는 일정 정도의 군비증강이 불가피하다며 이해를 구했어야 했다. 그러나 정부는 "단계적 군축"에 합의해놓고 사상 최대

160

규모의 군비증강에 나서고 말았다. 그 결과는 북한의 대남 배신감과 근친 증오로 나타나고 있다.

2018년에 한반도 평화 프로세스가 본격화되었던 만큼 문재인 정부의 기존 계획에도 변화가 있었어야 했다. 미국과 마찰을 빚더라도 남북정상회담과 북미정상회담의 합의 사항을 근거로 국방비 증액 및 미국제 무기 도입을 하향 조정했어야 했다. 2018년 한국의 군사력이 세계 7위로 평가되었던 만큼, 이를 국민에게 적극적으로 알리면서 군비조절의 이해를 구했어야 했다. 트럼프가 두 차례에 걸쳐 한미군사훈련 중단을 약속했던 만큼, 이를 근거로 군사훈련 중단 조치를 취했어야 했다. 전작권 전환과 관련해서도 이미 주한미군 사령관은 2006년에 한국군 주도로 연합훈련을 실시한 결과 "한국군은 지금 당장이라도 독자적으로 그들의 나라를 성공적으로 방어할 수 있다"고 결론 내린 적이 있었다. 그 이후 한국은 엄청난 국방비를 투입해 남북한의 군사력 격차는 더욱 벌어졌다. 사정이 이렇다면 전작권 전환을 반드시 대규모 군비증강과 한미군사훈련과 연계시킬 필요는 없었다. 하지만 문재인 정부는 이들 가운데 어느 것 하나도

하지 않았다.

안타깝게도 문재인 정부는 2020년 들어서도 2019년의 잘못을 고칠 의사를 보이지 않고 있다. 문재인 정부는 북한의 평화는 핵무기가 아니라 대화와 신뢰를 통해 지킬 수 있다면서도 한국의 평화는 강력한 군사력과 굳건한 한미동맹으로 지켜진다는 "내로남불"식 안보관을 계속 피력하고 있다. 또 사상 최초로 국방비가 50조 원을 돌파했다고 자랑스럽게 말하고 있다. 이처럼 정부가 "단계적 군축" 추진의 정신을 외면하고 군비증강에 매진할수록 북한의 근친 증오를 치유할 수 있는 길도 멀어질 수밖에 없다. 기승전'비핵화'의 한반도 현실에서 비핵화의 허들을 높이는 결과를 초래할 수밖에 없다.[69] 문재인 정부의 '한반도 운전자론'이 허망하게 들리는 이유 가운데 하나이다.

---

69) 기승전'비핵화'는 남북관계 정상화와 평화경제론을 위해서는 대북 제재 해결이 필요한데 이를 위해서는 비핵화의 진전이 전제되어야 한다는 불가피한 현실을 일컫는 말이다. 또 비핵화의 관건이 북미관계에 있더라도 남한의 대규모 전력증강도 비핵화에 영향을 줄 수밖에 없다. 비핵화의 최종 단계인 북한의 핵무기 폐기 논의 시 한반도의 군사력 균형 문제가 중대 사안이 될 수밖에 없다는 점에서 더욱 그러하다.

3월 초순에 있었던 일은 이러한 분석이 지나치지 않다는 것을 거듭 보여주었다. 북한은 3월 2일 95일 만에 단거리 발사체 발사를 재개했다. 그리고 이에 대해 청와대가 "강한 유감"을 표하면서 "중단"을 촉구하자 김여정 노동당 중앙위원회 제1부부장이 "청와대의 저능한 사고방식에 경악을 표한다"며 막말을 쏟아부었다. "자기들은 군사적으로 준비되어야 하고 우리는 군사훈련을 하지 말라는 소리인데 이런 강도적인 억지 주장을 펴는 사람들을 누가 정상상대라고 대해주겠는가"며, "청와대의 이러한 비논리적인 주장과 언동은" "남측 전체에 대한 우리의 불신과 증오, 경멸만을 더 증폭시킬 뿐"이라고 비난한 것이다.

아마도 문재인 정부는 북한이 남한의 대규모 전력증강과 한미군사훈련을 양해해주고 남북대화에는 나서기를 기대해왔던 것 같다. 그러나 이는 정부가 원하는 북한이지 '있는 그대로의 북한'이 아니다. 오히려 한편으로는 북한에 교류협력을 제안하면서 다른 한편으로는 역대급 군비증강을 계속하는 것은 더 이상 양립할 수 없다는 점이 분명해졌다. 그래서 문재인 정부도 선택해야 한다. 남북관계와 한반도 평화 프로세스를 어렵게 하면서까지 군사력을 더욱 증강해 군사 강국으로 만들 것인가? 아니면 군비증강 조절 및 한미군사 훈련 중단을 통해 남북관계 회복과 한반도 평화 프로세스 재개를 도모할 것인가.

3. 김정은의 변증법적 비핵화의 좌절

"물리학의 결정체인 핵이 지닌 양면성이 변화무쌍한 인간 의식과 만나면 어떤 화학작용을 일으킬지는 아무도 장담할 수 없는 문제이다." 내가 아인슈타인부터 김정은에 이르기까지 핵 문제 70년을 《핵과 인간》으로 정리하면서 내린 결론이다. 그렇다면 김정은은 어떤 선택을 내릴까? 핵은 관계의 산물이다. 하여 김정은의 선택은 혼자만의 몫이 아니라 타자와의 관계를 통해 나올 수밖에 없다. 타자와의 긍정적인 케미가 지속적으로 이뤄진다면 김정은은 '핵을 포기하기 위해 핵을 완성한 최초의 인물'로 역사에 기록될 수도 있다. 하지만 트럼프에게는 농락당했고 문재인에게는 배신당했다는 생각을 갖게 되면 세계 최연소 핵보유국 지도자라는 타이틀을 오랫동안 보유하게 될 것이다.

김정은이 애초부터 핵을 포기할 생각이 없었는지, 있었는데 조건과 환경이 마련되지 않아 포기하지 않는 것인지는 알 수 없다. 트럼프와 문재인이 비핵화의 조건과 환경을 제대로 만들어내지 못한 것은 분명하다. 하지만 김정은에게 도 문제는 있었다. 관계가 상호작용에 있다면, 김정은 역시 타자에게 '비핵화가 가능하다'는 확신을 심어주는 데에 한 계를 보였기 때문이다. 김정은 역시 남 탓만 할 것이 아니라 내 탓은 없는지 자문해봐야 한다.

김정은의 꿈

2019년 2월 하순 김정은은 평양을 출발해 중국 내륙을 관 통해서 베트남 하노이까지 이르는 '66시간의 열차 대장정' 에 나섰다. 트럼프와의 대좌를 위한 여정이었다. 하노이에 도착한 김정은은 한 기자로부터 '핵을 포기할 생각이 있느 냐'는 질문을 받자 "비핵화 의지가 없었다면 여기에 오지도 않았을 것"이라고 답했다. 혹자는 이 말을 듣고 뇌가 해체 되는 느낌을 받았을 것이다. '김정은이 진심으로 한 말이라 면 핵무기를 포기하기 위해 "핵무력 건설"을 완성했다는 뜻 이 되는데, 이게 말이 되냐'고 말이다. 하지만 하노이 회담이 '노딜'로 끝나면서, 그리고 비핵화 전망이 극히 불투명해지면서 많은 사람은 '그러면 그렇지'라는 반응을 내놓았다.

　그렇다면 김정은은 전 세계와 북한 주민들을 상대로 속임수를 쓴 것일까? 이렇게 쉽게 단정할 수 없다. 오히려 그는 '가난한 핵보유국'보다는 '안전하고 잘사는 비핵국가'를 만들고 싶어했을 수도 있다. 하지만 김정은의 다짐은 '하노이 노딜'을 거치면서 심하게 흔들렸다. 나름대로 준비한 협상안은 거절당했고 트럼프로부터 받아든 문건은 '항복 문서'에 가까웠다. 낙담한 나머지 김정은은 평양으로 돌아가는 길에 "우리가 이런 협상을 하려고 이 고생을 했어야 하나"라고 한탄했다. 그 이후 남북관계와 북미관계가 악화하면서 비핵화가 최후를 맞이할 가능성이 높아졌다. 하지만 아직 게임이 끝난 것은 아니다. 수수께끼와 같은 김정은의 코드를 여전히 읽어볼 필요는 있다. 변증법이라는 잣대로 말이다.[70]

　김정은에게 '정(正)'은 아버지인 김정일이 물려준 선군정

___

70) 나는 이미 다음 글들을 통해 변증법의 틀로 비핵화 문제를 설명한 바 있다. 정욱식, '김정은 변증법적 비핵화의 완성', 〈한겨레21〉, 2019년 3월 1일; 정욱식, 〈녹색평론〉

치였다. 북한은 김정일 사망 직후 선군정치 덕분에 "그 어떤 원수도 감히 건드릴 수 없는 핵보유국, 무적의 군사 강국으로 전변"되었다며 "핵보유국과 위성 발사"를 김정일의 최대 업적으로 부각했다. 이 대목에서 떠오르는 인물이 있다. 김정은이 롤모델로 삼고 있다고 여겨지는 덩샤오핑이다. 우리는 그를 '개혁개방의 기수' 정도로만 알고 있다. 하지만 덩샤오핑은 마오쩌둥의 최대 업적을 양탄일성(兩彈一星), 즉 '원자탄과 수소탄 그리고 위성 보유'라고 찬양하면서 '중국식 국가 핵무력'을 완성한 인물이다. 그는 집권 초기에 "자신이 가장 중요하다고 생각하는 영역, 즉 로켓과 핵무기에 모든 자원을 집중했다. 그 결과 대륙간탄도미사일(ICBM)과 잠수함발사탄도미사일(SLBM) 개발 및 시험에 성공했다. 개혁개방과 중국식 핵무력 완성이라는 '덩샤오핑식 병진노선'이었던 셈이다.

덩샤오핑에게 양탄일성의 완성은 두 가지 의미를 품고 있었다. 하나는 중국이 군사 대국이 된 만큼 다른 강대국의 침략을 걱정하지 않고 본격적으로 개혁개방에 나설 수 있게 되었다는 것이다. 그는 양탄일성의 완성을 추구하면서도 미국과 일본을 방문해 개혁개방의 문을 활짝 열었다. 또 하나는 양탄일성을 보유한 만큼 재래식 군비 감축을 통해 경제발전에 힘쓸 수 있게 되었다는 것이다. 그는 빠른 속도로 병력 수를 절반 가까이 줄였고 국방비 지출도 최대한 억제했다. 자원 분배의 우선순위를 국방에서 경제로 돌린 것이다. 역설적으로 덩샤오핑은 마오쩌둥이 시작한 양탄일성을 완성함으로써 마오쩌둥 시대를 극복할 수 있게 된 셈이다.

김정은이 집권 6년 동안 선보인 모습은 덩샤오핑과 놀라울 정도로 닮은 것이었다. 그는 이 기간에 북한식 양탄일성을 완성하기 위해 전력 질주했다. 여러 차례 실패에도 불구하고 2012년 12월에 위성 발사를 기어코 성공시켰다. 2016년 1월에 수소탄을 실험했다고 발표했다가 냉소적인 반응이 나오자 2017년 9월에는 누구도 부인하기 힘든 수소탄 실험을 강행했다. 이 사이에 재래식 군사력의 비중은 낮췄다. 북한 정부 예산에서 국방비가 차지하는 비중이 16.0%(2013년), 15.9%(2014년 및 2015년), 15.8%(2016년 및 2017년)로 소폭이나마 감소한 것이다. 동시에 김정은은 국방비를 핵과 미사일 개발에 집중적으로 투입했는데, 이는 재래식 군사력의 비중은 줄어들었다는 것을 의미한다. 아울러 여러 가지 경제관리 개선조치도 병행 추진해 일정 정도의 성과를 낳기도 했다.

 이렇듯 김정은은 선군정치라는 '정(正)'을 극복하기 위해 이것을 완성하는 길을 선택했다. "경제 건설과 핵무력 건설 병진 노선"은 이를 위한 과도기적 전략이었다. 핵무력 건설을 통해 선군정치를 완성하는 동시에 경제건설이라는 목표를 제시함으로써 선군정치 시대의 모순도 드러냈다. 2017년 11월부터 이듬해 4월까지 보여준 모습은 그 백미에 해당한다. 김정은은 2017년 11월에 ICBM(대륙간탄도미사일)에 해당하는 '화성 15형'을 발사하고는 "국가 핵무력 완성"을 선언했다. 북미관계에서 미국의 핵 독점을 깨트려 "힘의 균형"을 이루는 "전략 국가"가 되었다고 주장했다. 그리고 5개월 후에는 병진 노선의 승리를 선언하면서 경제발전에 총력을 기울이겠다고 다짐했다. "새로운 전략 노선" 발표를 통해 사실상 선군정치에 종지부를 찍고 선경정치로 나아가겠다는 것이었다.

 하지만 덩샤오핑의 길과 김정은의 길에는 근본적으로 다

른 점도 있다. 나는 2019년 7월 중국 베이징에서 만난 중국 사회과학원의 한 원로 학자에게 이렇게 물었다. "중국이 핵무장을 하지 않았다면 급격한 경제성장이 가능했을까요?" 회의 중에는 답변을 피했던 이 학자는 오찬 자리에서 이렇게 말했다. "핵무장은 중국의 경제발전에 큰 기여를 했다고 봅니다." 내 질문의 취지를 이해했다는 듯이 이런 말도 덧붙였다. "하지만 북한은 핵무기와 경제발전을 함께 가질 수 없겠죠." 중국이 핵실험이나 미사일을 시험 발사했다고 해서 북한처럼 강력한 제재를 받은 적은 없었다. 미국과 일본이 중국과 수교하면서 핵 포기를 요구한 것도 아니었다. 덩샤오핑은 양탄일성과 개혁개방을 끝까지 병진할 수 있었던 것이다. 이에 반해 김정은에게 "새로운 전략 노선"과 "국가 핵무력"은 어울리는 짝이 아니다. 그가 '반(反)'을 염두에 둘 수밖에 없었던 까닭이다.

그리고 기적처럼 '반(反)'의 시대, 즉 미국 대통령과 세기의 담판이 도래했다. 2018년 3월 문재인 정부의 특사단을 통해 트럼프에게 정상회담을 제안했는데, 이게 받아들여진 것이다. 김정은은 그 힘이 "국가 핵무력 완성"에서 나왔다고 생각했다. 그래야만 '정(正)'을 극복하고 '반(反)"을 도모할 수 있는 논리를 만들어낼 수 있었다. 그리고 싱가포르에서 열린 1차 북미정상회담은 가히 북미관계의 '반전'이었다고 평가할 법했다. 이전까지 북미, 혹은 6자회담의 합의 결과는 한반도 비핵화를 먼저 배치하고 평화체제 구축 및 관계 정상화를 후 순위로 배치하는 방식이었다. 하지만 1차 북미정상회담 합의문은 새로운 북미관계 수립, 평화체제 구축, 완전한 비핵화 순서로 짜였다. 핵 문제는 북미 간의 적대 관계 및 정전체제의 산물이라는 북한의 오랜 주장이 상당 부분 반영된 것이었다.

'반의 시대'의 풍경에는 사상 최초의 북미정상회담만 있었던 것이 아니다. 2차 북미정상회담 이전까지 세 차례의 남북정상회담과 네 차례의 북중정상회담도 있었다. 남북정상회담의 가장 두드러진 성과는 군사 분야의 합의와 이행에 있었다. 군사 분야의 성과는 기존 남북관계의 문법을 바꿔놓은 것이다. 이전의 문법은 선경후정(先經後政, 경제협력을 먼저 추진해 정치군사 문제의 해결도 도모함)과 선이후난(先易後難, 쉬운 것은 먼저 진행하고 어려운 것을 나중에 함)이었다. 그런데 이번에는 가장 까다로운 문제로 여겨졌던, 그래서 이전까지는 나중에 해결해야 할 것으로 여겨졌던 군사 문제 해결을 먼저 시도했다. 선정후경(先政後經)으로 전환된 셈이다.

북중관계에도 반전의 시대가 열렸다. 김정은이 2011년 12월에 권력을 잡은 이후 65개월 동안 북중정상회담은 한 차례도 없었다. 양국 관계에 여러 차례 갈등이 있었지만 이렇게 장기간 정상회담이 없었던 적은 처음이었다. 하지만 김정은이 남북정상회담과 북미정상회담에 시동을 걸면서 시진핑 주석도 그를 더 이상 외면할 수 없었다. 김정은도 운명을 건 트럼프와의 정상회담의 든든한 후원자를 확보하기 위해, 또한 가장 큰 경제적 파트너가 될 시진핑이 필요했다. 그 결과 두 사람은 10개월 사이에 무려 네 번이나 만나 혈맹을 복원키로 했다.

반의 시대에는 한반도의 군사 풍경도 많이 달라졌다. 대규모의 한미군사훈련과 전략폭격기와 같은 미국의 전략자산이 한반도에 전개되는 일이 거의 사라지다시피 했다. 이건 비핵화의 정의 및 전망에 있어서 대단히 중요한 함의를 지닌다. 비핵화를 북한의 핵 포기로 한정하는 것은 한쪽 눈으로만 세상을 바라보는 것이고, 이런 비핵화는 이뤄질 수도 없다. 70년간 계속된 미국의 대북 핵 위협을 어떻게 해소할 것인가도 포함되어야 비로소 "완전한 비핵화"에 다가설 수 있는 것이다. "국가 핵무력 완성"과 김정은의 '비핵화 약속' 사이의 지독한 역설도 이 지점에 닿아 있다. 핵무력 완성 덕분에 "조선반도의 완전한 비핵화"가 가능해졌다는 변증법적 비핵화의 중심에 해당하는 문제이기 때문이다.

남북정상회담의 합의와 싱가포르 북미공동성명의 이행은 곧 '합(合)'의 시대로의 이행을 의미한다. 이렇게 되면 북한은 남북관계 발전과 북미관계 정상화, 그리고 평화체제 수립과 군비 통제 등 '다른 방식에 의한 안보'를 달성하고 대북 제재 해제에 힘입어 경제발전에 몰두할 수 있게 될 터였다. 변증법적 비핵화가 성공한다면, 북한은 '가난한 핵보유국'에서 '안전하고 부유한 비핵국가'로 탈바꿈할 수 있었다. 하지만 1차 북미정상회담 이후 이상 기류가 나타나기 시작했고 '하노이 노딜'을 거치면서 합의 시대는 그 문조차 열리지 않았다.

김정은이 '변증법적 비핵화'를 애초부터 마음에 품고 있었는지는 알 수 없다. 다만 이러한 논리 구조를 이해하는 것은 비핵화 달성에 대단히 유용한 것만은 분명하다. 북핵 문제가 관계의 산물이었던 만큼, 비핵화도 관계의 결과물로 나올 수밖에 없다. 그래서 변증법적 비핵화의 완성은 김정은만의 몫이 아니라, 한반도 문제 당사자들이 힘과 지혜를 함께 모아야 비로소 실현될 수 있는 '공동의 과업'인 것이다.

'단계적 해법'의 함정

북한이 1990년대 초반부터 시작한 미국과의 협상에서 줄곧 견지해온 원칙은 "단계적·동시적 조처"이다. 이는 2018년부터 시작한 북미정상회담에서도 어김없이 강조되었다. 9월 유엔 총회 연설에서 리용호 외무상이 "조선반도 비핵화도 신뢰 조성을 앞세우는 데 기본을 두고 평화체제 구축과 동시 행동 원칙에서 할 수 있는 것부터 하나씩 단계적으로 실현해 나가야 한다는 것이 우리의 입장"이라고 밝힌 것에서도 거듭 확인된다. 하지만 북한이 이 원칙에 집착할수록 북한이 원하는 바의 실현도 멀어져갔다.

일단 트럼프 행정부가 북미정상회담에서 "단계적·동시적 조처"에 합의해준 적은 없었다. 싱가포르 공동성명에서는 합의 사항들을 "완전하고 신속하게 이행하기로" 하였고, 이후 트럼프 행정부는 "동시적·병행적 이행"을 강조해왔다. 북한이 주장해온 "단계적"이 빠진 것이 눈에 띈다. 더구나 미국은 제재 문제는 "동시적·병행적 이행의 예외"라고 못 박았다. 제재 해결은 비핵화가 완료될 때에나 고려할 수 있는 사안이라는 것이다. 폼페이오는 이러한 입장을 2018년 7월에 평양을 방문해 전달했고 도쿄에서 가진 기자회견에서도 공개적으로 밝혔다.

대북 제재에 대한 미국의 완강한 입장을 확인한 김정은은 초조감을 드러냈다. 그는 8월에 원산갈마해안관광지구 건설 현장을 찾아 "강도적인 제재 봉쇄로 우리 인민을 질식시켜보려는 적대세력들과의 첨예한 대결전이 벌어지고 있다"고 말했다. 9월 초에는 평양을 방문한 문재인 정부 특사단에게 "신뢰의 기반 아래 트럼프 대통령의 첫 임기 내에 북한과 미국 간의 70년간의 적대적인 역사를 청산하고 북미 관계를 개선해나가면서 비핵화를 실현했으면 좋겠다"고 밝혔다. 특히 "비핵화 결정에 대한 자신의 판단이 옳은 판단이었다고 느낄 수 있는 그러한 여건이 조성되기를 희망한다"고 말했다. 이는 뉴욕에서 열릴 한미정상회담에서 트럼프에게 전해달라는 것이기도 했다. 하지만 미국은 요지부동이었다. 그러자 김정은은 10월에도 같은 곳을 찾아 "적대세력들이 우리 인민의 복리 증진과 발전을 가로막고 우리를 변화시키고 굴복시켜 보려고 악랄한 제재 책동에만 어리석게 광분하고 있다"며 비난의 수위를 높였다.

1차 북미정상회담 이후 지속되어온 교착상태는 2차 북미정상회담을 앞두고 다소간 풀리는 듯했다. 트럼프는 2차 정상회담 협의차 워싱턴을 방문한 김영철 노동당 부위원장을 만난 다음 "믿을 수 없을 만큼 매우 좋은 만남"이었다며 만족감을 표했다. 김정은 역시 김영철 일행으로부터 방미 결과를 보고받고 "(트럼프가) 문제 해결을 위한 비상한 결단력과 의지를 피력한 데 대하여 높이 평가한다"고 말했다. 하지만 2차 북미정상회담에서 교착상태가 타개되기는커녕 오히려 퇴행적 결과가 나오고 말았다. 가장 큰 책임은 '노딜'을 선언한 트럼프 행정부에게 있었지만, 김정은 정권 역시 그 책임으로부터 자유로울 수 없었다. 미국의 강경파들이 파놓은 함정을 메울 수 있는 획기적인 협상안을 준비하지 않았고 그 결과 함정에 빠지고 말았기 때문이다.

김정은이 하노이 회담 첫날에 꺼내든 제안은 영변 핵시설을 완전히 폐기할 테니 미국은 유엔 안보리의 11건의 제재 가운데 2016년 이후 채택된 5건의 제재 가운데 "민수경제와 인민 생활에 지장을 주는 항목들"을 해제해달라는 것이었다. 이를 두고 리용호는 "조미 양국 사이의 현 신뢰 수준을 놓고 볼 때 현 단계에 우리가 내 짚을 수 있는 가장 큰 보폭의 비핵화 조치"라고 강조했다. 실제로 이 제안에는 파격적인 측면이 있었다. 우선 '동결 → 불능화 → 폐기'로 구성된 과거의 방식과는 달리 바로 폐기할 수 있다고 밝혔다. 또한 북한은 폐기 대상에 우라늄 농축 시설도 포함된다는 점을 분명히 했고, "장거리 로켓 시험 발사를 영구적으로 중지한다는 확약도 문서 형태로 줄 용의"도 표명했다. 더구나 상응 조치로 에너지 지원과 같은 보상도 요구하지 않았다.

북한의 과거 협상 전략과 비교해볼 때, 분명 파격적인 것이었다.

하지만 북한이 미처 생각하지 못했거나 외면한 점들이 있었다. 우선 과거와는 상황이 판이하게 달라졌다. 1994년 북미 간의 제네바 합의 때에는 북핵 '초기' 단계였고, 6자회담에서 9·19 공동성명과 그 1단계 및 2단계 이행조치들인 2·13 합의와 10·3 합의를 체결할 때에는 북핵 '중간' 단계였다. 북한이 핵무기를 보유하지 않았거나 극소량을 갖고 있을 때였다는 것이다. 이에 반해 북한이 북미정상회담에 임할 때는 북한 스스로 "국가 핵무력 완성"을 선언했을 만큼 북핵 '완성' 단계였다. 미국의 정보기관도 무기화가 가능한 핵물질을 포함하면 북한이 최대 60개의 핵무기를 갖고 있을 것이라고 추정한 상황이었다. 이에 따라 영변 핵시설 폐기는 과거와는 판이하게 그 가치가 달라졌다. 그곳에 있는 핵시설을 모두 폐기하더라도 다량의 핵물질과 핵무기는 여전히 남아 있게 될 것이기 때문이다.

함정은 바로 이곳에 도사리고 있었다. 하노이 회담 전부터 미국 안팎에서 북한이 대폭적인 제재 완화를 받아내면서 영변만 폐기하고 이미 보유한 핵무기와 핵물질은 포기하지 않을 것이라는 주장이 제기되었다. 그런데 북한은 하노이 회담에서 핵무기와 핵물질 폐기 협상은 뒤로 미루고 위에서 설명한 협상안을 제시했다. 하지만 트럼프 행정부는 이러한 단계적 해법을 거부했다. 이 과정에서 '전부 아니면 전무(all or nothing)'를 고집해온 폼페이오와 볼턴이 주도적인 역할을 했다. 합의문 초안에 서명하지 말라고 트럼프를 설득한 것이다. 결국 회담 둘째 날 오전 트럼프는 '노란 봉투', 즉 '노딜 문서'를 김정은에게 건넸다. 그리곤 "나쁜 합의보다는 낫다"며 자신의 행동을 정당화했다.

이처럼 북한이 준비한 회심의 카드는 미국에는 "나쁜 합의"로 비쳤다. 김정은은 여러 차례에 걸쳐 '왜 내 본심을 몰라주느냐'고 하소연했지만, 정작 그 본심을 제대로 보여준 적은 없었다. 많은 이들이 궁금해하는 것은 비핵화의 핵심이라고 할 수 있는 핵무기와 핵물질은 어떻게 되느냐에 있다. 핵 신고에 대해서도 궁금해하기는 마찬가지였다. 그런데 김정은은 이와 관련된 구체적인 입장을 내놓은 적이 없다.

이건 하노이에서도 마찬가지였다. 단계적 해법을 주장하더라도 그 단계를 밟아나가면 어떤 출구에 도달하는지에 대해서 지금부터 말할 수 있어야 했는데, 그렇지 못한 것이다.

결론적으로 김정은의 '실패한 외교'는 싱가포르 정상회담 성공에 따른 도취감과 단계적 해법 집착에서 비롯되었다고 할 수 있다. 도취감에 취하면 시야가 흐려지기 마련이다. 김정은은 트럼프와의 첫 만남 이후 "과거와는 다른 독특한 방식"에 강한 기대감을 피력했지만, 정작 미국을 제대로 이해하지는 못했다. 미국은 다원주의 체제이자 견제와 균형을 국정 원리로 삼고 있는 나라이기에 행정부 각 부처의 조율이 필요하고 의회 및 여론의 반응에 민감할 수밖에 없다. 더구나 한반도의 현상 변경을 향한 '작용'이 일어나면 현상 유지를 선호하는 세력의 '반작용'도 커진다는 점은 과거에도 수차례 확인된 바였다. 그런데 북한은 이러한 점들을 제대로 인지하지 못했다. 이러한 이해 부족은 앞서 언급한 "단계적 해법"의 집착과 맞물려 '하노이 노딜'의 한 원인을 제공하고 말았다. 미국의 대다수 언론·전문가·정치인들은 물론이고 핵심 관료들조차 "김정은은 절대로 핵을 포기하지 않을 것"이라는 주장을 신념처럼 받들어왔다. 이런 그들에게 북한의 "단계적 해법"은 북한의 시간끌기로 비쳤다. 반격의 빌미는 바로 이 지점에 있었던 것이다.

그렇다면 어떤 대안이 있었을까? 김정은은 단계적 해법에 집착하지 말고 '포괄적 합의와 단계적 이행'을 협상해야 했다. 하노이에서 제시한 영변 핵시설 폐기와 제재 완화를 1단계 이행 조치로 제안하면서도 핵물질과 핵무기 폐기 방식과 시한을 포함한 "완전한 비핵화"도 협상 테이블에 올려놓고 이에 대한 상응 조치로 북미관계 정상화, 평화체제 구축, 대북 안전보장 방안, 제재의 완전한 해제를 논의하자고 제안했어야 했다. 이를 통해 미국 주류와는 다른, 그러나 빅딜을 원한 트럼프의 협상 요구를 자극했어야 했다.

이러한 지적은 트럼프가 '하노이 노딜' 이후 내놓은 발언과 맥락이 닿아 있다. 그는 "지금은 빅딜을 말하고 있다"면서도 "여러 가지 스몰딜도 일어날 수 있다"고 말했다. 여기서 빅딜은 위에서 언급한 '포괄적 합의'를, 스몰딜은 '단계적 이행'을 의미한다. 빅딜에 먼저 합의하면 스몰딜 형태로 합의 사항을 단계적으로 이행해나갈 수 있다는 취지였다. 그는 또한 "빅딜은 우리가 (북한의) 핵무기를 제거해야 한다는 것"이라고 강조했다. 하노이에서 김정은과 트럼프가 포괄적 합의와 단계적 이행을 골자로 하는 협상을 시도했다면 양상이 달라질 수도 있었다는 아쉬움이 드는 까닭이다.

'정면돌파전'

하노이에서 북한이 제재 해제를 얼마나 간절히 원하고 있는지를 거듭 확인한 트럼프 행정부는 제재 효과를 자신했다. 트럼프는 "북한은 굉장히 고통받고 있다"고 했고, 폼페이오는 "북한을 압박하고 있는 대북 제재가 비핵화 시간표를 앞당길 것"이라고 자신했다. 반면 하노이에서 빈손으로 귀국한 김정은은 "자력갱생"을 전면에 부각했다. 그는 4월 12일 최고인민회의 시정연설에서 미국이 경제제재를 앞세워 "선무장해제, 후 제도전복 야망을 실현할 조건을 만들어보려고 무진 애를 쓰고 있다"고 비난했다. 그러면서 "제재 해제 문제 때문에 목이 말라 미국과의 수뇌회담에 집착할 필요가 없다는 생각을 하게 된다"며, "제재 해제 문제 따위에는 이제 더는 집착하지 않을 것이며 우리의 힘으로 부흥의 앞길을 열 것"이라고 역설했다. 제재로 약점을 잡았다고 철석같이 믿고 있던 트럼프에게 헛다리 짚지 말라고 경고한 셈이다.

하지만 미련을 버리지는 못했다. "제재 해제에 더 이상 집착하지 않겠다"면서도 "(미국이) 지난번처럼 좋은 기회를 다시 얻기는 분명 힘들 것"이라고 강조한 것이다. "지난번처럼 좋은 기회"란 영변 핵시설의 완전한 폐기와 제재 완화를 맞바꾸자는 하노이에서의 김정은의 제안을 의미한다. 그러면서 "제3차 조미수뇌회담을 하자고 한다면 우리로서도 한 번은 더 해볼 용의가 있다"고 밝혔다. 단 "미국이 올바른 자세를 가지고 우리와 공유할 수 있는 방법론을 찾은 조건"을 달았다. 그러면서 "미국 용단을 올해 말까지", 즉 2019년까지 기다리겠다고 말했다. 김정은은 이미 2019년 신년사를 통해 미국이 "제재와 압박으로 나간다면" "어쩔 수 없이 부득불 새로운 길"을 모색하게 될 것이라고 경고해둔 상태였다.

2019년 6월 30일에는 트럼프의 전격적인 제안과 김정은의 수락으로 판문점 회동이 이뤄졌다. 판문점 회동은 '하노이 트라우마'에 시달리던 김정은에게 치유의 기회로 여겨졌을 것이다. 그는 "우리 각하와 나 사이에 존재하는 훌륭한 관계가 아니라면 하루 만에 이런 상봉이 전격적으로 이뤄지지는 못했을 것"이라며, "우리가 맞닥뜨리는 난관과 장애를 견인하고 극복하는 신비로운 힘이 될 것이라고 확신한다"고 말했다.

하지만 그 확신이 실망으로 바뀌는 데에는 오랜 시간이 걸리지 않았다. 스티븐 비건 대북정책 특별대표는 6월 30일 귀국편 비행기 안에서 기자 간담회를 가졌다. 그는 "북한이 대량파괴무기(WMD)의 완전한 동결을 취할 경우 인도적 지원과 외교 관계의 개선 등 양보 조치를 제공할 수 있다"면서도 "북한이 동결 조치를 취해도 비핵화 이전에는 제재를 완화할 생각이 없다"고 말했다. 북한이 가장 반발했던 '선 비핵화, 후 제재 해결'이라는 기존 입장을 재확인한 셈이다. 또한 트럼프는 판문점 회동에서 한미군사훈련 중단을 약속했지만, 이마저도 지켜지지 않았다.

결국 판문점 회동을 계기로 북미관계는 '더블 딥(double dip)'에 빠졌다. 적어도 김정은에게는 그랬다. 불황에 빠졌던 경기가 단기간 회복했다가 다시 불황에 빠지는 상태를 '더블 딥'이라고 하는데, 북미관계가 딱 이에 해당한다. '하노이 노딜'이 1차 불황이었다면 판문점 회동은 일시적인 회복기에 해당하고 그 이후에는 다시 불황에 빠지고 만 것이다.

북미 간에 신경전이 계속되던 와중에 스티븐 비건은 9월 초에 의미심장한 발언을 내놨다. "트럼프 대통령은 향후 1년 이내에 중대한 진전을 만들어내는 데에 완전히 몰두하고 있다"는 것이다.[71] 이는 '하노이 노딜'을 전후해 트럼프가 "아직 때가 아니다"며 "서두를 이유가 없다"고 여러 차례 말했던 것과는 달라진 분위기를 엿볼 수 있게 만들었다. 트럼프가 2020년 재선 도전을 앞두고 외교적 성과를 극대화하기 위해 김정은과의 타협을 모색할 것이라는 전망도 나왔다. 트럼프가 '슈퍼 매파' 존 볼턴을 전격적으로 경질한 것도 기대감을 높인 요인이었다. 하지만 곧이어 트럼프는 민주

---

71) https://www.state.gov/remarks-by-special-representative-for-north-korea-stephen-e-biegun-at-the-university-of-michigans-weiser-diplomacy-center/

당 주도의 탄핵 조사가 개시되면서 북미협상이 아니라 탄핵 저지에 완전히 몰두하고 말았다.

10월 초에 스웨덴의 스톡홀름에서 어렵게 열린 북미 실무회담은 북한의 '복수극'을 방불케 했다. 수석대표로 나선 김명길 외무성 순회대사가 "미국은 아무것도 들고 나오지 않았으며 우리를 크게 실망시키고 협상 의욕을 떨어뜨렸다"고 비난하면서 협상 결렬을 선언한 것이다. 이는 하노이에서 트럼프가 '노딜'을 선언하면서 정상회담을 중단한 것과 판박이였다. 북한의 격렬한 반발은 "생존권과 발전권 문제", 즉 대북 제재와 관련해 미국의 입장 변화가 거의 없다는 판단에 기인했다.

김정은이 시한으로 제시한 2019년 연말이 다가오면서 북한은 말과 행동으로 대미 압박에 나섰다. "크리스마스 선물" 운운하면서 미국이 "새 계산법"을 내놓지 않으면 모종의 행동에 나설 수 있다는 것을 강하게 암시했다. 이를 뒷받침하듯 북한은 12월 7일과 13일에 서해 위성발사장에서 "대단히 중요한 시험"이 진행되었다며, 이를 통해 "전략적 핵전쟁 억제력을 더한층 강화하는데 적용될 것"이라고 주장했다. 대륙간탄도미사일(ICBM)이라는 표현을 쓰지 않았지만, 미국으로 하여금 이러한 해석을 유도함으로써 미국을 최대한 압박해보겠다는 계산에서 나온 것으로 풀이할 수 있다.

 관심의 초점은 김정은이 2020년 신년사를 통해 공개할 것으로 보였던 "새로운 길"에 모아졌다. 하지만 그는 신년사를 발표하지 않았다. 2011년 권력 승계 이후 신년사를 건너뛴 것은 처음이었다. 대신 2019년 12월 28일부터 나흘간 진행된 '조선노동당 중앙위원회 제7기 제5차 전원회의'에서 '보고' 형식으로 "새로운 길"의 내용을 공개했다. 2020년 투쟁 구호로 "우리의 전진을 저해하는 모든 난관을 정면돌파전으로 뚫고 나가자!"로 정하고는 "자력갱생"과 "새로운 전략무기 개발"을 두 축으로 내세웠다. 미국에 대한 불만과 배신감을 강력히 토로하면서도 수위를 조절했다.

 2020년 11월 미국 대선 이전에 상당한 수준의 문제 해결을 기대했던 김정은은 트럼프의 호응이 없었다고 판단하고 장기전에 나설 뜻을 분명히 했다. "조미 간의 교착상태는 불가피하게 장기성을 띠게 되었다"며, 오늘날 북미 간의 대결이 "자력갱생과 제재와의 대결로 압축"되어 있다는 것이다. 그는 특히 "우리에게 있어서 경제 건설에 유리한 대외적 환경이 절실히 필요한 것은 사실이지만 결코 화려한 변신을 바라며 지금껏 목숨처럼 지켜온 존엄을 팔 수는 없다"고 강조했다. 제재 해결이 절실하지만 이를 받아내기 위해 핵을 먼저 내려놓는 일은 없을 것이라는 점을 분명히 한 것이다. 그의 결기는 "허리띠를 졸라매더라도" "나라의 존엄"을 지켜나가는 것이 최우선이라고 강조한 대목에서 절정에 달했다. 2012년 4월 15일 태양절 100주년 연설에서 "우리 인민이 다시는 허리띠를 조이지 않게 하겠다"고 말했었는데, 이 다짐을 지키지 못하는 한이 있더라도 미국에 굴복하는 일은 없을 것이라고 밝힌 것이다.

그렇다고 협상의 여지를 완전히 차단한 것은 아니었다. 미국의 대화 제의를 정치적 잇속을 차리기 위한 "시간 끌기"로 규정하면서 김정은이 트럼프에게 한 약속에 "일방적으로 매여있을 근거가 없어졌다"고 밝혔다. 하지만 핵실험과

ICBM(대륙간탄도미사일) 시험 발사 중단 철회를 공식화하지는 않았다. "전략무기 개발을 중단 없이 계속 줄기차게 진행해 나갈 것"이라면서도 "우리의 억제력 강화의 폭과 심도는 미국의 금후 대조선 입장에 따라 상향 조정될 것"이라고도 했다. 특히 "미국이 대조선 적대시 정책을 끝까지 추구한다면 조선반도 비핵화는 영원히 없을 것"이라고 했다.

이는 미국에 공을 넘기겠다는 것이다. 한반도 비핵화가 종말을 고하고 북한이 핵보유국이 되는 것을 감수할 것인지, 아니면 지금부터라도 태도를 달리해 한반도 비핵화를 다시 추구할 것인지 양자택일하라는 의미를 담고 있다. 이러한 맥락에서 볼 때, 김정은이 진짜 하고 싶은 말은 '보고' 마지막 부분, 즉 "앞으로 미국이 시간을 끌면 끌수록, 조미 관계의 결산을 주저하면 할수록 예측할 수 없이 강대해지는 조선민주주의인민공화국의 위력 앞에 속수무책으로 당할 수밖에 없게 되어있으며 더욱더 막다른 처지에 빠져들게 되어 있다"는 대목에 담겨 있다. 그가 7시간에 걸친 '보고' 서두에 강조한 것은 미국과의 장기 대결의 불가피성이었다. 그런데 막바지에는 미국에 시간을 끌지 말라고 경고성 호소를 했다. 장기전에 대비하고 또한 이를 경고하면서도 미국의 조속한 태도 변화를 촉구하고 싶었던 것이다. '미워도 다시 한번'인 셈이다.

김정은은 2019년 6월 30일에 판문점에서 트럼프를 만났을 때, 둘 사이의 "훌륭한 관계"는 "우리가 맞닥뜨리는 난관과 장애를 견인하고 극복하는 신비로운 힘이 될 것"이라고 말한 바 있다. 그러나 연말 시한이 넘어가자 '개인 간의 관계'와 '국가 간의 관계'를 명확히 구분 짓기 시작했다. 김계관은 2020년 1월에 트럼프가 김정은에게 생일축하 친서를 보낸 것을 두고 "그런 친분관계를 바탕으로 혹여 우리가 다시 미국과의 대화에 복귀할 수 있지 않겠나 하는 기대감을" 갖는 것은 "멍청한 생각"이라고 일축했다.

두 달 뒤에도 트럼프는 코로나 방역을 지원할 의사가 있다며 김정은에게 친서를 보냈다. 이를 두고 김여정은 "두 수뇌분 사이의 개인적 관계는 여전히 두 나라 사이의 대립 관계처럼 그리 멀지 않으며 매우 훌륭하다"면서도 북미관계는 "개인적 친분 관계를 놓고 섣불리 평가해서는 안 되며 그에 따라 전망하고 기대해서는 더욱 안 된다"고 강조했다. 그런데 3주 후에 북한의 이러한 인식을 더욱 확고하게 만든 일이 벌어졌다. 폼페이오가 "북한의 불법적 핵·탄도 미사일 개발에 대응해 외교적, 경제적 압력을 행사하는 데 전념해야 한다"고 말한 것이다. 그러자 북한은 외무성 신임 대미 협상국장 명의로 발표한 담화에서 "조미 수뇌들 사이의 특별한 개인적 친분 관계에도 불구하고 조미관계가 계속 꼬여만 가는지"에 대해 "폼페이오가 명백히 해주었다"며, "우리는 폼페이오의 이번 망발을 들으며 다시금 대화 의욕을 더 확신성있게 접었다"고 밝혔다.

그렇다면 "신비로운 힘"을 믿었던 북한은 왜 개인적 친분과 국가 간의 관계를 구분 짓고 있는 것일까? 우선 북한은 미국에 농락당했다는 생각을 갖고 있다. 세 차례의 정상 간의 만남이 트럼프의 정치적 셈법에 이용당했다고 여기는 것이다. 북한으로서는 설상가상인 상황도 반복되었다. 트럼프가 약속한 것 어느 하나도 제대로 지켜진 것이 없었기 때문이다. 종전선언과 한미연합훈련 중단 약속이 대표적이다. 또 트럼프는 김정은과 "사랑에 빠졌다"고 하면서도 대북 제재는 오히려 강화했다. 북한으로서는 미국한테 '데이트 폭력'을 당한 것이라고 여길 법한 상황이 연출된 것이다.

이러한 입장은 최근에도 거듭 확인된다. 외무성 신임 대미 협상국장의 담화에서는 트럼프가 3월 초에 김정은에게 보낸 친서를 두고 "미국 대통령이 자기에게 유리한 시간과 환경을 벌기 위해 유인책으로 꺼내든 대화간판"이라고 칭했다. 이 표현의 행간에는 코로나 사태로 곤경에 처한 트럼프가 국면 전환을 위해 북미회담을 제안한 것이라는 북한의 해석이 깔려 있다. 〈CNN〉 등 미국 언론은 트럼프가 2월 초까지만 하더라도 재선 가도에 북미정상회담이 도움이 안 될 것이라 여기고 있다고 보도했는데, 트럼프가 갑자기 태도를 달리한 데에는 정치적 속셈에 깔려 있다고 본 것이다. 이는 세 차례의 북미정상회담이 북한에 남긴 '학습효과'라고 할 수 있다.

2020년에 접어들면서 북한의 입장은 분명해졌다. 트럼프의 개인기에 더 이상 넘어가지 않을 것이고 미국이 진심으로 북미대화를 원한다면 "적대시 정책 철회"를 말이 아니라 정책으로 보여달라는 것이다. 그리고 미국이 이를 거부한다면 "대화든, 대결이든" 어떤 상황에서도 맞설 수 있는 힘을 "정면돌파"로 만들겠다는 것이다. 제재와 대화는 양립할 수 없다는 점도 분명히 하고 있다. 여기서 흥미로운 대목도 발견된다. "대화를 위한 대화는 하지 않겠다"는 것은 조지 W. 부시 행정부부터 오바마 행정부까지 관통해온 미국의 입장이었다. 그런데 이번에는 북한이 이와 유사한 화법을 쓰면서 미국의 정책 변화를 촉구하고 있다. 미국은 코로나 방역 등 인도적 지원 의사를 밝히면서 선의를 강조하고 있지만, 북한 눈에는 '큰 병 주고 찔끔 약을 주면서 생색내기를 하려는 것' 정도로만 비춰질 뿐이다.

흔히 "외교는 힘이 뒷받침되어야 한다"고들 말한다. 아마도 이 말을 가장 신봉한 사람 가운데 한 사람이 바로 김정은일 것이다. 2017년에 그는 "미국과의 힘의 균형"을 만들어내겠다며 "국가 핵무력 완성"을 향해 전력으로 질주했다. 그리고 놀랍게도 2018년에 반전의 계기가 만들어졌다. 하지만 2019년에는 '하노이 트라우마'로 시작돼 절망과 좌절의 시간을 보냈다. 그리고 "거대한 힘을 비축"해서 "대화도, 대결도 낯설어하지 말아야 한다"며 미국과의 "힘의 균형"을 다시 강조하고 있다. 북미 정상 사이의 "신비로운 힘"이나 "개인적인 친분"은 더 이상 믿을 바가 못 된다는 결론과 함께.

그러나 김정은이 핵으로 대표되는 힘을 숭상하는 한 변증법적 비핵화는 완성될 수 없고 이에 따라 북한의 오랜 숙원인 북미수교, 평화체제 구축, 제재 해결을 통한 경제발전도 요원해진다. 그에게 필요한 것은 '하드파워'보다는 치밀하고도 담대한 외교전략 '소프트파워'이기 때문이다. 북한은 "우리는 미국의 노림수를 어항 속의 물고기를 들여다보듯 하고" 있다고 자신하지만, 세 차례의 정상회담에도 불구하고 이룬 게 없다는 북한의 결론은 그만큼 미국을 잘 모르고 있다는 것을 자인하는 것과 다르지 않다. 김정은이 반드시 유념해야 할 대목이다.

4. 왜냐면

2018년 남북미 정상들이 다짐한 것은 '속도전'이었다. 김정은은 4월 27일 문재인과의 첫 만남에서 "만리마 속도전"으로 남북관계를 발전시키자고 했고 정상회담에 배석한 임종석 대통령 비서실장은 "살얼음판을 걸을 때 빠지지 않으려면 속도를 늦춰서는 안 된다는 말이 있다"며 거들었다. 문재인 역시 "과거를 돌아봤을 때 가장 중요한 것은 속도다"라고 화답했다. 김정은과 트럼프의 첫 만남의 결과로 나온 북미 공동성명에서도 "공동성명의 조항들을 완전하고 신속하게 이행하기로 하였다."

하지만 트럼프는 화장실에 들어갈 때와 나올 때 다른 모습을 보였다. 하루라도 빨리 김정은을 만나고 싶다고 재촉했다가 첫 정상회담에서 핵실험 및 장거리 미사일 발사를 하지 않겠다는 김정은의 약속을 받아내고는 느긋해졌다. 1차 북미정상회담 4개월 전에 나온 트럼프 행정부의 핵 태세검토(NPR) 보고서에서는 "북한이 핵 탑재 탄도미사일로 미국을 공격할 수 있는 능력을 확보하는 데에는 수개월밖에 남지 않았다"며 북한의 ICBM(대륙간탄도미사일)을 미국이 직면한 가장 임박한 위협으로 규정했다.[72] 그러나 트럼프는 김정은을 만난 다음에 "북한의 핵 위협은 더 이상 존재하지 않는다"고 선언했다. "미국 우선주의(America First)"를 내세워온 트럼프로서는 완성 일보 직전에 있었던 북한의 ICBM을 멈춰 세움으로써 적어도 미국은 안전해졌다고 자랑한 것이다.

 '하노이 노딜' 이후에도 트럼프는 "시간 게임을 하지 않겠다"고 여러 차례 강조했다. 조바심을 느낀 김정은은 2019년 연말을 시한으로 제시하면서 미국을 압박했지만 소용이 없었다. 그러자 김정은은 "장기전"을 예고하고 나섰다. 이를 지켜본 미국의 평화연구소는 "한반도 비핵화와 평화는 빠르게 이뤄질 수 없다"며, "적대와 불신의 오랜 역사는 한반도 평화와 비핵화가 여러 가지 우여곡절과 미국의 여러 행정부를 거치면서 진행될 수밖에 없다"고 진단했다.[73]

---

72) https://media.defense.gov/2018/Feb/02/2001872886/-1/-1/1/2018-NUCLEAR-POSTURE-REVIEW-FINAL-REPORT.PDF

73) Frank Aum; Jacob Stokes; Patricia M. Kim; Atman M. Trivedi; Rachel Vandenbrink; Jennifer Staats ; Ambassador Joseph Yun, A Peace Regime for the

그럴까? 2020년 기준으로 한반도가 분단된 지 75년이 지났고 1948년 북한 정권 수립 이후 북한과 미국은 한 번도 수교를 맺은 적이 없다. 한국전쟁 발발 70년째와 정전협정 체결 67년째이고 북핵 문제가 본격적으로 대두된 지도 30년 정도 흘렀다. 이에 따라 이렇게 오랜 시간 누적되어온 한반도 문제를 단기간 내에 해결한다는 것은 불가능하다고 여겨질 수 있다. 그래서 적대 관계를 평화 관계로 전환하고 수십 년간 누적된 불신을 해소하기 위해서는 상당한 시간이 걸린다는 것은 극히 자연스럽게 받아들여질 수 있다.

아니다. 이러한 설명은 위로도 하지 못하고 문제의 본질도 제대로 짚어주지 못한다. 문제가 풀리지 않는 본질적인 이유는 '시간 부족'이나 '신뢰 부족'에 있는 것이 아니기 때문이다. 우선 북미관계가 풀리지 않는 본질적인 이유는 많은 사람이 말하는 '신뢰의 부족'보다는 '이익의 불일치'에 있다. 북한은 미국과의 관계를 풀어야 할 절박한 사유와 기대 이익이 있다. 미국이 좋아서가 아니라 미국이 필요해서

Korean Peninsula, the US Institute of Peace, February 3, 2020.

198

그렇다. 앞서 설명한 대북 제재를 떠올리면 이러한 북한의 처지를 쉽게 이해할 수 있다. 반면 미국은 별로 아쉬울 게 없다. 북한과의 적대 관계에서 고착화한 이익에 대한 집착은 강한 반면에, 북한과의 평화 관계 수립으로 얻게 될 이익은 막연하고 기존의 이익마저 잠식당할 수 있다고 여긴다. 이 근본적인 불일치를 풀지 못하는 한, 북미관계 및 이와 직결된 한반도 평화 프로세스는 다람쥐 쳇바퀴 도는 신세를 벗어날 수 없다.

'이익의 불일치'라는 분석틀은 '작용과 반작용'이라는 분석틀로도 이어진다. 기실 한반도의 평화는 평화적인 현상 변경을 잉태할 수밖에 없고 또한 그래야만 한다. 그런데 한반도의 현상 변경은 수십 년간 지속된 현상 속에서 익숙해진 이해관계의 전면적인 재조정도 잉태하게 된다.[74] 이는 곧 한반도의 현상을 변경하고자 하는 작용이 일어나면 현상을 유지하고자 하는 반작용도 일어날 수밖에 없다는 것을 의미한다. 그런데 한반도 평화를 향한 여러 차례의 작용은 번

---

74) 여기서 한반도 현상(status quo)이란 주로 1945년 이래 지속되어온 한반도 분단과 한국전쟁이 낳은 역사적 쌍생아(historical twins)인 정전체제와 한미동맹을 의미한다.

번이 반작용에 제압당했다. 아마도 이게 지난 역사에서 길어 올릴 수 있는 가장 본질적인 교훈이 아닐까 한다.

이익이라는 것은 사람마다 다르고 한 사람의 마음속에서도 달라질 수 있다. 미국 내에는 북한과 친구가 되어야 한다고 생각하는 사람도 있지만, 북한을 계속 적으로 남겨두면서 여러 가지 이익을 취해야 한다고 생각하는 사람도 있다. 한 사람의 마음이 달라질 수 있다는 것은 위에서 소개한 트럼프의 변심에서도 확인할 수 있다. 또 그의 마음속에는 이런저런 생각들이 좌충우돌하고 있었다는 것도 앞서 지적한 바 있다.

과거에도 이런 전례들은 있었다. 클린턴 행정부가 1994년에 북한과 제네바 기본합의를 체결한 데에는 핵확산금지조약(NPT)라는 변수가 있었다. 1995년에는 NPT의 운명을 가르는 회의, 즉 이 조약의 무기한 연장 여부를 결정할 회의가 예고되어 있었다. 그런데 북한은 1993년에 이 조약에서 탈퇴를 선언했다. 이런 북한을 그대로 두면 NPT의 무기한 연장은 물거품이 되어 미국 주도로 만들어진 핵 비확산체제가 뿌리부터 흔들릴 수 있었다. 그런데 제네바 합의를 통해 미국은 북한의 NPT(핵확산금지조약) 잔류라는 소기의 목적을 달성했다. 그리고 급한 용무를 본 클린턴 행정부의 제네바 합의 이행은 지지부진해졌다.

이익의 관점에서 볼 때, 조지 W. 부시 행정부는 클린턴 행정부 말기 때 큰 성과가 있었던 대북정책을 계승하는 것보다 북한의 위협을 이유로 MD(미사일방어체제)에 박차를 가하는 것이 낫다고 봤다. 이러한 부시 행정부를 강력히 비판하면서 북한과의 직접 대화를 약속한 오바마 행정부도 본질적으로 다르지 않았다. 중국의 급부상이 가시화되자 "전략적 인내"라는 이름 아래 대북 협상은 피하면서 북한의 위협을 이유로 한미일 삼각동맹에 박차를 가한 것이다. 오바마 임기 8년 동안 6자회담은 한 번도 열리지 않은 반면에, 한미일 군사정보보호 약정, 한일 군사정보보호 협정(지소미아), 사드 배치 결정 등이 이뤄진 것이 결코 우연의 일치가 아니었다.

북한이 이런 미국을 상대로 협상에 성공하려면 미국의

기존 이익 체계를 뒤흔들 정도의 과감함이 필요하다. 즉, 완전하고 신속한 비핵화가 달성 가능하다는 확신을 미국에 심어주어야 했다. 하지만 클린턴-부시-오바마를 관통하는 북한의 접근법은 비핵화를 잘게 썰어서 그때마다 이익을 취하는 '살라미 전술'에서 맴돌았다. 2017년에는 유감스러운 방식으로 미국의 이익을 흔들었다. 국제적 비난과 엄청난 경제제재를 감수하면서 "국가 핵무력 완성"을 향해 전력 질주한 것이다. 이는 미국을 뒤흔들었다. 작게는 북한의 ICBM(대륙간탄도미사일) 보유는 "절대로 없을 것"이라고 호언장담한 트럼프의 자존심에, 크게는 핵 비확산체제를 주도해 온 미국의 전략에 큰 상처를 낸 것이다. 미국의 적대국이 핵탄두 장착 ICBM 보유 문턱에 도달한 나라도 1970년대 초반 중국 이후 처음이었다.

하지만 '대결의 시기'에 나타났던 북한의 과감함이 정작 '협상의 시기'에는 나타나지 않았다. 북한은 핵실험과 장거리 로켓 발사 중지, 풍계리 핵실험장 폐기, 미군 유해 및 억류 미국인 송환 등을 이행하고 대북 제재 완화 시 영변 핵시설을 모두 폐기할 수 있다는 제안을 "과감한 용단"이라고 생각했다. 하지만 이는 '찻잔 속의 태풍'이었다. 비핵화의 핵심인 핵물질 및 핵무기 폐기 방안이 제시되지 않으면서 트럼프 개인의 욕구도 만족시키지도 못했고 미국 주류의 반발과 회의론도 종식하지 못한 것이다.

문재인 정부는 어떤가? 정부로서는 한반도 평화와 비핵화도 이루고 평화경제론도 실현하며 한미동맹도 강화하고 대규모의 군비증강을 통해 자주국방도 달성하는 게 '최대의 이익'이었을 것이다. 하지만 이들 목표를 동시에 달성하는 것은 애초부터 불가능했다. 동맹과 군사력 강화는 "힘에 의한 평화"를 추구한다는 것인데, 한국이 이렇게 하면서 북한에게 핵을 내려놓으라고 할 수는 없는 노릇이기 때문이다.

그래서 선택과 집중이 필요했고 그 기회도 있었다. 문재인 정부는 북한과 "단계적 군축" 추진에 합의했던 만큼 역대급 군비증강을 자제했어야 했다. 트럼프가 한미연합군사훈련 중단을 김정은에게 두 차례 약속했던 만큼 이를 지렛대로 삼아 연합훈련 중단을 실천했어야 했다. 그리고 이를 발판으로 삼아 남북관계와 북미관계의 병행 발전을 추구했

어야 했다. 상호 모순적인 목표들을 추구했던 문재인 정부
는 결과적으로 한미동맹과 군비증강을 우선시하고 말았다.

요약하자면, 이번에도 한반도 평화가 희망 고문으로 끝
날 위기에 처한 이유는 미국의 좌충우돌식 이익 추구, 북한
의 담대함 부족, 한국의 모순적 언행이 악순환을 형성한 데
에 있다. 이는 시간이 지난다고 해서 자연스럽게 해결되는
것이 아니다. 시간의 중요성은 물리적인 길이에만 있는 것이
아니라 '어떤 화학작용을 일으키느냐'에도 있다. 한반도 문
제 당사자들이 일방적이고 배타적인 이익 추구를 자제하고
공동의 이익을 명확히 하면서 의지를 결집한다면 그 시간
은 얼마든지 빨라질 수 있다.

제3부

한반도 비핵지대

1. 비핵화와 비핵지대

우리는 '비핵화(denuclearization)'라는 표현을 수없이 듣고 봐왔다. 그런데 정작 비핵화가 뭔지 속 시원한 설명을 들어본 적은 없다. 그도 그럴 것이 한반도 문제의 핵심 당사자들인 남북한과 미국이 합의한 비핵화의 정의조차 존재하지 않기 때문이다. 비핵화가 뭔지 합의된 것이 없으니 비핵화 협상은 겉돌 수밖에 없다. 영어 사전《메리엄-웹스터 Merriam-Webster》에는 비핵화를 "핵무기를 없애고, 핵무기 사용을 금지하는 것"으로 정의하고 있다. 이 정의에 따르면 "한반도 비핵화"는 한반도에서 핵무기를 없애고 핵 위협을 금지하는 것으로 이해할 수 있다. 간단해 보이는데 왜 북한과 미국은 비핵화의 정의조차도 합의하지 못한 것일까?

비핵화를 '핵무기와 핵 위협이 없는 상태'라고 규정한다면, 이러한 취지를 가장 잘 반영한 것이 '비핵무기지대(nuclear weapons free zone, 이하 비핵지대)'이다. 1970년 발효된 핵확산금지조약(NPT)뿐만 아니라 각종 유엔 문서에서도 비핵지대가 일반적인 용어로 사용돼왔다. 전 세계적으로 보면 중남미 및 카리브해, 남태평양, 동남아시아, 아프리카, 중앙아시아, 몽골이 비핵지대이다. 지구 면적의 절반 이상이 비핵지대이고, 이를 국가 수로 환산하면 115개국이 비핵지대에 속해 있다. 그래서 국제사회에서는 비핵화보다는 비핵지대가 더 일반적으로 사용되고 있다. 그런데 우리에게는 왜 비핵지대가 생소하기만 하고 한반도에서는 비핵지대 대신에 비핵화라는 표현이 사용되어온 것일까?

이 두 가지 질문에 대한 답을 찾는 과정은 한반도 핵 문제의 본질에 대한 이해뿐만 아니라 해법을 찾는 데에도 도움이 된다.[75] 그리고 비핵지대가 왜 한반도 핵 문제의 가장 바람직한 해법이 될 수 있는지를 알게 된다.[76]

---

75) 이에 대한 자세한 내용은 정욱식, 《핵과 인간》, 311~313쪽 참조.
76) 한반도 비핵지대 제안 배경과 구체적인 내용은 정욱식 외, 《한반도 평화체제 관련 쟁점과 이행방안》, (통일연구원, 2019년) 참조.

미국은 왜 비핵지대를 거부했을까?

이른바 '북핵 문제'가 불거지기 시작한 1991년 여름에 있었던 일이다. 북핵 대처가 최대 현안으로 부상하자 한미 양국은 협의에 들어갔다. 노태우 정부에서는 김종휘 청와대 외교안보수석이, 부시 행정부에서는 폴 월포위츠 국방부 차관이 수석대표로 나서 8월 6~7일 하와이에서 협의를 가졌다. 미국의 비밀문서에 따르면, 이 자리에서 월포위츠는 "북한이 제안해온 비핵지대는 북핵 문제의 해법이 될 수 없다"고 말했고 김종휘도 이에 동의했다. 그러면서 월포위츠는 "비핵화"를 대안으로 제시했다.[77] 미국은 왜 비핵지대를 거부하고 비핵화를 제시한 것일까? 세 가지 이유를 짚어볼 수 있다.

먼저 미국은 "북한이 제안해온 비핵지대"를 수용할 경우 주한미군 철수로 이어질 가능성을 경계했던 것으로 보인다.

---

77) National Security Archive, "Telegram, State Department to Tokyo, etc., August 13, 1991, Subject: U.S.-ROK Hawaii Meeting on North Korea (Secret)," 《http://nsarchive.gwu.edu/dc.html?doc=4176666-Document-01-Telegram-State-Department-to-Tokyo》.

1978년부터 한미 양국은 '팀 스피릿' 훈련을 했는데, 이 훈련에는 유사시 북한에 핵 공격을 가하는 내용도 포함되어 있었다. 그러자 북한은 1980년부터 비핵지대를 주장하고 나섰다. 한반도를 포함한 세계 모든 지역에서 핵무기의 시험과 생산, 저장과 사용을 금지하며 모든 핵무기를 완전히 폐기해야 한다는 것이었다. 1986년부터는 "조선반도 비핵지대·평화지대"를 본격적으로 제안하기 시작했고, 이러한 제안은 1980년대 말까지 지속되었다. 그런데 여기에는 미국 핵무기의 철수와 대북 핵 공격 훈련 중단뿐만 아니라 주한미군도 단계적으로 감축해 1992년까지 모두 철수해야 한다는 내용이 담겼다. 월포위츠가 북한의 비핵지대 제안을 거부한 1차적 이유가 바로 여기에 있었다. 펜타곤은 1990년을 전후해 미국에서 추진된 주한미군 3단계 감축안을 비판하면서 한반도 통일 이후에도 주한미군이 계속 주둔해야 한다는 입장을 갖고 있었기 때문이다.

미국이 비핵지대를 거부한 두 번째 이유는 당시 비핵국가이자 NPT(핵확산금지조약) 회원국이었던 남북한의 권리, 즉 우라늄 농축과 재처리를 금지하는 데에 있었다. 우라늄 농축과 사용 후 연료 재처리는 국제법적으로 "평화적 핵 이용"에 속하면서도 핵무기 물질을 만들 수 있는 대표적인 이중용도 기술이다.[78] 반면 1990년대 초반 미국은 북한의 핵 개발은 물론이고 남한의 핵 개발 가능성에도 촉각을 곤두세웠다. 제임스 베이커 국무장관이 최호중 외교부 장관에게 친서를 보내 미국이 북한의 핵 개발을 기필코 저지할 테니 한국은 "자체적인 핵무기 개발"과 같은 "독자적인 행동에 나서지 말라"고 요구할 정도였다. 이에 최호중은 "한국이 독자적 행동을 취하지 않을 테니", 북한의 핵 개발은 반드시 막아야 한다는 답장을 보냈다. 이 답장을 기안한 송민순 당시 외교부 안보국 과장은 미국이 북핵 문제 못지않게 "한국의 핵 개발 가능성을 우려한다는 인상을 받았다"고 회고했다.[79]

그런데 일반적으로 비핵지대는 우라늄 농축과 재처리를 금지하지 않는다. 이에 따라 미국은 남북한의 핵무기 개발 능력을 완전히 제거하는 방안을 고안해냈다. 그것이 바로

---

78) 이와 관련해 NPT에서는 엄격한 사찰을 전제로 회원국의 우라늄 농축 및 재처리 보유를 "양도할 수 없는 권리"로 명시해놓고 있다.

79) 송민순, 《빙하는 움직인다》 (창비, 2016년) 29~31쪽.

'한반도 비핵화'였다. 그리고 한반도 비핵화 공동선언 협상에 나선 한국에게 이 선언에 우라늄 농축과 재처리를 금지하는 내용이 포함되어야 한다고 요구했다. 그 결과 1992년 1월 남북한이 합의한 한반도 비핵화 공동선언에는 "남과 북은 핵재처리시설과 우라늄농축시설을 보유하지 아니한다"고 명시되었다.

미국이 한반도 핵 문제 해법으로 비핵지대를 거부한 세 번째 이유는 자국의 핵 정책이 규제받기를 원하지 않았던 데에 있다. 일반적으로 비핵지대 조약에는 핵보유국이 비핵국가에 대해 핵무기 사용 및 사용 위협을 가하지 않고 핵무기 배치를 금지하는 내용이 포함된다. 이에 따라 미국이 "조선반도 비핵지대"에 동의하게 되면 한반도와 그 인근에서 누려왔던 특권적 권리에 상당한 제약이 가해질 터였다. 여기서 특권적 권리란 미국이 자신의 필요에 따라 핵 선제공격 옵션을 유지하고, 핵무기를 한국에 재배치하거나 일시적으로 전개·경유하는 것 등을 의미한다. 그런데 미국은 비핵지대를 거부하고 비핵화를 요구했는데, 그 결과 한반도 비핵화 공동선언에는 미국을 비롯한 핵보유국의 의무 사항은

단 한마디도 언급되지 않았다. 한반도 핵 문제의 핵심 당사자인 미국이 빠진 비핵화 선언은 애초부터 한계가 있을 수밖에 없는 것이다.

'FFVD'와 '조선반도 비핵화'

2003년부터 2차 한반도 핵 위기가 시작된 이후 미국이 북핵 문제 해결 원칙으로 가장 즐겨 사용해온 용어는 'CVID'와 'FFVD'이다. 이들 표현 속에는 북핵을 완전히 뿌리 뽑겠다는 의지가 담겨 있었다. "완전하고 검증 가능하며 돌이킬 수 없는 비핵화(Complete, Verifiable and Irreversible Denuclearization)"의 약어인 CVID는 2003년에 부시 행정부의 대외정책을 쥐락펴락했던 네오콘이 고안한 것이었다. 하지만 북한은 "일고의 가치도 없다"며 일축했었다. CVID는 "패전국에나 적용되는 표현"이고, 미국의 의도가 북한의 핵무기 프로그램뿐만 아니라 평화적 핵 활동까지 금지하려고 하는 데에 있다고 봤기 때문이다.

이로 인해 2003년 8월에 시작된 6자회담은 2005년 9·19 공동성명 채택 이전까지 CVID를 둘러싼 북미 간의 거친 말싸움으로 허송세월하고 말았다. 결국 9·19 공동성명에는 "완전한"과 "불가역적인"이 빠졌고 "검증 가능한 한반도 비핵화"가 담기게 되었다. 그 이후 CVID가 되살아난 시기는 2008년 이명박 정부 들어서부터다. 이후 한미 양국과 한미일 3자회담, 그리고 유엔 안보리의 대북 결의에 CVID가 북핵 해결의 목표라고 명시되었다.[80]

FFVD는 "최종적이고 완전히 검증된 비핵화(final, fully verified denuclearization)"의 약어이다. 이 표현이 공개적으로 처음 등장한 시점은 1차 북미정상회담 직후인 2018년 7월 초였다. 마이크 폼페이오 국무장관은 북한을 방문하기에 앞서 "김정은 위원장이 FFVD를 약속했다"며, 이는 미국의 북핵 해결 원칙이라고 못박았다. 이후 미국은 CVID와 FFVD를 혼용하다가 2018년 10월부터는 FFVD를 주로 써왔다. 이러한 배경에는 이란 핵협정과 차별성을 기하겠다는 트럼프

---

80) 비핵화의 정의를 둘러싼 북미 간의 공방에 대해서는 정욱식, 《비핵화의 최후》 (유리창, 2018년) 128~137쪽 참조.

행정부의 욕심이 크게 작용했다. 트럼프는 이란 핵협정이 기껏해야 '한시적'으로밖에 이란의 핵무기 개발을 막을 수 있고 검증도 미진하다며 탈퇴를 강행했었다. 그리고 북한을 상대로는 훨씬 강력한 합의를 이뤄내겠다는 입장을 밝혔다.

이와 관련해 폼페이오는 "'최종적(Final)'의 의미는 북한이 앞으로는 또다시 대량파괴무기와 탄도미사일 프로그램을 재개할 가능성을 없애는 것이고 이는 이란 핵협정에는 담보되지 않은 것"이라고 밝혔다. 또한 "'완전히 검증되는(Fully verified)'이라는 것은 이란의 핵심적인 군사 시설에 대한 사찰이 포함되지 않는 등 여러 가지 약점이 있는 이란 핵협정보다 더 강력한 검증 기준이 북한에 적용될 것"이라고 설명했다. 그러면서 "FFVD는 우리가 양보하지 않을 핵심적인 목표에 해당한다"고 강조했다.[81]

여기서 주목할 점은 FFVD는 북한의 핵무기 및 핵물질, 그리고 이들과 직접 연관된 시설들의 폐기에 국한된 것이

---

81) Michael R. Pompeo, "Confronting Iran: The Trump Administration's Strategy," Foreign affairs, vol.97, no.6 (2018), pp. 60~66.

아니라 모든 종류의 탄도미사일 및 화학무기와 생물무기, 그리고 이중용도 프로그램 폐기까지 포괄한 개념이라는 것이다.[82] 트럼프 행정부가 이러한 FFVD를 2019년 2월 말에 베트남 하노이에서 열린 2차 북미정상회담에서 관철하려고 했던 것이 회담 결렬의 핵심적인 요인이었다. 북한은 미국의 요구를 사실상의 "무장해제 요구"이자 "강도적이고 일방적이며 비현실적 주장"으로 간주한 것이다. 그러나 이후에도 트럼프 행정부는 FFVD를 견지했다. 스티븐 비건 대북정책 특별대표는 2019년 6월 30일 남북미 3자 정상의 판문점 회동 직후 가진 기자 브리핑에서 비핵화에는 북한의 핵·화학·생물무기 및 탄도미사일 폐기가 포함되어야 한다고 강조했다.[83]

한편 김정은 정권 등장 이후 북한이 "조선반도 비핵화"

---

82) "Exclusive: With a piece of paper, Trump called on Kim to hand over nuclear weapons," Reuters, March 30, 2019, 《https://www.reuters.com/article/us-northkorea-usa-document-exclusive/exclusive-with-a-piece-of-paper-trump-called-on-kim-to-hand-over-nuclear-weapons-idUSKCN1RA2NR》.

83) "Scoop: Trump's negotiator signals flexibility in North Korea talks," Axios, July 3, 2019, 《https://www.axios.com/trump-negotiator-steve-biegun-signals-flexibility-in-north-korea-talks-0b1f9a53-2599-49ac-b236-0fa819d175f8.html》.

와 관련해 가장 구체적인 입장을 내놓은 때는 2016년 7월 6일이었다. 당시 북한은 정부 대변인 성명을 통해 "우리가 주장하는 비핵화는 조선반도 전역의 비핵화"라며 5가지 요구사항을 내놨다. 첫째, "남조선에 끌어들여 놓고 시인도 부인도 하지 않는 미국의 핵무기들부터 모두 공개하여야 한다." 둘째, "남조선에서 모든 핵무기와 그 기지들을 철폐하고 세계 앞에 검증받아야 한다." 셋째, "미국이 조선반도와 그 주변에 수시로 전개하는 핵 타격수단들을 다시는 끌어들이지 않겠다는 것을 담보하여야 한다." 넷째, "그 어떤 경우에도 핵으로, 핵이 동원되는 전쟁행위로 우리를 위협 공갈하거나 우리 공화국을 반대하여 핵을 사용하지 않겠다는 것을 확약하여야 한다." 다섯째, "남조선에서 핵 사용권을 쥐고 있는 미군의 철수를 선포하여야 한다." 그러면서 "이러한 안전담보가 실지로 이루어진다면 우리 역시 그에 부합되는 조치들을 취하게 될 것이며 조선반도 비핵화 실현에서 획기적인 돌파구가 열리게 될 것이다"라는 입장을 밝혔다.[84]

---

84) "北 '한미 안전담보하면 조선반도 비핵화 돌파구 열릴 것' (전문)," 〈통일뉴스〉, 2016년 7월 7일

공교롭게도 미국은 북한의 성명 발표 직후 김정은을 포함한 핵심 지도부를 인권 탄압자로 지목하면서 이들을 제재 대상으로 발표했다. 또 이틀 후에는 한미 양국이 사드 배치 계획을 발표하기도 했다. 이로 인해 북한의 제안은 거의 주목을 받지 못했고 김정은 정권은 "국가 핵무력 완성"을 향해 질주했다. 그러다가 북한은 2018년 남북정상회담과 북미 정상회담에서 "완전한 비핵화"를 약속했다. 하지만 "완전한 비핵화"가 무엇인지 구체적이고 공개적인 입장은 아직까지 내놓지 않고 있다. 다만 2018년 9월 남북한의 평양공동성명에 "핵무기와 핵 위협이 없는 평화의 터전"이 명시된 바 있다. 또 2019년 신년사에서 김정은은 "조선반도 정세 긴장의 근원으로 되고 있는 외세와의 합동 군사연습을 더 이상 허용하지 말아야 하며 외부로부터의 전략자산을 비롯한 전쟁 장비 반입도 완전히 중지되어야 한다는 것이 우리의 주장"이라고 말한 바 있다.

비핵화에 대한 북한 입장과 관련해 북한을 대변해온 조총련계 언론 〈조선신보〉의 김지영 편집국장의 설명도 주목할 만한 가치가 있다. 그는 '미국이 취해야 할 비핵화 조치란 무엇이냐'는 질문에 "조선반도에서 핵전쟁이 일어나지 않겠다는 확신을 가질 수 있게 해야 한다"며 두 가지를 강조했다. 하나는 "조선반도의 항구적이며 공고한 평화체제의 구축은 말로만 해서는 안 되고 구체적인 행동 조치, 군사 분야에서의 행동 조치가 동반되어야 한다"는 것이고, 또 하나는 "전쟁 종결과 평화체제 구축에서는 국제법적인 뒷받침도 있어야 한다"는 것이다.[85] 이에 따르면 북한은 비핵화를 핵문제 해결에 국한한 것이 아니라 한반도의 평화지대화로 간주하면서 미국의 대북 안전보장에는 국제법적 구속력과 구체적인 군사 조치가 있어야 한다는 입장이라는 것을 알 수 있다.

법적 구속력을 갖춘 대북 안전보장은 한반도 평화협정을 통해 마련될 수 있다. 문제는 군사 분야의 조치이다. 이와 관련해 리용호 외무상은 2월 28일 하노이 회담 결렬 직후에 가진 기자회견에서 "우리가 비핵화 조치를 취해나가는 데서 보다 중요한 문제는 안전담보 문제이지만 미국이 아직은

---

85) [김지영 조선신보 편집국장 인터뷰1] "핵 버리면 잘 살 수 있단 헛소리만", 〈서울신문〉, 2019년 6월 28일

군사 분야 조치 취하는 것이 부담스러울 것이라 보고 부분적 제재 해제를 상응 조치로 제안한 것"이라고 밝혔다. 이는 비핵화의 북한 측 의무 사항의 핵심이라고 할 수 있는 핵물질 및 핵무기 폐기 협상 단계에선 북한이 미국에 요구할 군사 분야 조치가 핵심 쟁점이 될 것이라는 점을 예고해준다. 특히 미국의 전략자산 한반도 배치 및 전개 문제가 난제가 될 것이다.

과거에도 이러한 사례는 있었다. 2005년 6자회담 9·19 공동성명에서 "미국은 한반도에 핵무기를 갖고 있지 않으며 핵무기 또는 재래식 무기로 조선민주주의인민공화국을 공격 또는 침공할 의사가 없다는 것을 확인하였다." 하지만 핵무기와 그 투발수단을 한국에 배치·전개하지 않겠다는 약속은 포함하지 않았다. 그러자 북한은 협상 과정에서 이러한 약속도 포함되어야 한다고 요구했다. 이와 관련해 당시 미국의 수석대표였던 크리스토퍼 힐은 "그것은 불가능하다. 한미동맹은 이 회담 의제가 아니다"라며 거부했다고 밝혔다. 이를 둘러싸고 북미 간의 논쟁이 계속되자 "중국이 논의

를 종결시켰다"는 것이 힐의 설명이다.[86]

그런데 미국의 이러한 입장은 한국의 약속과 모순되는 측면이 있었다. 9·19 공동성명에서 "대한민국은 1992년 한반도 비핵화 공동선언에 따라 핵무기를 접수 및 배치하지 않는다는 약속을 재확인"했는데, 미국의 핵무기 및 그 투발 수단 배치·전개 시 한국은 '접수국'이 될 것이기 때문이다. 이에 따라 향후 비핵화의 정의와 최종 상태 협상 시 한국의 선택 및 한미 간의 협의가 중요할 수밖에 없다. 한국은 미국과 동맹을 맺고 있는 동시에 남북정상회담에서 "핵무기와 핵 위협이 없는 평화의 터전"을 만들기로 합의한 당사자이기 때문이다.

---

86) http://www.usip.org/events/2005/0928_hill.html (검색일: 2019년 7월 26일

비핵지대란 무엇인가?

이처럼 한반도 비핵화를 둘러싼 북미 간의 동상이몽은 너무나도 크고 지금까지 한국은 마땅한 대안을 내놓지 못하고 있다. 한반도 핵 문제 해결을 위한 '새로운 길'로 비핵지대를 제안하는 이유이다. 이에 대한 자세한 내용은 다음 장에서 짚어보고, 우선 비핵지대가 무엇이고 다른 지역의 사례들로는 어떤 것이 있는지부터 살펴보자.

비핵지대란 특정 지역 내에서 핵무기 및 핵 위협이 없는 상태를 구현하기 위한 국제조약을 일컫는다. 이 조약의 체결국은 해당 지대 내 국가들과 5대 핵보유국이고, 대개 비핵지대에는 네 가지 내용이 명시된다. 첫째는 "해당 지대 내 핵무기의 부재, 즉 핵무기의 개발, 제조, 실험, 보유, 배치, 접수, 반입 등을 금지"하는데, 이는 지대 내 국가들의 의무 사항에 해당한다. 둘째는 핵보유국들이 소극적 안정보장을 약속함으로써 해당 지대 국가에 대한 핵무기의 사용 및 사용 위협을 금지하고, 핵무기 배치도 금지한다. 셋째는 "조약 체결국들의 조약 준수 기구를 설치해 조약 이행 준수를 감독

하고 관련 분쟁을 해결한다"는 것이다.[87] 끝으로 비핵지대
조약은 회원국의 탈퇴 권리를 인정하면서도 조약의 유효기
간을 '무기한'으로 정하는 것을 원칙으로 한다.

국제사회는 이러한 비핵지대 창설이 인류 절멸의 무기로
일컬어지는 핵무기의 위협을 해소할 수 있는 현실적인 경로
로 간주하면서 비핵지대 창설과 확대의 필요성을 역설해왔
다. 1970년 발효된 NPT(핵확산금지조약) 7조는 "핵무기의 전
면적 부재를 보장하기 위하여 지역적 조약을 체결할 수 있
는 권리"를 명시하고 있다. 또 1995년에 NPT 회원국들은 이
조약의 무기한 연장을 결정하면서 비핵무기 창설이 "세계평
화와 안보를 향상시킨다"며 비핵지대 창설 및 확대를 적극
적으로 권고했다. 이러한 내용은 1999년 유엔군축위원회가
유엔 총회의 승인을 거쳐 채택된 '지역 관련국 간의 자유의
사에 의한 조약에 입각한 비핵지대의 설립' 보고서에 집약
되었다. 이 보고서에 담긴 비핵지대 창설의 원칙과 취지의
핵심적인 내용은 다음과 같다.

---

87) 기존 비핵지대에 관한 자세한 내용은 우메바야시 히로미치 저, 김마리아 역, 《비핵
무기지대》, (서해문집, 2014년) 참조.

- 비핵지대 창설은 해당 국가의 국가안보와 국제 핵 비확
산체제, 그리고 지역 및 세계평화와 안정에 기여할 것.
- 비핵지대는 지대 내 국가들의 자유의사 및 협상 결과
에 기초할 것.
- 초기 협상은 지대 내 일부 국가들이 주도할 수 있으나
지대 내 모든 국가가 참여할 것.
- 핵보유국을 비롯한 지대 밖의 국가들도 비핵지대 창설
을 지지·협력할 것.
- 비핵지대 창설은 지역의 특수성을 감안하고 유엔 해양
법을 비롯한 국제법을 준수하는 맥락에서 추진할 것.
- 외국의 선박과 항공기의 방문과 통과는 국가들의 자유
로운 재량에 맡길 것.
- 국제원자력기구(IAEA)의 안전조치협정을 비롯한 비핵
지대 의무 준수를 검증할 수 있는 체제를 구축할 것.
- 핵보유국은 소극적 안전보장을 비롯한 비핵지대 의정
서에 서명·비준할 것.

2020년 현재 전 세계적으로 인간이 거주하는 지역에 설
립된 비핵지대는 총 여섯 곳이다. 중남미 및 카리브해의 틀

라텔롤코 조약, 남태평양의 라로통가 조약, 동남아시아의 방콕 조약, 아프리카의 펠린다바 조약, 중앙아시아의 세미팔라틴스크 조약 등이 해당한다. 몽골은 개별국가로서 비핵국가의 지위를 확보한 상황이다.[88] 해저와 우주 관련 조약을 제외하고 현재까지 체결된 비핵무기지대 조약의 현황은 아래 표와 그림과 같다.

비핵무기지대 조약

조약	지역	지대 면적 (km^2)	참가국 수	서명 개시 및 발효 연도
틀라텔롤코 조약	중남미 및 카리브해	21,069,501	33	1967/2002
라로통가 조약	남태평양	9,008,458	13	1985/1986
방콕 조약	동남아시아	4,465,501	10	1995/1997
세미팔라틴스크 조약	중앙아시아	4,003,451	5	2006/2009
펠린다바 조약	아프리카	30,221,532	53	1996/2009

출처 : https://www.armscontrol.org/factsheets/nwfz (검색일: 2020년 2월 3일)

---

88) 몽골 비핵무기지대는 타 비핵무기지대와 달리 관련 조약이 부재한다. 대신 1992년 오치르바트 몽골 대통령이 몽골을 비핵무기지대로 선언한 이후 1998년 유엔 총회 결의에서 지대 지위 승인을 받았다. 2000년 국내법을 제정하고 2012년 5대 핵보유국이 공동선언을 통해 비핵무기지대로서 몽골에 지지를 표명하면서 지위가 더욱 확고해졌다. 그러나 5대 핵보유국으로부터 제공받는 소극적 안전보장의 법적 구속력은 없다.

비핵무기지대 지도

TREATIES ESTABLISHING NUCLEAR-WEAPON-FREE AREAS

■ : 비핵무기지대 육지, ■ : 비핵무기지대 수역

출처 : IAEA, "Nuclear-Weapon-Free-Zones," IAEA 웹사이트
(https://www.iaea.org/topics/nuclear-weapon-free-zones) (검색일: 2019년 9월 30일)

틀라텔롤코 조약은 1962년 쿠바 미사일 위기를 거치면
서 공론화되기 시작했다. 핵보유국의 핵무기 반입을 금지
함으로써 쿠바 미사일 위기와 같은 악몽이 재연되는 것을
막겠다는 취지에서 비롯된 것이다. 한때 경쟁 관계에 있었
던 브라질과 아르헨티나가 핵무장을 검토하면서 중남미 비
핵지대 논의는 난항을 겪기도 했지만, 이들 나라가 핵 개발
을 포기하면서 조약 체결에 이르게 되었다. 라로통가 조약

은 1950년대부터 미국, 프랑스, 영국 등이 남태평양에서 경쟁적으로 핵실험을 하자 아래로부터의 반발에서 비롯된 성격이 강하다. 현지 주민들과 그린피스를 비롯한 국제 NGO들은 격렬한 반대 시위를 벌이면서 비핵지대 창설을 촉구한 것이다. 그 결과 이 조약에는 방사성 폐기물이나 기타 방사성 물질의 해양 투기를 금지하는 내용도 포함되었다.

방콕 조약은 베트남 전쟁이 절정에 달했던 1971년에 동남아 국가들이 '평화·자유·중립 지대'를 선언한 것이 모태가 되었다. 이 조약 체결 과정에서 나타난 가장 두드러진 특징은 동남아국가연합인 아세안(ASEAN)이 결정적인 역할을 했다는 점이다. 펠린다바 조약은 프랑스가 1960년대 초 알제리 사하라 사막에서 핵실험을 강행한 것에 대한 반발에서 비롯되었다. 아프리카 국가들이 1961년 유엔 총회 결의에서 아프리카 대륙 내 핵실험 반대, 영역 내 핵무기 반입 금지 등을 요구한 것이다. 남아프리카 공화국이 핵무기를 개발하면서 비핵지대 논의는 정체되었다가 남아공이 1990년을 전후해 핵 포기를 단행하고 NPT(핵확산금지조약)에 가입하면서 비핵지대 창설에도 탄력이 붙었다. 펠린다바 조약의 가장 두드러진 특징은 남아공이 핵무기를 개발·보유했다가 이를 포기하고 비핵지대 창설을 주도했다는 점이다.

세미팔라틴스크 조약 참가국들은 과거 소련연방에 소속된 국가들이다. 냉전 시대 카자흐스탄에는 다량의 핵무기가 있었고 다른 나라에도 핵시설이 대거 존재했다. 이에 따라 소련 붕괴 후 중앙아시아는 핵확산이 가장 우려되는 지역 가운데 하나였다. 하지만 이들 나라는 비핵지대를 창설해 핵확산의 우려를 씻어내는 한편, 구소련의 핵무기 저장, 핵실험, 평화적 핵폭발, 방사성 폐기물 등으로 오염된 국토를 회복하기 위해 상호 원조를 조문화했다. 이 조약의 가장 큰 특징은 현재까지 북반구에 존재하는 유일한 비핵지대라는 점에 있다.

동북아에서도 '3+3' 안을 중심으로 비핵지대 창설 주장이 지속적으로 제기되어왔다. 한국과 일본의 평화단체들은 북한의 핵 포기를 전제로 남북한과 일본이 '지대 내' 당사국들로 비핵지대 조약을 체결하고, 핵보유국인 미국, 중국, 러시아는 '지대 밖' 당사국들로 참여해야 한다고 요구해온 것이다.[89] 국내에서도 한반도 비핵화와 평화협정 체결 이후 동북아 비핵지대 창설을 추진해야 한다는 주장이 제기되고 있다. 하지만 동북아 비핵지대론은 아직 소수의 목소리에 머물러 있다.

한반도를 포함한 동북아에서 비핵지대가 창설될 수 있다면 최선일 것이다. 하지만 동북아의 전략 환경과 미일동맹의 성격을 고려할 때, 동북아 비핵지대를 단시일 내에 추진하는 것은 불가능에 가깝다. 이에 따라 동북아 비핵지대를 추후 목표로 삼으면서 우선 한반도 비핵지대부터 추진하는 것이 바람직하다. 한반도 비핵지대가 가시권에 들어올수록 일본이 핵무장을 선택할 가능성은 더더욱 희박해진다. 오히려 일본도 비핵지대에 참여해 동북아 비핵지대를 실현해야 한다는 목소리가 높아질 것이다.

89) 우메바야시 히로미치,《비핵무기지대》73~238쪽.

2. 한반도 비핵지대를 제안하는 이유

기승전'비핵화'가 된 현실에서 한반도 핵 문제는 반드시 풀어야 할 숙제이다. 하지만 이 숙제를 북한과 미국에만 맡기기에는 두 나라 사이의 동상이몽이 너무나도 뚜렷하다. 지금까지 한국이 이렇다 할 역할을 하지 못한 것 또한 사실이다. 비핵화 체념론이 커지면서 그 대처 방안도 양극화되고 있다. 한편에서는 한국도 핵무기를 갖거나 미국의 전술핵을 재배치해서 '공포의 균형'을 이뤄야 한다고 주장하지만, 이는 핵전쟁의 공포만 가중시킬 뿐이다. 반대로 비핵화를 추후 과제로 밀어두고 남북한의 화해협력과 평화부터 추진하자고 주장하는 사람도 있지만, 이 역시 한계는 분명하다. 미국 주도의 대북 제재가 너무나도 촘촘하게 짜여 있고 유엔 안보리 상임이사국들인 영국과 프랑스마저도 비핵화 진전 없는 대북 제재 완화에 반대해왔기 때문이다.

이러한 상황에서 한반도 비핵지대는 문제 해결의 전기를 마련할 수 있는 유력한 방안이다. 이것이 만병통치약은 아닐지라도 실타래처럼 얽히고설킨 '고르디우스의 매듭'을 풀 수 있는 처방을 담고 있기 때문이다. 그 이유를 하나씩 따져 보면 다음과 같다.

정의와 목표가 이미 존재한다

한반도 핵 문제 해법으로 비핵지대를 제안하는 첫 번째 이 유는 한반도 비핵화의 정의 및 최종 상태를 둘러싼 북미 간 의 동상이몽을 해결할 수 있는 유력한 방안이라는 데에 있 다. 이게 가장 시급하고 중요한 이유이다. 앞서 언급한 것처 럼, 북미 간에는 한반도 비핵화의 최종 상태는 물론이고 정 의 자체에 대한 합의가 존재하지 않는다. 2018년 6월 싱가 포르 1차 북미정상회담에서 "한반도의 완전한 비핵화를 향 하여 노력할 것"이라고 합의했는데, 이때는 물론이고 그 이 후에도 비핵화의 정의조차도 합의하지 못한 기이한 현상이 벌어진 것이다. 비핵화를 둘러싼 북미 간의 "동문서답"과 관 련해 〈워싱턴포스트〉는 "북한은 자신들의 핵 억제력 제거 전에 자국에 대한 미국의 핵 위협 제거가 이뤄져야 한다고

주장한다"고 꼬집기도 했다.[90]

비핵화 정의 합의가 중요하다는 것은 트럼프 행정부도 줄곧 강조해온 바이다. 가령 스티븐 비건 대북정책 특별대표는 2019년 6월 18일 애틀랜틱 카운실 토론회에서 "우리는 비핵화가 무엇인지 합의된 정의를 갖고 있지 않으며 비핵화 정의 합의를 매우 중요한 출발점으로 간주하고 있다"고 말했다. 특히 "우리가 어디로 가고 있는지를 알지 못한다면 우리는 목적지에 도달할 수 없다"며 "이에 따라 우리가 비핵화의 정의에 먼저 합의하는 것은 매우 중요하다"고 강조했다.[91] 북한과의 비핵화 정의 합의를 다른 사안들에 대한 합의 및 이행의 전제조건으로 삼는 것이다.

그러나 트럼프 행정부가 정의하고 북한에 들이민 비핵화는 통상적인 의미를 훨씬 넘어선 것이다. 북한은 미국의 요구를 "강도적 요구", "무장해제 요구", "비현실적인 제안" 등

---

90) The Washington Post, December 26, 2019.

91) "'Door is wide open' for negotiations with North Korea, US envoy says," June 19, 2019, 《https://www.atlanticcouncil.org/blogs/new-atlanticist/door-is-wide-open-for-negotiations-with-north-korea-us-envoy-says》.

의 표현으로 비난하면서 일축해왔다. 더구나 북한은 비핵화에 미국의 대북 핵 위협 해소도 포함되어야 한다는 점을 줄곧 요구해왔다. 이는 곧 비핵화의 정의 및 최종 상태에 대한 합의가 시급하고도 중요한 반면에 대단히 어렵다는 것을 말해준다.

한반도 비핵지대를 한반도 비핵화의 정의이자 최종 상태로 삼으면 이러한 문제는 상당 부분 해결할 수 있다. 한반도에 국한되어 특수하게 사용되어온 비핵화와 달리 앞서 소개한 비핵지대에는 국제법적으로 통용되어온 일반적인 정의와 목표가 존재하기 때문이다. 이에 따라 1992년 남북한이 체결한 한반도 비핵화 공동선언과 유엔의 권고 사항 및 기존 비핵지대 조약들을 참고해 한반도의 실정에 맞는 비핵지대 창설을 도모할 필요가 있다. 즉, '존재하지도 않고 합의하기도 어려운' 비핵화의 정의와 최종 상태를 두고 갈등을 지속할 것이 아니라 '이미 존재하는' 비핵지대를 한반도 비핵화의 정의와 최종 상태로 삼는 것이 훨씬 실용적이라는 것이다.

제제를 비롯한 다른 문제 해결을 가능하게 한다

두 번째 이유는 한반도 핵 문제 해결에 필요하면서도 핵 문제 해결이 막히면서 진전을 보지 못하고 있는 다른 문제 해결이 가능하다는 데에 있다. 한반도 핵 문제를 해결하기 위해서는 북미관계 정상화, 한반도 평화체제 구축, 군비 통제, 대북 제재 해결 등이 '동시적·병행적'으로 이뤄져야 한다. 그런데 비핵화의 정의 및 목표 자체에도 합의를 이루지 못하면서 이들 문제의 진전도 가로막혀 있다. 대북 제재 문제가 대표적이다.

앞서 설명한 것처럼 미국은 제재의 효과를 맹신하고 있지만, 북한은 제재를 무력화시키기 위해 안간힘을 쓰고 있다. 그래도 미국을 비롯한 국제사회가 제재를 계속 가하면 어떻게 될까? 북한은 이미 공언한 것처럼 한편으로는 경제적 자력갱생을 통해 그럭저럭 버티기에 나서고 다른 한편으로는 "새로운 전략무기" 개발 및 과시를 통해 "자위적 국방력" 강화를 이룰 수 있다는 것을 보여주려고 할 것이다. 김정은이 "객관적 요인(제재)의 지배를 받으며 그에 순응하는 길을 찾을 것이 아니라 정면돌파로 뚫고 나가 객관적 요인이 우리에게 지배되게 하여야 한다"고 주장한 것도 이러한 맥락에서 나온 것이다. 한마디로 제재를 무용지물로 만들겠다는 것이다.

사정이 이렇다면 미국도 협상의 법칙을 바꿔야 한다. 북한에 경제적 고통을 가하는 방식은 북한의 대미 불신 증가로 이어진다는 것이 명확히 확인되었다. 그러므로 이제부터는 비핵화 프로세스를 제재 해제 프로세스와 병행하는 방식을 취해야 한다. 제재를 앞세운 "최대의 압박"이 역효과를 내왔다는 것이 분명해진 만큼, 북한의 긍정적 조치에 부응하는 제재 해결책을 내놓으면서 '최대의 공감'을 만들어내야 한다. 그래야만 "신뢰 구축이 한반도의 비핵화를 추동할 수 있다"는 1차 북미정상회담의 합의 정신을 되살릴 수 있다.

그렇다면 한반도 비핵지대가 제재를 비롯한 다른 문제들의 해법이 될 수 있다는 주장의 근거는 무엇일까? 북한이 '선 비핵화, 후 제재 해결'을 완강히 거부하듯이, 미국도 비핵화가 가시권에 들어오지 않으면 제재 해결에 동의하지 않는다. 또 국내외 많은 사람은 북한의 의도에 대해 불신하고 있다. 북한이 대폭적인 제재 완화를 받아내면 영변 핵시설 정도만 폐기하고 이미 보유하고 있는 핵무기는 포기하지 않을 것이라는 생각이 바로 그것이다.

한반도 비핵지대 추진은 이들 문제를 해소하는 데에 탁월한 효과를 지닐 수 있다. 먼저 제재 해법의 1차 조건은 비핵화의 정의에 합의하고 영변 핵시설 폐기와 같은 초기 조치에 돌입할 때 마련될 수 있다. 그런데 앞서 언급한 것처럼 북미 간에는 비핵화의 정의조차도 합의하지 못했고 이는 앞으로도 쉽지 않다. 반면 비핵지대를 한반도 비핵화의 정의와 목표로 삼으면 이러한 문제는 해소될 수 있다. 미국으로서는 '손에 잡히는 비핵화'를 추구할 수 있어 제재 문제에 유연한 태도를 보일 수 있게 된다. 또 비핵지대는 유엔이 지구촌의 핵 문제 해법으로 가장 강조해온 방식 가운데 하나라는 점에서 한반도 비핵지대 추진은 대북 제재 해결에 대한 국제적 공감대를 이룰 수 있는 유력한 접근법이다.

거꾸로 한반도 비핵지대는 북한의 약속 불이행 시 더욱 강력한 제재를 다시 부과할 수 있는 토대가 될 수 있다. 두 가지 이유 때문이다. 먼저 한반도 비핵지대는 국제법적 구속력을 갖추게 되므로 북한이 이 조약을 위반하면 유엔 안보리 차원에서 더 강력한 대응이 가능해진다. 또 한반도 비핵지대에는 북한과 우호 관계에 있는 중국과 러시아도 참여하기 때문에, 북한의 위반 시 이들 나라의 대북 제재 동참이 훨씬 수월해진다. 더구나 북한은 '스냅 백(snap back)'도 고려할 수 있다는 입장을 내놓은 바 있다.[92] 이에 따라 비핵지대 조약문이나 다른 합의문에 '북한의 핵 활동 재개시 제재를 다시 부과한다'는 조항을 명시할 수도 있을 것이다.

---

92) 최선희 외무성 부상은 2019년 3월 15일 평양에서 가진 기자회견에서 "(하노이) 회담에서 우리가 현실적인 제안을 제시하자 트럼프 대통령은 합의문에 '제재를 해제했다가도 조선이 핵 활동을 재개하는 경우 제재는 가역적'이라는 내용을 더 포함한다면 합의가 가능할 수 있다는 신축성 있는 입장을 취했다"고 밝혔다. 그러나 폼페이오와 볼턴이 "두 수뇌분 사이의 건설적인 협상 노력에 장애를 조성했으며 결국 이번 수뇌회담에서는 의미 있는 결과물이 나오지 못했다"고 주장했다." 〈중앙일보〉, 2019년 3월 26일

상호 만족할 수 있는 해법이다

세 번째 이유는 한국은 물론이고 북한과 미국도 '상호 만족할 수 있는 해법'이 될 수 있다는 것이다. 주고받기를 통해 공동의 이익을 추구하는 외교 협상에서 일방적으로 자신에게만 유리한 결과를 기대할 수는 없다. 그래서 상호 만족할 수 있는 해법은 당사자들의 요구와 제안을 잘 버무려 합의에 도달함으로써 이를 이루지 못했을 때보다 더 나은 상태를 지향하는 접근법을 의미한다. 한반도 핵 문제 해법으로 비핵지대의 유용성도 이 지점에서 발견할 수 있다.

CVID나 FFVD와 같이 표현을 어떻게 하든 한국과 미국을 비롯한 국제사회는 북핵 문제의 완벽한 해결을 추구해왔지만 번번이 이에 실패했다. 그런데 한반도 비핵지대 창설은 가장 완벽에 가까운 북핵 문제 해결 방안이다. 한반도 비핵지대 조약 체결은 북한의 핵 개발 재개를 봉쇄하는 데에 탁월한 효과가 있기 때문이다. 조약이 체결되면 북한은 국제원자력기구(IAEA)뿐만 아니라 남북한 핵 검증 체제 구성에 따라 한국의 검증도 받아야 한다. 이렇게 되면 비밀리에 핵

개발을 재개하는 것은 불가능해진다. 또 북한의 핵 포기 약
속에 국제법적 구속력도 부여할 수 있게 된다. 이는 곧 북한
의 조약 위반 시 더욱 강력한 제재를 받을 수밖에 없다는
것을 의미한다.

　이러한 장점에도 불구하고 미국은 한반도 비핵지대에 쉽
게 동의하지 않으려고 할 것이다. 자신의 핵 정책에 지장을
주고 한미동맹에도 큰 변화가 일어날 것이라고 여길 것이기
때문이다. 하지만 분명한 이익과 이점이 있다. 누구도 이루
지 못한 북핵 문제의 완전한 해결에 성공한다는 것 자체가
큰 이익이자 성과이다. 과거 제네바 북미 합의와 6자회담의
9·19 공동성명과 같은 합의에는 국제법적 구속력이 없었다.
이에 따라 한반도 비핵지대 조약을 체결하는 미국 행정부
는 위대한 업적을 이루는 주인공이 될 수 있다.

　한반도 비핵지대 창설에 따른 북한의 이익도 분명하다.
우선 미국의 대북 핵 위협을 해소할 수 있는 가장 현실적인
방법을 찾을 수 있게 된다. 미국이 약 7000개에 달하는 핵
무기와 그 투발수단을 완전히 없애지 않는 한, 북한이 요구

해온 "미국 핵 위협의 근원적인 해소"는 불가능하다. 하지만 미국의 완전한 핵 폐기는 현실적으로 가능하지 않다. 그래서 비핵지대 조약이 필요하다. 이 조약을 체결하면 미국의 대북 핵 불사용 및 불위협 약속에는 국제법적 구속력이 부여되고, 미국이 한반도에 핵무기 및 그 투발수단을 배치할 수도 없게 된다. 지금까지 미국은 여러 차례에 걸쳐 북한에 소극적 안전보장을 약속했지만 법적인 구속력은 없었다. 이에 따라 한반도 비핵지대 창설은 미국의 대북 안전보장에 법적 구속력을 부여하는 최초의 사례가 된다. "전 조선반도의 비핵화"를 주장해온 북한에도 분명 매력적인 요소가 있는 것이다.

또 비핵지대는 '다자간' 대북 안전보장이라는 성격도 갖게 된다. 한반도 비핵지대 조약 체결 시 중국과 러시아도 참여하게 되는데, 이렇게 되면 미국이 조약상의 의무를 저버리고 북한에 핵 위협을 가하기가 더욱 어려워진다. 북한뿐만 아니라 핵보유국이자 유엔 안보리 상임이사국인 중국과 러시아의 반발도 초래하게 될 것이기 때문이다. 이러한 두 가지 특성, 즉 법적 구속력과 다자간 조약은 난제 중의 난제라고 할 수 있는 대북 안전보장 문제를 해결하는 데에 기여할 수 있는 것이다. 아울러 앞서 언급한 것처럼, 비핵지대는 북한이 강력히 희구해온 제재 해결과 북미수교, 그리고 평화체제 구축의 길을 열어줄 수 있다.

기실 비핵지대는 북한이 주장해온 "조선반도 비핵화"와 유사한 내용을 담고 있다. 그래서 친북적인 주장처럼 들릴 수 있다. 하지만 비핵지대는 친북적인 주장이 아니라 거의 모든 이들이 불가능하다고 여기는 북한의 핵 포기를 현실화할 수 있는 가장 유력한 방법이다. 미국의 대북 핵 위협 해소를 포함한 비핵지대를 대안으로 제시하는 것이야말로 김정은 정권에게 전략적 결단을 촉구하는 '최대의 압박'이 될 것이다. 한반도 핵 문제의 해법으로 비핵지대를 제안한 최초 당사자가 북한이었다는 점에서 김정은이 이를 거부할 명분도 별로 없다. 오히려 김일성과 김정일의 유훈을 가장 완벽한 방식으로 실현하는 것이기에 김정은에게 '명예로운 선택'의 길을 열어줄 수 있다.

지속가능한 해법이다

네 번째 이유는 한반도 문제의 재발을 방지하는 데에 큰 효과가 있다는 것이다. 과거에도 한반도 문제를 해결하기 위한 여러 합의가 존재했었다. 1994년 북미 간의 제네바 합의와 2005년 6자회담의 9·19 공동성명 및 그 1단계와 2단계 이행 조치로 2007년에 나온 2·13 합의와 10·3 합의가 대표적이다. 결과적으로 이들 합의는 제대로 지켜지지 못했다. 여기에는 여러 가지 이유가 있지만, 이들 합의가 정치적 선언에 그치다 보니 정권교체와 같은 상황 변화에 취약했다는 것이 본질적인 원인이라고 할 수 있다. 이러한 맥락에서 볼 때, 비핵지대는 한반도 핵 문제의 지속 가능한 해법이 될 수 있다. 비핵지대는 다자간 국제법적 구속력을 갖추고 있기 때문에 체결국들 가운데 누구도 이를 위반하거나 무효화 하는 것이 어렵기 때문이다. 앞서 소개한 다른 지역의 비핵지대에서도 중대한 위반 사례가 없었다는 점은 이러한 분석을 뒷받침해준다.

1994년 제네바 합의의 운명은 2000년 11월 미국 대선에서 정권교체가 이뤄진 것과 떼어놓고 생각할 수 없다. 백악관 새 주인이 된 공화당의 조지 W. 부시 행정부는 'ABC(Anything But Clinton)'라는 말이 나올 정도로 빌 클린턴 행정부의 정책을 뒤집는 데에 여념이 없었고 제네바 합의를 비롯한 대북정책이 그 대표적인 사례가 되고 말았다. 공화당 진영은 클린턴 대통령이 북한에 약속했던 평양 방문을 반대해 이를 무산시켰다. 또 부시 대통령은 2001년 1월 취임 직후 대북 협상을 중단시키고는 '북한위협'을 이유로 미사일방어체제(MD) 구축을 선언했다. 미국의 정권교체와 더불어 미국의 대외정책 우선순위가 핵 비확산에서 MD 구축으로 바뀌었고, 북한이 그 1차 대상이 되고 만 것이다.

사사건건 제네바 합의를 백지화시킬 기회를 노리고 있던 부시 행정부는 2002년 10월에 북한이 고농축 우라늄(HEU)을 이용해 비밀리에 핵무기를 개발하고 있다는 의혹을 공개적으로 제기했다. 그리고 이를 근거로 1994년 제네바 합의뿐만 아니라 남북관계와 북일관계에도 제동을 걸려고 했다. 당시 부시 행정부의 의도는 존 볼턴 국무부 차관(2018~2019년에는 백악관 안보보좌관을 지냄)의 발언 속에 잘 담겨 있다.

"HEU(고농축 우라늄)는 제네바 합의를 깨부술 해머다." HEU 의혹은 여전히 논란거리이지만, 당시 김정일은 친서를 부시에게 보내는 등 대화를 통한 문제 해결을 강력히 희망했었다. 하지만 부시 행정부는 편지조차 받지 않았을 뿐만 아니라 중유 제공도 중단했을 만큼 강경한 자세로 일관했다. 이로 인해 제네바 합의는 깨졌고 북한은 봉인되었던 플루토늄 프로그램을 재가동하고 말았다. 이른바 '2차 북핵 위기'는 이렇게 시작되었다.

6자회담의 운명은 한국의 정권교체와 무관하지 않았다. 2003년 8월에 시작된 6자회담은 가다 서다를 반복하다가 2007년에 들어서야 탄력을 받기 시작했다. 북한과 양자 회담을 거부했던 부시 행정부가 비로소 북미회담과 6자회담 병행을 선택했기에 가능했다. 그런데 부시의 대북정책이 변화하던 중이던 2007년 12월 한국 대선에서 정권교체가 일어났다. 정권만 바뀐 것이 아니라 대북정책까지 확 바뀌었다. 이명박 정부는 9·19 공동성명의 2단계 합의, 즉 10·3 합의에 없었던 북핵 검증을 미국보다 더 강하게 요구해, 결과적으로 6자회담을 파탄 낸 책임으로부터도 자유로울 수 없었다. 이명박 정부가 대북강경책으로 일관한 데에는 김정일의 와병 소식을 접하고 그가 사망하면 통일을 이룰 수 있을 것이라는 허망한 꿈이 똬리를 틀고 있었다.[93]

이러한 상황은 앞으로도 얼마든지 재연될 수 있다. 북미 혹은 한국을 포함한 다자간 합의가 이뤄져도 합의 사항에 대한 해석의 차이 및 미처 합의하지 못한 빈 구멍들, 합의 밖의 새로운 변수의 개입, 한국과 미국의 정권교체와 같은 정치적 상황의 변화에 따라 또다시 합의문이 휴지가 될 수 있다는 것이다. 제네바 합의도 그렇고 9·19 공동성명도 그렇고 문제 해결의 출발에는 성공했지만 종착지에 도착하지는 못했다. 핵 문제에 초점을 맞춰보면 앞으로도 세 가지 잠재적인 문제들을 짚어볼 수 있다.

첫째, 미국의 대북 핵 위협 문제이다. 미국이 북한에 공식적으로 소극적 안전보장, 즉 핵무기 사용 및 사용 위협을 하지 않겠다고 보장한 적은 두 번 있었다. 1994년 제네바 합의

---

93) 이에 대한 자세한 내용은 정욱식,《핵과 인간》, 476~486쪽 참조.

와 2005년 9·19 공동성명이 바로 그것들이다. 그런데 미국은 제네바 합의 이후에도 미국 본토에서 북한을 상정한 모의 핵 공격 훈련을 실시했다는 사실이 비밀문서를 통해 확인되었다. 또 부시 행정부는 2001년 12월에 작성한 핵 태세검토(NPR) 보고서에서 북한을 선제 핵 공격 대상으로 삼았다. 그다음 집권한 오바마 행정부도 2010년 NPR 보고서에서 핵 선제 불사용 입장을 천명하면서도 북한과 이란이 NPT(핵확산금지조약)를 준수하지 않고 있다는 이유로 이들 나라는 '예외'라고 못 박았다. 트럼프 행정부 역시 마찬가지이다. 이러한 전례에 비춰볼 때, 미국이 대북 안전보장을 약속하더라도 이를 지속적으로 담보하기가 쉽지 않다.

둘째, 미국의 핵무기 및 그 투발수단의 한반도 배치 및 전개 문제이다. 미국이 1991년 9월 전술핵 철수 선언 이후 한국에 핵무기를 배치한 사례는 없는 것으로 알려져 있다. 그러나 핵무기를 장착할 수 있는 투발수단, 즉 전략폭격기와 F-15·F-22·F-35 등 전투기, 그리고 핵 추진 잠수함은 계속해서 한국을 들락거렸다. 또한 미국은 핵무기 및 그 투발수단을 한국에 배치·전개하지 않겠다는 약속을 한 적이 없다. 이 사안은 한미동맹과 관련된 문제이기 때문에 북한과 협의할 의제 자체가 아니라는 입장이다. 이에 반해 북한은 "조선반도 비핵화"의 정의에 한반도로의 미국 전략자산 배치 및 전개 금지도 포함되어야 한다는 입장이다.

셋째, 북한의 핵 능력을 어느 수준까지 제거할 것인가의 문제이다. 북한이 과거와 현재의 핵무기 및 그 프로그램을 완전히 폐기하더라도 미래의 핵까지 완전히 제거하는 것은 불가능하다. 더구나 전력이나 의료용 방사성 동위원소를 생산하는 '평화적 핵 이용'은 군사용으로 전용될 수 있는 대표적인 이중용도 프로그램이다. 또 북한은 우라늄 광산이라는 자원과 핵 분야의 전문적 지식과 기술을 갖춘 인력이 있기 때문에, 북한의 핵 능력을 완전히 제거하는 것은 불가능하다. 이에 따라 미국은 북한의 잠재적 핵 능력을 최대한 제거하는 데에 초점을 맞춰왔다. 이에 반해 북한은 한편으로는 평화적 핵 이용 권리를 행사하고 다른 한편으로는 미국의 변심 가능성에 대비하기 위해 미국의 요구를 쉽게 수용하지 않으려고 할 것이다.

이처럼 한반도 비핵화는 합의도 쉽지 않고, '합의'에 성공하더라도 그 '이행' 및 '완료'는 별개일 수 있다. 이에 반해 한반도 비핵지대는 지속 가능한 해법이 될 수 있다. 우선 종착지가 분명하다는 점에서 중간에 방향과 목적지를 두고 헤매는 일을 상당 부분 예방할 수 있다. 또 국제법적 구속력을 갖춘 조약이므로 조약을 체결한 정권은 물론이고 바뀐 정권도 이를 위반하거나 탈퇴하는 것 자체가 쉽지 않다. 북한에 더욱 강력한 검증체계를 적용할 수 있어 북핵 재발을 막을 수 있고, 중국과 러시아의 의무 사항도 명기되기에 이들 나라의 위협을 이유로 미국이 전략자산을 한국에 배치·전개하려는 사유도 크게 줄어들게 된다.

최악의 시나리오를 막을 수 있다

다섯 번째 이유는 미중 패권경쟁 구도에서 한국이 직면할 수 있는 최악의 시나리오를 예방하는 데에 '신의 한 수'가 될 수 있다는 데에 있다. 한국의 안보 문제는 한반도 문제가 해결된다고 해서 자연스럽게 해결되는 것이 아니다. 미국은 한국의 유일한 동맹국이고 중국은 최대 무역상대국이다. 그런데 미중 간의 패권경쟁이 격화되고 있어 한국이 여기에 휘말릴 위험이 상존한다. 한국의 생존과 번영을 위해서는 미중 패권경쟁이 무력충돌로 비화하지 않도록 우리의 역할을 찾고, 미중 충돌 시 이에 연루되지 않는 방안을 찾는 것이 매우 중요한 것이다.

그렇다면 한반도 비핵지대 창설이 '신의 한 수'가 될 수 있다고 보는 이유는 무엇일까? 앞서 언급한 것처럼, 한반도 비핵지대는 핵보유국들의 남북한에 대한 핵무기 사용 및 사용 위협, 그리고 한반도에 핵무기 및 그 투발수단 배치를 국제법적으로 금지하는 내용도 포함된다. 이렇게 되면 미국의 전술핵을 한국에 배치하는 것 자체가 국제법적으로 금지된다. 또 미국뿐만 아니라 중국과 러시아도 동일한 약속을 해야 하기 때문에 이들 나라의 위협을 근거로 미국이 중거리 미사일과 같은 전략무기를 한국에 배치해야 할 군사적 이유도 크게 줄어들게 된다. 경북 성주에 배치된 사드를 철수해야 할 필요성도 당연히 부각될 수밖에 없다.

물론 한반도 비핵지대 조약 체결 자체도 불분명하고 또한 상당한 시간이 소요될 수도 있다. 하지만 이를 공론화하는 것 자체가 상당한 효과를 가져올 수 있다. 한반도 비핵지대가 공론화되는 상황에서 미국이 임시배치 상태에 있는 사드를 정식으로 배치하고 전술핵 재배치나 중거리 미사일 배치를 추진하는 것은 어려워질 것이기 때문이다.

한반도 비핵지대 추진이 최악의 시나리오를 방지하는 데에만 효과가 있는 것이 아니다. 미중 패권경쟁 및 신냉전이 거론되는 동북아에서 다자간 평화안보체제라는 최선의 목표를 추구하는 데에도 도움이 된다. 남북한과 미중일러는 2005년 6자회담의 9·19 공동성명을 통해 동북아 평화안보체제를 추진키로 합의한 바 있다. 그런데 구체적으로 무엇을 추진할 것인가에 대해서는 '아이디어 공백' 상태에 있다. 한반도 비핵지대가 동북아 평화안보체제에 기여할 수 있다는 점은 이러한 맥락에서 이해할 수 있다. 남북한과 5대 핵보유국이 참여하는 한반도 비핵지대 창설 자체가 동북아 평화에 기여하게 된다. 또 한반도 비핵지대 조약이 체결되면 유일한 피폭국가이자 비핵 3원칙을 내세워온 일본도 비핵지대 참여 압박을 받을 수밖에 없다. 이에 따라 동북아 비핵지대 창설을 동북아 평화안보체제 워킹그룹의 우선적인 의제로 삼을 수 있게 될 것이다.

이뿐만이 아니다. 한반도 비핵지대는 주한미군 문제 해결에도 크게 기여할 수 있다. 미국은 한반도 평화 정착 시 주한미군의 지위가 불안해질 것을 우려하고 있다. 반면 중국은 한미동맹과 주한미군의 변화가 필요하다는 입장을 갖고 있다. 그런데 비핵지대 창설은 미중이 '전략자산 없는 주한미군'이라는 상호 만족할 수 있는 합의에 도달할 수 있는 여지를 만들어낼 수 있다. 미국은 전략자산이 없는 상태에 불만을 가질 수 있지만 주한미군이 완전히 철수하는 것보다는 낫다고 여길 수 있다. 반면 중국은 미군 주둔에 불만을 품을 수 있지만 전략자산이 없는 상태이기에 양해할 수 있다. '상호 만족할 수 있는 합의'의 근거가 될 수 있는 것이다. 한반도 문제 해결의 최대 걸림돌로 간주되어온 미중 패권경쟁에서 한반도 문제를 분리하거나 패권경쟁을 완화하는 방법도 이러한 방식을 통해 찾을 수 있다.

가장 주체적인 해법이다

마지막 이유는 한반도 비핵지대 창설이야말로 당사자 해결 원칙에 가장 부합하는, 그래서 가장 주체적인 해법이라는 데에 있다. 두 가지 차원에서 그렇다. 하나는 남북한 당국 차원이다. 문재인과 김정은이 합의한 4·27 판문점 선언에서는 "남과 북은 완전한 비핵화를 통해 핵 없는 한반도를 실현한다는 공동의 목표를 확인"하면서, "한반도 비핵화를 위한 국제사회의 지지와 협력을 위해 적극적으로 노력해나가기로 하였다." 또 9월 평양 공동선언에서도 "남과 북은 한반도를 핵무기와 핵 위협이 없는 평화의 터전으로" 만들어나가기로 다짐하면서 "한반도의 완전한 비핵화를 추진해나가는 과정에서 함께 긴밀히 협력해나가기로 하였다." 그러나 비핵화 협상은 북미 중심으로 이뤄졌고 북미회담이 결렬되면서 남북관계도 악화하고 말았다.

그런데 한반도 핵 문제 해결을 비핵지대 방식으로 접근하면, 한국도 당당한 주체가 될 수 있다. 우선 비핵지대야말로 남북한이 합의한 "한반도를 핵무기와 핵 위협이 없는 평화의 터전"에 가장 부합하는 방식이다. 또 유엔은 비핵지대와 관련해 "지대 내 국가들의 자유로운 협상 결과에 기초"하고 "핵보유국을 비롯한 지대 밖의 국가들도 지지·협력할 것"을 제안하고 있다. 국제법적으로 한반도 비핵지대의 지대 내 국가들은 바로 남북한이다. 이에 따라 남북한이 미국·중국·러시아와의 긴밀한 협의를 전제로 한반도 비핵지대 협상에 착수하고 핵보유국들의 참여를 유도하는 방안을 검토해볼 수 있다. 이 방식이야말로 유엔의 권고와 남북한의 합의 사항을 창조적으로 융합할 수 있는 가장 자주적인 접근법인 것이다.

또 하나의 주체적인 차원은 시민 참여이다. 한반도 문제의 전개 양상에 따라 가장 많은 영향을 받게 되는 사람들이 한반도 주민임에도 불구하고 시민들이 능동적으로 참여할 수 있는 공간은 극히 제한적이다. 한반도 문제 협상 구도가 북미관계 중심으로 짜여 있다 보니 한국 시민들은 물론이고 정부조차도 참여할 수 있는 공간이 좁았다. 이에 반해 비핵지대 운동은 한국 시민 참여를 가능하게 한다. 한반도 비핵지대는 각국 정부가 제대로 검토한 적도 없고 협상 테이블에 올라온 적도 없는 '미지의 영역'이기에 시민들의 요구와 참여가 있어야 비로소 공론화될 수 있다. 다른 비핵지대의 사례를 보더라도 시민운동과 국제연대가 비핵지대를 정책화하고 실현하는 데에 크게 기여했다. 이러한 맥락에서 볼 때, 한국 시민사회가 한반도 비핵지대 운동의 주역으로 나선다면, 국제사회의 폭넓은 지지와 참여를 이끌어내게 될 것이다.

3. 한반도 비핵지대 추진 시 예상되는 쟁점과 해결책

한반도 비핵지대는 여러 가지 장점에도 불구하고 당장은 현실성이 떨어지는 제안일 수 있다. 실제로 내가 만나본 전문가들은 이 점을 지적해왔다. 미국 외교협회의 스콧 스나이더 연구위원은 '한반도 비핵화의 정의와 최종 상태로 비핵지대로 삼는 것에 대해 어떻게 생각하느냐'는 질문에 대해 "합리적이고 일리가 있다고 생각한다"며, "개인적으로는 반대하지 않지만 미국은 추가적인 조항과 구체적인 내용을 원할 것"이라고 답했다. 러시아 외교부 관리를 지낸 안드레이 구빈 극동대 교수는 "러시아는 기본적으로 지지할 것이지만, 한국이 미국의 동맹국이라는 점에서 미국이 쉽게 동의하지는 않을 것으로 본다"는 의견을 개진했다.[94] 중국 난징대의 쑹원즈 교수와 베이징대 리팅팅 교수도 "중국 정부는 한반도 핵 문제의 해법으로 비핵지대 창설 주장에 동의할 것으로 본다"면서도 미국의 동의 가능성에는 의문을 표

---

94) 2019년 8월 30일 통일연구원 주최 국제 세미나에서 필자와 나눈 대화이다.

했다.[95]

　이러한 지적에서 알 수 있듯이 한반도 비핵지대를 추구하는 데에 있어서 중대한 관건은 미국의 입장이다. 미국이 여전히 핵전력을 자국의 국가안보 및 동맹 전략의 핵심으로 삼고 있는 상황에서 여기에 제한이 가해질 수 있는 한반도 비핵지대에 동의하겠느냐는 의문이 제기되는 것이다. 만약 미국이 이 제안을 완강하게 거부한다면 한반도 비핵지대가 현실화하기는 어렵다. 미국의 동맹국인 한국이 미국의 동의 없이 한반도 비핵지대를 추진하기도 어렵고 미국과 적대 관계에 있는 북한이 미국의 참여 없는 비핵지대에 흥미를 느낄 가능성도 거의 없기 때문이다.

　그러나 미국의 입장을 비관적으로 예단할 필요는 없다. 우선 미국 정부는 "역사적으로 비핵지대가 적절하게 고안되고 완전히 이행되며 국제 평화와 안보, 그리고 안정에 기여한다면 비핵지대를 지지해왔다"는 입장을 밝히고 있다.[96]

---

95) 필자가 2019년 10월 21일에 중국 베이징에서 가진 인터뷰임.

96) U.S. Department of State, "Nuclear Weapon Free Zones," https://2009-2017.

1991년에 미국이 북한이 주장한 비핵지대를 거부했던 이유의 상당 부분도 그 해결책을 찾을 수 있다. 또 앞서 언급한 것처럼 비핵지대가 30년 묵은, 그리고 거의 모든 이가 불가능하다고 여기는 북핵 문제 해결에 크게 기여할 수 있는 방안이라면, 미국으로서도 검토해볼 여지는 있을 것이다. 이에 따라 성급한 예단보다는 예상되는 쟁점들을 분석해보고 이에 대한 해결책을 도모하는 것이 바람직하다.

재처리·우라늄 농축과 주한미군 문제

우선 미국이 1990년대 초반 한반도 비핵지대를 거부하고 비핵화를 제시한 이유를 복기할 필요가 있다. 이와 관련해 나는 당시 미국이 세 가지 이유로 비핵지대를 거부했다고 분석한 바 있다. 남북한의 우라늄 농축 및 재처리 시설 보유 문제, 주한미군 철수 우려, 미국 핵 정책에 가해질 제약 등이 바로 그것들이다. 이 가운데 한반도 비핵지대 창설 시 적

state.gov/t/isn/anwfz/index.htm〉.

어도 한반도에 대한 미국 핵 정책의 변화는 당연히 포함될 수밖에 없다. 이에 관한 구체적인 내용은 후술키로 하고 재처리·우라늄 농축과 주한미군 문제에 대한 해결책을 우선 다뤄보기로 한다.

일반적으로 다른 지역의 비핵지대 조약에서는 지대 내 국가들의 우라늄 농축 및 재처리를 금지하지 않고 있다. 반면 한반도 비핵화 공동선언에는 남북한이 이들 시설을 보유하는 것을 금지했다. 그러나 북미 간의 대결이 첨예해지면서 북한은 재처리 및 우라늄 농축 시설을 보유하고 있는 실정이다. 한국 내에서도 북핵 위협에 대처하기 위해 이들 시설을 보유해야 한다는 주장이 끊임없이 제기되고 있다. 반면 미국의 북핵 해결 및 핵 비확산 원칙을 고려할 때, 미국은 어떤 합의를 추구하든 남북한의 우라늄 농축 및 재처리 시설 보유를 불허하려고 할 것이다.

현실적인 대안은 한반도 비핵지대 조약문에 "남과 북은 핵 재처리 시설과 우라늄 농축 시설을 보유하지 아니한다"는 조항을 포함하는 것이다. 이는 한반도 비핵화 공동선언에 담긴 조항을 계승한 것이다. 일단 한국은 이에 동의할 것이 확실하다. 역대 모든 정부는 한반도 비핵화 선언을 공식적으로 폐기하지 않았고, 재처리 및 우라늄 농축 시설을 보유하지 않겠다는 것은 한미원자력협정에 담긴 내용이며, 비핵지대를 통한 북핵 문제 해결 시 이들 시설을 보유해야 한다는 주장도 반감될 수밖에 없기 때문이다. 북한 역시 제재 완화와 같은 상응 조치가 있을 경우 호의적으로 고려할 가능성이 높다. 북한은 2차 북미정상회담 당시 미국이 제재 완화 요구를 받아들이면 영변 핵시설을 모두 폐기하겠다며 여기에는 재처리 시설은 물론이고 우라늄 농축 시설도 포함된다는 점을 밝힌 바 있다.

앞서 언급한 것처럼 미국이 1991년에 비핵지대를 거부한 핵심적인 이유는 북한의 요구에 주한미군 철수도 포함되어 있었다는 데에 있다. 그러나 북한은 1992년 김용순 노동당 비서와 아널드 캔터 미국 국무차관 간 회담 이래로 사실상 주한미군의 철수 주장을 거둬들였다. 김정은이 남북정상회담이나 북미정상회담에서 이를 요구한 적도 없다. 동시에 북한은 한미군사훈련과 미국의 전략자산 전개 및 주한미군의 전력증강에 대해서는 예민한 반응을 보여왔다. 한미 양국은 주한미군 문제는 북한이 관여할 사안이 아니라는 입장을 견지해왔다.

이러한 점들을 종합해볼 때, 주한미군의 주둔 여부는 한미동맹 차원의 결정 사항으로 두면서도 그 규모와 성격, 그리고 무장 수준은 한반도 비핵지대 및 군비 통제에 맞게 조정할 필요가 있다. 가령 앞서 언급한 '전략자산 없는 주한미군'이 이에 해당한다. 다만 향후 주한미군의 필요성에 대한 판단이 달라질 수 있으므로 '주한미군 없는 한미동맹'이나 '한미동맹 없는 한미우호협력관계'도 염두에 둘 필요는 있다.

소극적 안전보장

또 하나의 핵심 쟁점은 소극적 안전보장 문제이다. 미국은 과거에 여러 차례에 걸쳐 북한에 핵무기 사용 및 사용 위협을 하지 않겠다고 약속했지만, 정권교체와 같은 상황 변화에 따라 흐지부지되곤 했다. 이를 의식한 북한은 미국의 대북 안전보장에는 법적 구속력이 갖춰져야 한다는 점을 강조하고 있다. 중국과 러시아 역시 북핵 문제 해결을 위해서는 이것이 필수적이라고 주장해왔다. 미국도 북한과 어떤 형태로든 합의 도달 시 무력 불사용 및 불위협 약속을 하게 될 것이다. 싱가포르 북미 공동성명에도 "트럼프 대통령은 조선민주주의인민공화국에 안전담보를 제공할 것을 확언"했다는 내용이 있다. 그러나 이 확언이 국제법적으로 뒷받침되는 것은 별개의 문제일 수 있다. 법적 구속력을 갖추려면 협정(agreement)이나 조약(treaty) 형태의 합의가 존재해야 하기 때문이다.

이와 관련해 다른 지역의 비핵지대 사례들을 살펴보는 것이 유용하다. 미국이 소극적 안전보장을 위한 의정서에 서명·비준한 곳은 중남미 비핵지대가 유일하다. 아프리카 및 중앙아시아 비핵지대의 소극적 안전보장 의정서에 서명은 했지만 비준은 하지 않았다. 남태평양 및 동남아시아 비핵지대의 소극적 안전보장 의정서는 서명조차 하지 않았다. 이들 두 지역에는 미국의 동맹국들이 있는 만큼 동맹 전략에 미칠 영향을 우려했기 때문으로 보인다. 아울러 미국은 1996년에 아프리카 비핵지대 의정서에 서명하면서도 지대 내 어떤 국가가 생물무기나 화학무기로 공격 시 "모든 옵션" 으로 대응할 권리를 유지하겠다는 입장을 밝힌 바 있다.[97] 이를 통해 알 수 있듯이 미국은 비핵지대 의정서 서명·비준 여부에 대해 사례별로 접근하고 있다.

만약 미국이 한반도 비핵지대 본 조약이나 의정서 체결 국으로 참여하게 되면 미국의 대북 소극적 안전보장에는 국 제법적 구속력이 부여된다. 이와 관련한 직접적인 쟁점은 미 국이 조건을 달 것인가의 여부에 있다. 미국은 북한이 다량 의 화학무기 및 생물무기 일부를 보유하고 있다고 주장해 왔다. 이는 미국이 아프리카 비핵지대 의정서 서명 때 내세 웠던 조건을 떠올리게 한다. 즉, 대북 소극적 안전보장 제공 에 동의하면서도 북한이 이들 무기를 사용해 미국이나 동 맹국들을 공격할 경우에는 "모든 옵션을 유지하겠다"는 유 보 조항을 선언할 가능성이 있다는 것이다. 또 미국은 1995년

---

97) https://www.armscontrol.org/factsheets/nwfz

핵보유국의 비핵국가에 대한 소극적 안전보장 제공에 관한
유엔 안보리 결의에 동의하면서도 별도의 서한을 통해 "비
핵국가가 비핵무기로 타국을 공격할 때 핵보유국과 연합
하지 않는다면"이라는 조건을 달았다. 아울러 비핵국가가
NPT(핵확산금지조약) 회원국의 의무를 수행하지 않으면 소극
적 안전보장의 예외가 될 수 있다는 점을 여러 차례 밝혔다.

이에 따라 소극적 안전보장을 둘러싼 갈등을 최소화하
기 위해서는 북한의 NPT 복귀 및 생화학무기 문제에 대한
해법도 마련할 필요가 있다. 일단 북한은 생물무기금지협약
(BWC) 회원국이고 생물무기 보유 자체를 부인해왔다. 이에
따라 북한은 이 협약의 준수를 공약하면서 미가입 상태에
있는 화학무기금지협약(CWC)도 적절한 시점에 가입할 필요
가 있다. 가령 한반도 평화협정에 "6개월 이내에 CWC에 가
입한다"는 조항을 넣은 것을 고려할 수 있다. 이 조약에 가
입하면 화학무기의 사용은 국제법적으로 금지되고 무기도
모두 폐기해야 한다. 다만 화학무기 폐기에는 상당한 비용
과 시간이 소요되는 만큼, 국제적인 지원과 협력이 필요하
다. 아울러 한반도 비핵지대 조약 체결 이전에 북한의 NPT

와 국제원자력기구(IAEA) 복귀도 요구된다.

또 하나의 현실적인 문제는 미국 행정부가 비핵지대 의정서에 서명하더라도 미 상원의 비준 여부가 불확실하고 비준하더라도 상당한 시일이 걸릴 수 있다는 것이다.[98] 실제로 미국 행정부는 아프리카와 중앙아시아 비핵지대 의정서에 서명하고 상원에 비준을 요청했지만, 비준은 아직 이뤄지지 않고 있다. 이에 따라 미국은 정치적 선언에 해당하는 "트럼프 대통령은 조선민주주의인민공화국에 안전담보를 제공할 것을 확언" 조항을 유지할 필요가 있다. 또 이러한 정치적 약속은 추후 북미회담이나 다자회담에서 재확인될 수 있고, 한반도 평화협정 체결을 통해 국제법적 구속력이 확보될 수도 있다.

---

98) Morton Halperin, Peter Hayes, Leon Sigal, "A KOREAN NUCLEAR WEAPONS-FREE ZONE TREATY AND NUCLEAR EXTENDED DETERRENCE: OPTIONS FOR DENUCLEARIZING THE KOREAN PENINSULA", NAPSNet Special Reports, April 12, 2018, https://nautilus.org/napsnet/napsnet-special-reports/a-korean-nuclear-weapons-free-zone-treaty-and-nuclear-extended-deterrence-options-for-denuclearizing-the-korean-peninsula/

핵우산 문제

한반도 비핵지대가 공론화할 경우 핵우산 문제도 부각될
수 있다. 이는 위에서 언급한 소극적 안전보장과도 밀접하게
연관된 것이다.[99] 중국과 러시아는 공식적으로 북한에 핵
우산을 제공하지 않고 있는 만큼, 현실적인 문제는 미국이
한국에 공약해온 핵우산이 될 것이다. 한미상호방위조약에
자동 개입 조항이 없기 때문에 한국이 타국의 공격을 받을
경우 미국의 핵우산이 자동으로 적용되는 것은 아니다. 그
러나 미국은 1950년대 후반부터 한국에 다량의 핵무기를
전진배치했었고 1991년 전술핵 철수 시에도 한국에 대한
핵우산은 유지될 것이라고 선언한 바 있다. 이후 한미정상회
담이나 한미연례안보회의(SCM)에서 이러한 입장은 거듭 확
인되어왔다.[100]

---

99) '소극적 안전보장'은 미국이 자국과 비동맹에 있는 비핵국가들을 상대로 적용하는
것이다. 반면 핵우산으로 불리는 '핵 확장 억제'는 미국의 동맹국이 공격받을 경우 미
국이 핵으로 보복할 수 있다는 위협을 가함으로써 공격을 억제한다는 '적극적 안전보
장'에 해당한다.

100) 일각에서는 "확장 억제(extended deterrence)"를 "핵우산(Nuclear Umbrella)"과 동의
어로 사용하고 있지만, 둘이 일치하는 것은 아니다. 미국의 확장 억제에는 핵우산뿐만
아니라 재래식 군사력과 미사일방어체제(MD)도 포함되기 때문이다. 이에 따라 핵우산
의 동의어는 "핵 확장 억제(nuclear extended deterrence"이다.

그렇다면 북핵 문제가 비핵지대나 다른 방식으로 해결될 경우 미국의 핵우산도 철수하게 될까? 미국이 핵우산 철수를 공식화할 가능성은 높지 않다. 핵우산 철수를 공식화하면 중국과 러시아를 견제하는 데에 차질을 빚는다고 여길 것이기 때문이다. 한국 국내에서도 미국의 핵우산 철수가 공식화되면 한미동맹이 약화될 것이라는 우려가 제기될 수 있다. 그러나 북핵 문제가 해결된 상황에서 미국이 핵우산 공약을 계속 유지할 경우 이는 소극적 안전보장과 상당한 긴장관계를 갖게 된다. 또 중국과 러시아도 한반도 비핵지대에 참여해 소극적 안전보장을 약속한 상황에서 미국의 핵우산이 계속 존재할 이유도 마땅치 않다.

이에 따라 소극적 대안과 적극적 대안을 모두 검토할 필요가 있다. 소극적 대안은 미국이 "핵우산을 계속 제공한다"는 공약도, "핵우산을 철수한다"는 발표도 하지 않는 것이다. 일종의 '전략적 모호성'을 유지하는 것이다. 이게 소극적 대안이라면 적극적 대안은 한미 양국이 공동 결정으로 핵우산 철수를 공식화하는 것이다. 후자의 방식이 비핵지대의 취지에 더 맞을 것이다.

핵무기 및 운반수단의 배치·통과·경유 문제

한반도 비핵지대 추진 시 가장 큰 난제는 핵무기 및 그 운반수단이 비핵지대 안팎 통과 및 경유 문제가 될 것이다. 일단 배치는 국제법적으로 금지된다는 점에 이견은 없다. 하지만 통과 및 경유는 다르다. 미국은 행동의 자유를 구속받기를 원하지 않고 있는 반면에 북한은 '조선반도'는 물론이고 그 인근도 비핵화가 되어야 한다는 입장을 견지해왔기 때문이다.

이와 관련해 미국 정부의 일반적인 입장부터 살펴볼 필요가 있다. 미국 국무부는 "비핵지대 조약은 지대 내 당사자들이 타국의 핵 추진 또는 핵 능력이 있는 선박이나 항공기가 지대 내 국가들의 육지, 내수, 영해, 영공을 통과할 수 있는 권리를 부여하거나 거절할 수 있는 현존 권리에 영향을 주지 않아야 하고, 여기에는 기항도 포함된다"고 밝혔다. 이에 따라 미국은 한반도 비핵지대 조약 논의 시 핵무기를 탑재했거나 할 수 있는 선박과 항공기, 그리고 핵 추진 선박의 한국 영토·영공·영해 통과나 기항 및 기착 문제를 한국의 재량에 맡겨야 한다고 주장할 것으로 보인다. 이에 대해 북한은 "핵무기와 핵 위협이 없는 조선반도"의 취지에 부합하지 않는다며 원천적으로 금지해야 한다고 주장할 가능성이 제기된다. 이 문제는 남북한의 영토에만 국한되지 않고 한반도 인근의 공해와 공역에서도 제기될 수 있다.

이 문제를 해결하기 위해서는 유엔의 권고안을 따르는 것이 가장 현실적이다. 1999년 유엔군축위원회 보고서의 관련 내용을 보면 상기한 미국의 입장과 거의 같으면서도 미묘한 차이를 발견할 수 있다. 미국 국무부 입장과는 달리 유엔 보고서에는 기항이나 기착이 명시되어 있지 않은 것이다. 이에 따라 한반도 비핵지대 조약에서는 핵 추진 또는 핵 능력이 있는 선박과 항공기의 통과 여부를 지대 내 국가의 주권적 권리로 명시하면서도 기항이나 기착은 금지하는 방법으로 절충할 필요가 있다.

이와 관련해 주목할 만한 움직임도 있다. 미국이 괌에 전진 배치한 B-52 전략폭격기를 본토로 이동시킨 것이다. 미국은 2004년 전략폭격기의 괌 배치 이후 6개월 단위로 순환 배치를 유지했었다. 그러나 2020년 4월에 괌에서 폭격기를 철수시키고 본토에 영구 배치하겠다고 발표했다.[101] 이러한 움직임은 한반도 비핵지대 논의에 활력을 불어넣어줄 수 있는 측면이 있다. 과거에는 괌에서 전략폭격기가 한반도로 수시로 전개되어 대북 무력시위를 벌였고 급기야 북한은 2017년 8월에 "괌 포위 사격"을 위협한 바 있다. 그런데 미국의 전략폭격기 운용 계획의 변경에 따라 이러한 일들이 재발될 가능성은 상대적으로 줄어들었다. 특히 북한은 "조선반도"뿐만 아니라 "그 주변"도 비핵화되어야 한다는 입장을 밝혀왔기에 미국의 이번 조치는 비핵지대의 접점을 넓히는 데 기여할 수 있다.

한반도 비핵지대 실현을 위하여

한반도 비핵지대가 공론화되고 협상 테이블에 올라가면 상기한 쟁점들 외에도 여러 가지 쟁점들이 나올 것이다. 하지

---

101) https://www.stripes.com/news/pacific/air-force-nixes-regular-bomber-rotations-on-guam-for-less-predictable-global-deployments-1,626501

만 가장 중요한 것은 남북한 정부와 한국 시민들의 의지이다. 한반도 비핵지대의 실질적인 출발점은 지대 내 당사자들인 남북한이 먼저 합의해야 한다는 데에 있기 때문이다. 이는 유엔뿐만 아니라 "비핵지대 창설 구상은 해당 지역의 국가들로부터 나와야 한다"고 밝힌 미국 정부도 강조하는 일반론적인 원칙이다.

또 한반도 비핵지대는 현실적인 장점이 있다. 많은 나라가 포함되어 있어 합의 도달에 상당한 시간이 걸렸던 다른 지역 비핵지대와는 달리 한반도 비핵지대의 당사자는 둘이다. 이에 따라 남북한이 합의했던 한반도 비핵화 공동선언과 다른 지역의 비핵지대 조약 및 유엔의 권고안을 두루 참고하면 한반도 비핵지대 조약문을 성안할 수 있을 것이다.[102]

이를 위해서는 정부의 정책적 검토 및 추진에 앞서 시민사회 차원의 공론화가 선행될 필요가 있다. 한반도 비핵지대가 많은 사람에게 여전히 생소한 만큼, 대중 홍보와 시민

---

102) 내가 작성해본 한반도 비핵지대 조약 시안은 부록에 실었다.

교육, 그리고 언론 활동을 통해 국민적 공감대를 넓혀나가야 한다. 국내외 전문가들 사이에서도 활발한 토론이 필요하다. 또 국제연대도 대단히 중요하다. 비핵지대 확대는 유엔 권고 사항이자 유엔 스스로 규정한 역할이고 많은 나라와 단체의 목표이기도 하다. 이에 따라 한국 시민사회가 한반도 비핵지대를 추구하면 국제사회의 폭넓은 지지와 협력을 이끌어낼 수 있을 것이다.

특히 비핵지대는 유엔이 적극적으로 권장하는 의제라는 점에서 유엔을 활용할 필요가 있다. NGO에도 문호가 개방되어 있고 1~2년마다 유엔 본부에서 열리는 NPT(핵확산금지조약) 회의에 적극적으로 참여해 국제 NGO 공동성명과 정부 회의 결과 문서에 한반도 비핵지대 창설을 촉구하는 내용이 담길 수 있도록 노력할 필요가 있다. 또 유엔 안보리와 유엔 사무총장, 유엔 군축회의 등을 상대로 로비 활동을 벌여 한반도 비핵지대를 의제로 삼을 것을 촉구할 수도 있을 것이다.

이러한 활동과 더불어 로드맵도 생각해볼 필요가 있다.

우선 중요한 것은 남북미 3자가 비핵지대를 한반도 핵 문제 해법으로 삼는 것에 동의하는 것이다. 이와 관련해 나는 부록으로 실은 '3차 북미정상회담 합의문 시안'에서 "북한과 미국은 한국의 동의하에 비핵지대를 한반도 비핵화의 정의와 목표로 삼기로 하였다"고 기술했다. 여기서 "한국의 동의"는 남북 및 한미 대화, 혹은 남북미 대화가 선행된다는 것을 뜻을 내포한다. 다음으로는 협상 단계이다. 1차적인 협상 주체는 "지대 내 당사자들"인 남북한이다. 동시에 미·중·러를 포함한 5대 핵보유국의 참여와 협력도 중요하다. 이를 위해 남북한 협상 초기에 유엔 안보리가 지지 결의를 채택하는 것이 중요하다.

종착지에 해당하는 한반도 비핵지대 조약 체결과 관련해서 '3차 북미정상회담 합의문 시안'에서는 "미국은 남북한이 유관국들과의 긴밀한 협력 아래 1년 6개월 이내에 한반도 비핵지대 조약 체결을 추진하기로 합의한 것을 존중한다"고 제안했다. 이는 북핵 폐기가 80~90% 정도 완료되고 잔여 핵무기 폐기 시한과 방식도 합의된 것을 전제로 한 것인데, 이는 4부에서 자세히 다뤘다. 또 비핵지대 조약 체결 시점을 한반도 평화협정 체결 6개월 이내로 상정했다. 아울러 북한의 핵확산금지조약(NPT)과 국제원자력기구(IAEA)의 안전조치협정 복귀도 동시 행동 차원에서 제안하고 있다. 본 조약 서명 당사자는 남북한이며 비준 및 기탁 시 발효되고 5대 핵보유국의 의정서 서명 및 유엔 안보리의 승인도 발효 직후 이뤄져야 할 것이다.

제4부

종합예술

1. 억제-위기관리-관계-협상의 하모니

이 책을 읽는 독자 가운데 답답함을 느끼는 사람들도 있을 것이다. 나는 미국의 중거리 미사일이나 전술핵 배치도 안 되고, 한미, 혹은 한미일의 MD(미사일방어체제) 강화도 안 되며, 한국이 독자적으로 핵무장에 나서거나 대규모 군비증강도 해서는 안 된다고 주장하고 있다. 또 3부에서 다룬 한반도 비핵지대가 합리적인 대안이라고 하더라도 이것이 실현될지도, 실현되더라도 언제 될지도 알 수 없는 상황이다. 현실은 엄중한데 대안은 멀리 있다면 갑갑증을 느끼는 것은 지극히 자연스러운 현상이다.

그렇다면 당분간 핵 시대를 피할 수 없는 한반도에서 공존의 법칙은 어디에서 찾을 수 있을까? '억제-위기관리-관계-협상의 하모니'를 만들어내는 것이 중요하다. '억제'는 북한이 핵미사일을 비롯한 군사력을 동원해 도발하지 못하도록 효과적인 군사적 능력과 태세를 갖추는 것을 의미한다. '위기관리'는 우발적인 군사 충돌 및 확전 방지를 추구하는 것이다. '관계'는 남북관계와 북미관계를 꾸준히 개선하여 적대 관계로 되돌아가는 것을 방지하는 것이다. 끝으로 '협상'은 당사자들의 요구사항과 제안을 잘 조화시키고 창의적인 해법을 마련해 한반도 문제를 평화적으로 해결하는 것을 목표로 한다. 이들 네 가지가 잘 조화를 이룰 때 비로소 안보는 튼튼해지고 새로운 도약도 기약할 수 있게 된다.

　이러한 종합 연주에서 불협화음 내기 가장 쉬운 분야가 바로 억제이다. 과도한 수준의 군사적 억제를 추구하면 위기관리도 어려워지고 관계 개선 및 협상 분위기 조성에 장애를 일으키기 때문이다. 북한이 "자위적 억제력"을 추구한다는 이유로 핵과 미사일 활동을 크게 늘린 2017년 사례나 미국이 중단하기로 했던 한미연합군사훈련을 재개하고 문재인 정부가 북한과 "단계적 군축"을 추진키로 합의했음에도 불구하고 역대급 군비증강에 나선 사례 등을 통해 이를 확인할 수 있다. 또 1부에서 다룬 미국의 중거리 미사일이나 전술핵 배치, MD(미사일방어체제) 능력 강화, 참수작전 등도 전형적인 과유불급에 해당한다. 이에 따라 한미동맹이 추구할 대북 억제의 방향은 '안정적인 억제 관계'에 있다고 할 수 있다. 확고한 대북 억제를 확보하면서도 군비경쟁과 안보 딜레마를 격화시키고 위기관리에 어려움을 가중시키는 정책은 마땅히 자제해야 한다는 것이다.

이를 위해서는 한미동맹이 이미 갖고 있는 군사적 힘부터 자각할 필요가 있다. 한국은 1990년부터 2020년까지 무려 735조 원 정도를 국방비로 투자해 세계 6위의 군사 대국으로 올라선 상황이다. 또 최첨단 무기와 장비로 무장한 약 3만 명의 주한미군이 주둔하고 있고 유사시 전개될 "확장억제" 즉 핵우산, 재래식 군사력, MD(미사일방어체제) 능력도 막강한 상황이다. 무엇보다도 한미동맹은 북한의 군사적 움직임을 실시간 감시할 수 있는 최첨단 정보 자산을 보유하고 있다. 이에 반해 북한은 세계 20위 안팎의 군사력 보유국으로 평가받고 있고 중국이나 러시아로부터 군사적 지원도 받지 못하고 있다. 정보 능력도 '안대'를 낀 수준에서 크게 벗어나지 못하고 있다. 이러한 내용을 종합해본다면, 한미동맹의 대북 억제력은 이미 강력하다고 해도 과언이 아니다. 이에 따라 한미연합전력을 적절한 수준에서 유지하면서 추가적인 군비증강은 자제할 필요가 있다. 그래야만 긴장 관계에 놓이기 쉬운 '억제'와 '안정'이라는 두 가지 목표를 동시에 달성할 수 있다.

9·19 남북 군사 분야 합의서 준수를 통한 '위기관리' 역시 더욱 중요해졌다. 보수 진영을 중심으로 이 합의를 통해 "우리만 무장해제 당했다"며 파기를 주장하고 있지만, 이는 사실과도 맞지 않는다. 한편으로는 이 합의 이후 남북한 사이에 무력충돌 사례 자체가 없어졌고, 다른 한편으로 문재인 정부는 역대급 군비증강을 추구해왔기 때문이다. 군사충돌이 사라진 데에는 "남북 양측은 확성기와 유인물 살포 등을 통한 상호 비방을 중단"하기로 했고, "군사분계선 일대에서 상대방을 겨냥한 각종 군사연습을 중지하고" "비무장지대의 GP를 폐기"하기로 한 것이 주효했다. 또한 '한반도의 화약고'로 불렸던 북방한계선(NLL) 일대에서 해상 포격 훈련 및 기동훈련을 금지하는 "완충지대"를 설치하기로 했고, "군사분계선 상공에서 모든 기종의 비행 금지구역 설정"도 크게 기여했다. 아울러 과거 여러 차례의 교전을 거치면서 남북한 모두 공격적으로 교전수칙을 바꿨었는데, 군사합의를 통해서는 "공동의 교전규칙"을 통해 우발적 충돌과

확전도 방지키로 했다.

비핵화의 진전이 거의 없는 만큼 남북 군사 합의를 철회해야 한다는 주장도 있지만, 오히려 이 합의의 중요성은 더욱 커졌다. 이 역설을 이해하기 위해서는 과거의 사례들을 복기해볼 필요가 있다. 북한이 최초로 핵실험을 한 2006년 10월 이후 남북한의 국지적 무력충돌이 여러 차례 있었다. 2009년 3차 서해교전, 2010년 연평도 포격전, 2014년 비무장지대에서의 총격전 등이 바로 그것이다. 이외에도 북한이 관련성을 부인한 2010년 천안함 침몰과 2015년 목함 지뢰 사건, 그리고 무인기 사건과 여러 차례에 걸친 사이버 공격 등도 있었다. 주목할 점은 이들 사건에 대한 해석이다. 북한의 국지 도발이나 그렇게 간주한 사건이 발생할 때마다 "북한이 핵의 위력을 믿고, 그래서 한미동맹이 강력히 응징하지 못할 것이라고 여기고는 도발을 일삼고 있다"는 주장이 맹위를 떨친 것이다.

그런데 과거에 비해 오늘날 북한의 핵 능력은 훨씬 강해졌다. 2020년 현재 핵물질을 포함하면 60개 안팎의 핵무기를 보유한 것으로 평가되고, 탄도미사일 능력도 비약적으로 성장했다. 이러한 상황에서 또다시 무력충돌이 발생하면 "북한이 핵 위력을 믿고 도발한 것"이라는 해석은 더욱 기승을 부릴 것이고 강력한 보복을 가해야 한다는 주장도 거세질 것이다. 우발적 충돌을 방지하는 데 큰 기여를 해온 남북 군사 분야 합의가 위기관리에 큰 의미를 지닌다는 것은 이러한 맥락에서 이해할 수 있다.

'안정적인 억제 관계' 및 '위기관리'와 더불어 관계 개선과 협상도 추구해야 한다. 우리가 미국은 물론이고 중국과 러시아로부터 핵 위협을 느끼지 않는 이유는 이들 나라에 핵무기라는 '존재'가 없기 때문이 아니다. '관계'가 좋거나 핵 공격을 걱정할 정도로 나쁘지 않기 때문이다. 이에 따라 대북 관계 개선은 북핵이라는 존재에 대한 위협을 낮추는 데 크게 기여할 수 있다.

협상다운 협상에도 나서야 한다. 대북 제재 완화·해제와 한반도 평화체제 구축, 그리고 한반도 군비 통제와 북미 관계 정상화 등 근본 문제를 협상 테이블에 올려놓고 북핵 문제 해결을 위한 '대담판'을 시도해야 한다. 익숙한 얘기처럼 들릴 수 있지만, 지금까지 제대로 이러한 협상을 해본 적은 한 번도 없다. 그 문 앞에는 여러 차례 갔지만 그 문을 열고 들어가는 것을 주저하거나 발길을 돌릴 적이 다반사였기 때문이다.

2. 협상의 조건 : 미국 이익의 재구성

북한의 핵무기 포기를 결단할 수 있는 주체는 김정은 정권이다. 한국과 미국이 이러한 결단을 끌어내기 위해서는 "완전한 비핵화"를 약속한 김정은의 선택이 옳았다는 것을 보여주어야만 한다. 하지만 2018년 6월 싱가포르 북미정상회담 이후 1년 6개월을 결산한 북한의 결론은 "미국에 농락당했다"는 말로 압축된다. 또 문재인 정부를 향해서도 실망과 불신을 넘어 증오심마저 표출하고 있다. 이러한 현실을 딛고 꺼져가는 희망의 불씨를 되살리기 위해서는 김정은에게 '명예로운 선택'의 길이 아직 열려 있다는 것을 보여주는 것 밖에는 없다.

거꾸로 북한이 비핵화의 조건으로 제시해온 "미국의 적대시 정책 철회"를 결단할 수 있는 주체는 미국 행정부이다. 의회의 권한도 막강하지만 1차 선택지는 행정부가 쥐고 있다. 하지만 미국은 이러한 선택을 주저해왔다. 여러 가지 해석이 가능하겠지만, 가장 본질적인 이유는 미국이 기존 이익의 훼손이나 불확실성의 증대를 감수하면서까지 "완전한 비핵화"를 추구해야 할 이익이 확실하지 않다는 데에 있다. 북한의 핵 포기 여부도 불분명하고 한반도의 평화적인 현상 변경도 달갑지 않기 때문이다. 그래서 오랫동안 미국은 한반도 비핵화를 확고한 '목표'라고 말하면서도 이를 가능하게 하는 실질적이고 전향적인 '수단'을 별로 동원하지 않았다. 이는 곧 한반도 문제 해결을 위한 가장 중요한 협상의 조건이 미국으로 하여금 '이익의 재구성'에 나서도록 하는 데에 있다는 것을 의미한다.

하지만 여기에는 난제가 존재한다. 우선 국익 자체를 정의하는 게 쉽지 않고, 무엇이 국익인지에 대해서도 사람마다 생각이 다를 수 있으며, 한 사람의 생각 속에서도 달라질 수 있기 때문이다. 이러한 한계를 인정하면서도 미국이 전통적으로 한반도에서 누려온 이익은 안정적이고 경제적인 주한미군 주둔과 한미동맹 유지, 중국 및 러시아에 대한 견제 교두보 확보, 세계 최고 수준의 한국의 무기 수입, 국제사회에서 미국의 정책에 대한 한국의 지지 확보, 새로운 군비증강 및 한미일 삼각동맹 추구 등에 있다. 이는 대체로 분단과 정전체제, 그리고 그 속에서 자라난 북한의 위협이라는 한반도 현 상태에서 비롯된 측면이 강하다. 이는 거꾸로 한반도에서 평화적인 현상 변경이 이뤄지면 이러한 이익들이 작아질 수 있다는 것을 의미한다.

그렇다면 한반도 현상 변경을 통한 미국 이익의 재구성은 가능할까? 대단히 어려운 문제이지만 한반도 문제 해결을 위해서는 반드시 풀어야 할 숙제이다. 구체적으로는 미국 군산복합체와 '북한위협론' 사이의 오랜 악연을 끊어내는 것이 중요하다. 또 한미동맹은 강화되어야 한다는 강박관념에서 벗어나 축소 지향적인 한미동맹과 미국의 역외 균형론의 조합을 통해 한미관계의 미래를 설계할 필요가 있다. 무엇보다도 불가능하다고 간주해온 한반도 비핵화 달성이 미국에게 커다란 이익을 제공할 수 있다는 점을 주목해야 한다.

먼저 미국 군산복합체와 '북한위협론' 사이의 오랜 악연 끊기부터 살펴보자. 한반도의 평화적 현상 변경 시 가장 큰 타격을 받을 수 있는 미국 내 세력은 군산복합체라고 할 수 있다.[103] 미국의 군산복합체는 오랫동안 '북한위협론'을 이익의 기반으로 삼아왔기 때문이다. MD(미사일방어체제)가 대표적이라는 것은 앞서 설명한 바 있다. 이에 따라 한반도 문제를 해결하기 위해서는 미국의 군산복합체 및 그 결탁세력과 '북한위협론' 사이의 '탈동조화(decoupling)'가 필수적이다. 탈동조화가 되려면 북한이 일방적으로 핵과 미사일 폐기를 단행하는 방법이 있지만 이는 불가능하다. 반대로 미국이 북한과 친구가 되는 방법도 있지만 이에 대한 미국 주류의 저항은 대단히 강하다.

그런데 트럼프 행정부 등장 이후 주목할 만한 흐름도 나타나기 시작했다. 미국이 국방비 증액과 MD와 같은 대형 무기 사업을 추진하면서 북한보다는 중국과 러시아의 위협을 주된 이유로 거론해온 것이다. 이는 클린턴-부시-오바마 행정부가 MD와 같은 대형 무기 사업을 추구하면서 중국과 러시아를 직접 거명하는 것을 꺼리고 북한을 1순위에 올려

---

103) 좁은 의미의 군산복합체는 군부와 군수산업이 결탁한 세력을 일컫지만, 넓은 의미로는 군수산업으로부터 자금을 받는 정치인들과 싱크탱크, 군수산업의 광고를 싣는 언론, 군수산업체 및 유관기관에서 종사했다가 행정부로 진출한 관료들을 망라한다.

놓았던 것과는 사뭇 달라진 것이다. 더구나 미국에서는 중국과 러시아를 주적으로 삼는 분위기가 특정 정파에 국한한 것이 아니라 초당적으로 나타나고 있다. 미국 군산복합체에게 북한위협론의 효용 가치는 여전히 존재하지만 탈동조화 현상이 부분적으로 나타나고 있는 셈이다.

미국 군산복합체의 또 하나의 커다란 이익은 한국에 대규모의 무기를 수출하는 것이다. 북한위협론과 종속적인 한미동맹은 한국을 미국의 최대 무기 시장 가운데 하나로 만들었다. 빈센트 브룩스 주한미군 사령관이 2017년 4월에 "한국이 (해외) 무기 획득 예산의 90%를 미국 무기 도입으로 사용하고 있다"며 "이는 미국 경제에도 직접적인 이익"이라고 강조했을 정도이다. 실제로 한국은 2009~2018년 10년 동안 62억7900만 달러 규모의 미국 무기를 수입해 세계 4위를 기록했다. 여기에 부품 및 용역을 포함할 경우 미국은 한국으로부터 매년 10억 달러 안팎의 수입을 올리고 있는 것으로 추정된다.

이에 따라 미국 군산복합체와 그 결탁세력의 한반도에

대한 부당한 영향력을 견제하고 감소시킬 방법을 찾는 것이 중요하다. 그 가운데 하나는 한반도 평화경제론이 실현되고 한반도가 유라시아 대륙과 태평양 경제권을 연결하는 경제적 가교가 되면, 미국의 비군사적 경제에도 도움이 될 수 있다는 점을 보여주는 데에 있다. 남북한의 경제 통합이 이뤄지고 북방경제가 활성화되면, 한국은 새로운 성장 동력을 찾을 수 있고 북한은 고도성장을 구가할 수 있게 된다. 이는 미국이 한국에 수출을 늘리고 북한이라는 새로운 투자 및 무역시장을 확보할 수 있게 된다는 것을 의미한다. 이에 따른 미국의 비군사적 이익을 정확히 계량화할 수는 없지만, 무기 수출 감소에 따른 군수 자본의 이익 감소를 충분히 넘어설 수는 있을 것이다.

보다 구체적인 방식도 고안해낼 수 있다. 북핵 문제 해결을 비롯한 한반도 문제를 해결하고 평화경제를 실현하려면 미국 주도의 대북 제재 해결이 필수적이다. 제재 완화 및 해제에 힘입어 남북 경제협력이 본격화되면 북한 인프라 복구 및 건설이 본격화될 것이다. 이 경우 투입되는 비용 추계는 약 70조 원(미국의 시티그룹)에서부터 112조 원(미래에셋대우)

에 이르기까지 다양하다. 이 가운데 일부를 미국산 물품을 수입해 남북경협에 사용하는 방안을 미국과 논의해볼 수 있을 것이다.

다음으로 축소 지향적인 한미동맹과 미국의 역외 균형론의 조합을 살펴보자. "태평양 국가"를 자임해온 미국은 부상하는 중국이 미국을 밀어내고 아태 지역의 패권국으로 등장하는 것을 경계해왔고 또한 이를 저지하는 것을 핵심적인 목표로 삼아왔다. 그런데 북한은 중국과 국경을 접하고 있는 미국의 '적대국'이고 한국은 중국과 가장 근접한 미국의 '동맹국'이다. 이러한 지정학적 위치는 미국이 북한위협론을 쉽게 포기할 수 없는 이유로도, 한미동맹을 중국을 겨냥한 지역동맹으로 확대하려는 시도로도 작용해왔다. 그런데 한반도의 평화적인 현상 변경은 북한위협론의 사실상의 소멸과 이로 인한 한미동맹의 축소로 이어질 수밖에 없다. 그렇다고 한반도에 평화정착이 이뤄졌는데 한미동맹을 현 상황으로 유지하거나 강화한다는 것도 말이 안 된다. 한미동맹의 축소 지향적인 변화가 없으면 한반도 비핵화와 평화체제 달성도 불가능해질 것이기 때문이다.

우리에게 딜레마의 핵심은 바로 이 지점에 있다. 한반도 문제와 미중 패권경쟁이 밀접히 연결된 상황에서 이를 분리하는 것도 어렵고, 미중관계가 협력 관계로 전환되기를 마냥 기다릴 수도 없는 노릇이기 때문이다. 이는 거꾸로 한국의 선택과 역할이 대단히 중요하다는 것을 의미한다. 미국을 상대로는 양자동맹인 한미동맹이 중국을 겨냥하는 지역동맹의 형태로 변질되는 것을 받아들일 수 없다는 점을 분명히 해두어야 한다. 동시에 중국에는 급격한 군비증강이 중국이 주창해온 "평화발전론"과 부합하지 않을뿐더러 한반도 문제 해결에도 도움이 되지 않는다는 점을 주지시킬 필요가 있다. 앞서 언급한 한반도 비핵지대 공론화도 한반도 문제 해결 및 미중 패권경쟁 완화라는 동시적 목표를 추구하는 데에 유용하다.

미국의 전략적 목표가 중국이 아태 지역에서 패권국으로 등장하는 것을 견제하는 데에 있다면, 반드시 미국 군사력을 한국에 전진 배치할 필요도 없다. 주한미군 전력을 줄이거나 심지어 주한미군이 없어도 미국이 중국을 견제할 수 있는 군사력은 충분한 상태이기 때문이다. 이와 관련해 주목할 이론이 바로 '역외 균형자론(offshore balance)'이다.[104] 미국은 주한미군을 제외하더라도 일본 및 괌에 상당한 군사력을 배치하고 있고 ICBM(대륙간탄도미사일)-전략폭격기-SLBM(잠수함발사탄도미사일)으로 이뤄진 장거리 투사 능력도 갖고 있다. 또 우주군까지 창설한 상황이다. 이에 따라 중국 견제를 위해 대규모 주한미군이 필요하다는 고정관념도 바뀔 수 있는 여지는 있다. 더구나 미국에서는 고립주의를 선호하는 여론도 높아지고 있다. 한국은 이러한 점에 주목해 한반도 평화와 축소 지향적인 한미동맹 사이의 선순환을 도모할 필요가 있다. 한미동맹 강화가 한미 양국의 이익이라는 도그마에서 탈피할 필요가 있다는 것이다.

상기한 내용이 다소 막연하고 추상적인 반면에 북핵 문제 해결에 따른 미국의 이익은 분명하고도 구체적이다. 이는 미국 이익 재구성의 핵심에 해당한다. 1990년대 초반 북핵 문제가 불거진 이후 모든 미국의 행정부는 이 문제 해결

---

104) 역외 균형자론에 관한 대표적인 책으로는 Stephen M. Walt, The Hell of Good Intentions: America's Foreign Policy Elite and the Decline of U.S. Primacy (New York: Farrar, Straus & Giroux, 2018) 참조.

을 우선순위 가운데 하나로 둬왔지만 모두 실패했다. 그리고 많은 전문가가 북핵 문제 해결을 '미션 임파서블'이라고 말했다. 이는 거꾸로 북핵 문제 해결에 성공하는 미국 행정부와 대통령은 누구도 이루지 못한 역사적이고 위대한 업적을 이루게 된다는 것을 의미한다. 성공하기만 한다면 확실한 정치적 이익이 될 수 있다는 것이다.

또 북핵 해결은 미국의 안보적 이익에도 크게 기여하게 된다. 미국과 동맹국들에 대한 "긴박한" 위협을 제거하게 되고 북핵이 테러집단이나 다른 나라로 이전될 수 있다는 걱정도 원천적으로 해결할 수 있기 때문이다. 아울러 북핵 해결은 미국 주도로 만들어져온 핵 비확산체제의 강화와 역사상 가장 긴 전쟁 가운데 하나로 불려온 한국전쟁의 공식적인 종식이라는 외교적 업적과도 맞닿아 있다.

물론 이러한 이익들은 군산복합체를 중심으로 한 미국의 기존 이익들과 충돌할 수 있다. 그래서 북한의 선택이 매우 중요하다. 북한이 "단계적 해법"을 고수할수록 미국 내 강경파와 회의론자들에게는 반격의 빌미를 주게 되고 협상에

290

나선 미국 행정부에는 좌고우면하게 만든다. 반면 대북 강경론자들과 회의론자들의 눈과 귀를 의심하게 만들고 미국 행정부의 귀가 솔깃해질 정도로 신속하고 구체적이며 과감한 비핵화 방안을 제시하면 상황은 얼마든지 달라질 수 있다. 미국 안팎 훼방꾼들의 저항과 반격은 '최소화'하면서 미국 행정부가 대타협을 선택하려는 동기는 '최대화'할 수 있기 때문이다.

3. 협상이 재개되면

새로운 북핵 폐기 프로세스

협상이 재개되면 그 목표는 '포괄적이고 구체적인 합의와 단계적 이행'에 두어야 한다.[105] 또 이를 목표로 협상을 준비해야 한다. '포괄적' 합의는 한반도 비핵화, 정전체제에서 평화체제로의 전환, 북미수교, 대북 제재 해결, 한반도 군비통제 등이 망라되는 것을 의미한다. 이게 과연 위에서 주장한 '대북 강경론자들과 회의론자들의 눈과 귀를 의심하게 만들고 미국 행정부의 귀가 솔깃해질 정도의 방안이냐'는 반문이 나올 수 있다.

그래서 '구체적인'이라는 표현을 부가했다. 비핵화의 북한 측 의무의 핵심인 핵물질과 핵탄두 장착 미사일을 포함한 핵무기의 폐기 방식과 시한, 그리고 이를 위해 반드시 필

---

105) 이와 관련해 필자가 작성한 합의문 시안은 부록에 담았다.

요한 핵 신고도 합의 대상에 넣자는 것이다. 이는 2005년 6자회담에서 채택된 9·19 공동성명에도, 1차 북미정상회담의 결과물로 나온 북미 공동성명에도 없는 내용이다. 이를 위해서는 한반도 비핵화의 정의와 목표를 분명히 하는 것이 필수적인데, 비핵지대를 비핵화의 정의와 목표로 삼는 것이 가장 바람직하다. 또 포괄적 합의에서 언급된 상응 조치들도 병행되어야 한다.

북핵 폐기 프로세스도 달리할 필요가 있다. 지금까지는 북한의 핵물질 생산 시설이 몰려 있는 영변이라는 '장소' 중심의 접근이었다. 1994년 제네바 합의, 2005년 6자회담의 9·19 공동성명과 그 1단계·2단계 이행 조치 합의들, 그리고 2차 북미정상회담에서 나온 북한의 제안 등이 모두 그러했다. 그리고 결과적으로 이들 합의와 제안은 모두 실패했다. 여러 가지 이유가 있었지만 '제2의 농축 우라늄 시설'과 같은 의혹을 해소하는 데에 한계가 있었고 비핵화의 최종 상태에 대한 구체적인 합의가 부재했기 때문이다. 아울러 북한이 이미 상당량의 핵물질과 핵무기를 보유하고 있는 것으로 평가되고 있는 만큼, 영변 중심의 접근법도 과거에 비해 실효성이 많이 떨어진 상황이다.

새로운 접근은 '폐기 대상'에 초점을 맞추는 것을 의미한다. 북핵 폐기를 핵물질 생산의 영구적인 중단과 관련 시설의 폐기, 핵물질 처리 및 핵무기 관련 시설 폐기, 핵탄두 장착용 미사일을 포함한 핵무기 폐기의 단계로 나누어 접근하자는 것이다. 이렇게 접근하면 포괄적이고 구체적인 합의와 단계적 이행의 로드맵을 짜는 데에 훨씬 유용해진다. 폐기 대상이 분명해지면 이에 걸맞은 상응 조치 제시도 수월해지기 때문이다.

이들 북핵 폐기 프로세스를 단계적으로 진행할 수도 있지만, 일부 조치는 동시적으로 진행하는 것이 바람직하다. 이는 흑연 감속로, 재처리 시설, 우라늄 농축 시설 등 핵시설 폐기를 제염과 정화를 포함해서 완료하는 데에는 10년 안팎의 시간이 소요될 것이고,[106] 시간이 길어질수록 불확

---

106) Sigfried S. Hecker, Elliot A. Serbin, and Robert L. Carlin, "Total Denuclearization Is an Unattainable Goal, Here's How to Reduce the North Korean Threat," Foreign Policy, June 25, 2018.

실성도 증대될 수 있다는 점을 고려한 것이다. 또 북한의 핵 물질과 핵무기 일부가 조기에 폐기된다면, 한미 양국으로서는 조기 수확을 이룰 수 있게 되고 북한도 이에 걸맞은 상응 조치를 동시적·병행적으로 받아낼 수 있다.

북핵 폐기 프로세스 전체를 관통하는 난제 중의 난제도 있다. 바로 핵 신고와 검증이다. 북한이 핵 신고를 하더라도 미국의 추정치와는 상당한 차이가 날 가능성이 높고, 이에 따라 검증 문제가 불거질 수밖에 없다. 북한이 결백하다면 검증을 받으면 되지 않겠느냐고 생각할 수 있지만, 이건 그리 간단한 문제가 아니다. 검증 대상과 방식과 시기를 정하는 것도 쉽지 않을뿐더러, 북핵을 완전히 검증하려면 북한 전역을 샅샅이 뒤져야 하고 상당한 시간이 걸릴 수밖에 없기 때문이다. 더구나 "지금 단계에서 북한이 핵 신고서를 제출하게 되면 미국의 선제타격 대상 목록을 스스로 제공하는 것"이라는 지적도 있다.[107]

---

107) "Once 'No Longer a Nuclear Threat,' North Korea Now in Standoff With U.S.," The New York Times, August 11, 2018.

이 문제 해결 방안과 관련해 한반도 비핵지대 조약 체결의 유용성은 앞서 설명한 바 있다. 이에 덧붙여 종전선언과 평화협정 체결의 의의도 짚어볼 필요가 있다. 북한이 2007년 6자회담의 10·3 합의에서 핵무기 신고를 제외하고 시료 채취를 포함한 "국제적 기준"의 검증을 다음 단계로 넘겼던 핵심적인 이유는 한반도가 "교전 상태에 있다"는 데에 있었다. 이는 거꾸로 교전 상태의 종식을 본격화하면 핵 신고와 검증 문제 해결에도 크게 기여할 수 있다는 것을 의미한다. '종전선언'이나 이에 준하는 단계에서는[108] 북한의 모든 핵 프로그램과 핵물질 및 핵무기의 총량 신고,[109] 그리고 이를 검증하는 방안에 대한 합의를 도모할 수 있다. 또한 '평화협정' 단계에서는 핵물질과 핵무기의 구체적인 현황, 즉 수량·종류·위치도 신고 대상에 포함하고 가장 강력한 검증 체계인 IAEA(국제원자력기구) 추가 의정서 가입을 타진할 수 있을 것이다.

---

108) 종전선언은 '정치적 선언'으로 교전 상태를 종식한다는 의미를 담고 있다. 이에 준하는 단계로는 종전과 항구적이고 공고한 평화체제 구축 협상을 개시하는 것으로 상정해볼 수 있다.

109) 핵무기의 경우 신고 대상을 '총량'으로 한정하면, "미국의 선제타격 대상 목록을 스스로 제공하는 것"이라는 논란을 피할 수 있다.

북핵 해결의 가장 핵심적인 사안인 핵무기와 핵물질 폐기 문제도 만만치 않다. 폐기 방법으로는 크게 두 가지가 있다. 하나는 북한 내에서 폐기하는 것이고, 또 하나는 외부로 이전하는 것이다. 전자가 품고 있는 문제점은 상당한 시간이 소요되고 이에 따라 여러 가지 불확실한 변수가 개입되어 이행에 차질이 생길 수 있다는 데에 있다. 또 북한 내에서 핵탄두를 해체하더라도 핵물질과 부품 처리 문제는 남는다. 이에 반해 후자의 방식은 이전 완료 시점에 핵무기와 핵물질이 사실상 폐기되는 셈이고, 이에 따라 불확실성을 최소화하면서 신속한 이행이 가능하다는 장점이 있다. 문제는 접수국이다. 트럼프 행정부는 1차 북미정상회담 직후부터 2차 북미정상회담에 이르기까지 북한이 핵을 미국에 넘겨야 한다고 요구해 북한의 강력한 반발을 산 바 있다.

이에 대한 해법으로 내가 오래전부터 주장해왔던 대안은 러시아로의 이전·폐기이다.[110] 러시아는 자국의 핵무기는 물론이고 우크라이나, 카자흐스탄, 벨라루스로부터 핵무기

---

110) 이에 대한 구체적인 내용은 서보혁·정욱식 외,《한반도 평화체제 관련 쟁점과 이행 방안》, (통일연구원, 2019년), 209~214쪽 참조.

를 이전받아 폐기한 경험이 가장 많은 나라이다.[111] 이 과정에서 미국은 협력적 위협감소(CTR) 프로그램을 통해 재정 지원과 기술 협력에 나선 바 있다. 또 러시아는 북한과 국경을 접하고 있으며 우호 관계에 있다. 아울러 러시아에는 핵탄두 및 이를 장착한 미사일을 안전하게 운송할 수 있는 특수 차량과 열차 등 특수 장비들이 있고 북한과 러시아는 철도와 도로로 연결되어 있다. 신속하고도 안전하게 운송할 수 있는 인프라와 장비 및 시설은 이미 갖춰진 셈이다. 이와 관련해 러시아 외교관 출신인 안드레이 구빈 극동대 교수는 "러시아는 그러한 경험과 시설을 갖추고 있다"며 "다만 이에 대한 국제적인 합의와 북한의 요청이 있어야 할 것"이라고 말했다.[112]

이 제안은 여러 가지 장점을 갖고 있다. 근본적인 북핵 해결을 도모하면서도 그 속도를 획기적으로 높이고 불가역적인 북핵 폐기를 가능하게 하는 방법이기 때문이다. 북한이

---

111) 1991년 12월 소련 해체 후 우크라이나, 카자흐스탄, 벨라루스는 각각 세계 3, 4, 5위의 핵보유국이 되었다. 그러나 미국 및 러시아와의 합의를 통해 모든 핵무기를 러시아로 이전해 폐기했다.

112) 2019년 8월 30일 필자와의 인터뷰.

비핵화의 핵심 과제인 핵물질과 핵무기를 러시아로 반출하는 것에 동의할 경우, 이는 북한이 비핵화의 진정성을 보여줄 수 있는 최고 수준의 방식이 된다. 또 북한 내에서 폐기하는 것보다 훨씬 빠른 방식이다. 북한의 핵물질과 핵무기가 러시아로의 반출이 완료되는 것과 동시에 북핵 폐기가 완료되는 것이나 마찬가지이기 때문이다. 아울러 북핵을 인도받은 러시아가 북한에 다시 돌려줄 가능성도 없다는 점에서 가장 확실한 불가역적 방식이자 미국의 약속 이행을 담보 받기에도 효과적이다. 핵무기 제조와 폐기 경험이 풍부한 지그프리드 헤커 박사는 "핵탄두 해체는 이걸 만든 사람들이 직접 해야 한다"고 강조한다.[113] 러시아로의 반출이 유력한 대안이 될 수 있다는 주장은 이와도 연관된다. 북핵을 러시아로 반출하면서 핵무기 개발 및 제조에 관여한 북한의 과학자들과 기술자들도 함께 파견하면 되기 때문이다.

---

113) The New York Times, May 17, 2018.

'데이트 폭력'을 '명예로운 선택'으로

상기한 내용을 현실화하기 위해서 반드시 필요한 것이 미국의 '데이트 폭력' 중단이다. 나는 앞서 트럼프가 김정은과 "사랑에 빠졌다"고 하면서도 경제제재를 강화한 것을 두고 '데이트 폭력'에 비유한 바 있다. 피고문자가 고문에 굴복하는 것을 자존감을 잃는 것으로 여기듯이 김정은도 제재에 굴복하는 것을 "나라의 존엄"을 잃는 것이라고 간주한다는 점도 강조했다. 이에 따라 제재가 효과를 보려면 북한의 긍정적인 조치에 화답해 제재를 완화하고 해제하는 게 가장 확실한 방법이다. 김정은에게 비핵화가 강요된 굴욕이 아니라 '명예로운 선택'이 될 수 있도록 말이다. 동시에 북한이 핵 동결의 상응 조치로 제재 완화를 받아내고는 핵무기 폐기는 거부하는 상황도 대비할 필요가 있다.

그렇다면 어떤 방식이 이에 해당할까? 두 가지가 필요하다. 하나는 비핵지대를 한반도 비핵화의 정의와 목표로 삼으면서 최종 상태에 대한 합의를 이루는 것이다. 또 하나는 북한의 핵 폐기 단계에 조응하는 제재 완화 및 해제를 하면서 조건을 다는 방식을 고려할 수 있다. 북한이 약속을 위반하면, '스냅백(snap back)'을 도입해 완화하거나 해제했던 대북 제재를 원상 복구하겠다는 것을 합의문에 명시하는 것이 이에 해당한다. 이렇게 하면 북한이 제재 완화를 받아내면서 핵시설만 폐기하고 이미 보유하고 있는 핵무기와 핵물질은 포기하지 않을 것이라는 우려를 씻어낼 수 있다.

북한도 하노이 북미정상회담 결렬 직후 스냅백을 고려할 수 있다는 뜻을 내비친 바 있다. 최선희 북한 외무성 부상이 3월 15일 평양에서 가진 기자회견에서 "트럼프 대통령은 합의문에 '제재를 해제했다가도 조선이 핵 활동을 재개하는 경우 제재는 가역적'이라는 내용을 더 포함한다면 합의가 가능할 수 있다는 신축성 있는 입장을 취했다"면서, 그러나 폼페이오와 볼턴이 "두 수뇌분 사이의 건설적인 협상 노력에 장애를 조성했다"고 주장한 것이다.[114] 그러나 북한이 정한 2019년 연말 시한이 지나면서 김계관 외무성 고문은 하노이 회담에서 제안한 영변 핵시설 폐기와 부분적인

---

114) '최선희 "트럼프, 일단 제재 풀어주는 '스냅백' 제안했었다"' 〈중앙일보〉, 2019년 3월 26일

제재 해제를 맞바꾸자는 "협상은 다시는 없을 것"이라며 강
경 입장을 피력했다. 동시에 "조미 사이에 다시 대화가 성립
되자면 미국이 우리가 제시한 요구사항을 전적으로 수긍하
는 조건에서만 가능하다"며 협상의 여지도 남겨 두었다.

포괄적이고 구체적인 합의를 전제로 하면서도 비핵화 이
행에 단계가 필요하듯 제재 완화 및 해제도 단계가 필요하
다. 1단계에서는 하노이 회담 때 논의된 협상안을 재구성하
는 것으로 짤 수 있다. 유엔 안보리 제재 11건 가운데 2016
년 이후 채택된 5건 중에 "민수 경제와 인민 생활에 지장을
주는 항목들"을 해제하되,[115] 영변 핵시설의 완전한 폐기
돌입과 핵실험 및 장거리 로켓 시험 발사 영구 중단과 더불
어 영변 이외의 우라늄 농축 의혹 시설에 대한 현장방문에
합의하는 것이 이에 해당한다. 2단계에서는 유엔 안보리의
11건의 제재 가운데 무기 관련 제재는 유지하면서 나머지는

115) '하노이 노딜' 직후인 2월 28일 심야에 북한의 리용호 외무상이 밝힌 입장은 다음
과 같다. "우리가 요구하는 것은 전면적인 제재 해제가 아니고 일부 해제, 구체적으로는
유엔 제재 결의 11건 가운데 2016년부터 2017년까지 채택된 5건, 그 중 민수 경제와 인
민 생활에 지장을 주는 항목들만 먼저 해제하라는 것입니다. 이것은 조미 양국 사이의
현 신뢰 수준을 놓고 볼 때 현 단계에 우리가 내 짚을 수 있는 가장 큰 보폭의 비핵화 조
치입니다."

모두 해제하되, 북한의 핵물질 처리 및 핵무기 관련 시설 폐기와 더불어 핵무기 일부를 폐기하는 것도 포함할 수 있을 것이다. 북핵 폐기가 완료되는 마지막 단계에서는 유엔 안보리 제재뿐만 아니라 미국의 독자적 제재도 완전히 해제하는 것이 바람직하다.

  이러한 접근법은 분명 새로운 시도이다. 이는 지난 역사를 복기해보면 알 수 있다. 1994년 북미 제네바 합의에서 미국이 약속했던 "정치적·경제적 관계의 완전한 정상화"는 흐지부지되었다. 1999년 북미 간의 베를린 합의에서 북한의 탄도미사일 발사 중단 약속에 대한 상응 조치로 제시된 제재 완화도 상징적인 수준에 그쳤다. 2005년 9·19 공동성명 채택으로 새로운 전환점을 맞이하는 듯했지만, 미국은 방코델타아시아(BDA) 제재 카드를 꺼내 들었다. 2008년 미국이 북한을 테러지원국에서 제외하고 적성국 교역법도 종료하기로 하면서 제재도 크게 완화될 것으로 기대되었지만, 미국은 별도의 대통령 행정명령으로 제재를 유지했다. 이렇듯 30년 가까이 북핵 해결에 실패한 이유는 미국이 약속한 제재 해결을 시늉만 내거나 습관적으로 제재를 강화해왔기 때문이다.

　이러한 사례들이 함의하는 바는 크다. 북한은 협력의 대가로 얻은 것이 거의 없다고 여겨왔다. 이에 따라 북한의 비핵화 이행조치들과 상응하는 제재 완화 및 해제는 북한의 대미 불신을 완화하는 데 크게 기여할 수 있다. 더구나 비핵화를 하나둘씩 이행하면서 얻게 되는 가시적 성과는 비핵화 지속 인센티브가 될 수 있다. 신뢰와 이익이라는 두 개의 수레바퀴를 통해 비핵화를 향해 뚜벅뚜벅 나아갈 수 있는 동력이 생기는 것이다. 북한이 비핵화를 추구해서 좋아진 경제와 안보 환경이 비핵화를 하지 않아 또다시 나빠지면, 김정은 체제에도 상당한 부담이 될 수밖에 없다. 제재 유지·강화보다 '스냅백'을 전제로 완화·해제가 비핵화 달성에 훨씬 효과적인 방식이라고 보는 이유이다.

평화협정은 언제?

한반도 비핵화를 달성하기 위해서 통과해야 할 또 하나의 중대한 관문이 있다. 남북·북미 정상회담에서 합의한 한반도 평화체제 구축이 바로 그것이다. 그리고 평화체제를 구축하려면 평화협정 체결이 필요하다.[116] 평화협정 체결을 통해 "항구적이고 공고한 평화체제 구축"을 향해 거보를 내딛는 일은 북핵의 뿌리를 뽑는 것에 해당한다. 1990년 이래 북핵 해결에 실패한 가장 본질적인 이유는 북미 간의 적대관계 및 한반도 정전체제는 거의 손대지 않으면서 북핵만 뽑아내려고 했거나 그 시늉만 했다는 데에 있다. 이에 따라 평화체제 구축은 전쟁도 평화도 아닌 비정상적인 상황을 종식함으로써 북핵 문제의 완전한 해결을 도모할 수 있는 유력한 방안이다.

---

116) 미국 행정부에 따르면 협정(peace agreement)과 조약(peace treaty)에는 절차상으로 차이가 있다. 협정은 상원의 비준을 요하지 않는 반면에 조약은 상원의 비준을 요한다. 하지만 둘 모두 국제법적 구속력을 갖추고 있다. 본 연구에서는 평화조약으로 추진 시 미국 상원의 3분의 2의 동의를 받아낼 수 있을지 불확실뿐만 아니라 상원은 수정 요구 권한도 갖고 있다는 현실을 고려해, 평화협정으로 추진하는 것이 바람직하다고 판단한다.

평화체제의 의의는 여기에 국한되지 않는다. 냉전 시대 가장 비극적인 전쟁이었고 70년 가까이 '멈춘 상태'인 한국전쟁을 공식적으로 종식하고 영구적인 평화를 만드는 것은 그 자체로도 소중한 목표이다. 북한뿐만 아니라 한국과 미국 및 중국, 일본, 러시아 등 주변 국가의 안보 증진과 세계 평화에도 크게 이바지할 수 있다. 그러나 지금까지 한미 양국은 평화협정을 비핵화에 대한 보상이라고 여기면서 비핵화 완료 이후나 이와 동시에 체결하는 방안을 주장해왔다. 이제는 다른 접근을 모색할 때이다. 평화협정 자체가 당사국들이 추구해야 할 공동의 목표이자 비핵화에 결정적인 추동력을 부여할 수 있는 유력한 옵션이라는 인식을 갖는 것이 대단히 중요하다. 즉, '한반도 평화협정 체결을 통한 비핵화'라는 지금까지 한 번도 시도되지 않은 접근이 요구된다.

그렇다면 평화협정 협상은 언제 시작해서 언제 체결하는 것이 바람직할까? 지금까지 평화협정 체결 시점에 관한 주장과 논의는 있지만, 정작 협상 개시의 시점과 그 조건에 관한 논의는 거의 없는 실정이다. 이는 중요한 문제이다. 협상 개시부터 체결에 이르기까지 적지 않은 시간이 소요되고 상당한 진통이 따를 것이라는 점에서 더욱 그러하다. 여러 가지 변수들이 있지만, 평화협정 협상 개시 시점은 한반도 비핵화에 관한 합의와 이행 수준과 직결되어 있다. 그리고 협상은 앞서 설명한 포괄적이고 구체적인 합의와 1단계 이행조치에 돌입하는 것과 동시에 시작하는 것이 바람직하다. 특히 평화협정 협상 개시를 선언하면서 종전선언이나 이에 준하는 내용을 담는 것이 중요하다.

다음으로 평화협정 체결의 적절한 시점을 살펴보자. 이와 관련해 두 가지 상이한 관점이 존재한다. 하나는 북핵 폐기가 완료되지 않은 상태에서 평화협정을 체결하면 "북한을 핵보유국으로 인정해주는 셈"이라며 '선 비핵화 후 평화협정'을 해야 한다는 것이다. 반면 평화협정은 북한이 안심하고 비핵화를 선택할 수 있는 유력한 방법이고, 이에 따라 "평화협정은 남북미 간의 관계 변화의 출구가 아닌 입구"라는 관점에서 바라볼 필요가 있다는 지적도 있다.[117] 이러한

---

117) 이삼성, 〈북한 핵 문제 평화적 해결의 방향: 한반도 평화협정과 동북아시아 비핵무기지대화〉 (제주평화연구원 정책포럼, 2017년), 9~12월 호, 31~35쪽.

종합예술 307

의견을 종합해볼 때, 북핵 폐기를 가시권에 들어오게 만들면서 평화협정 체결 시기를 도출할 방법을 찾아야 한다.

또 한 가지 중요한 것은 평화협정은 평화체제의 중요한 부분이지 그 자체는 아니라는 점이다. 평화체제는 평화협정에서 합의한 조항들이 완전히 준수될 때 비로소 실현되는 것이기 때문이다. 이에 따라 둘 사이의 관계는 세 가지로 나눠볼 수 있다. 첫째는 '입구론'으로 평화협정을 체결해 평화체제를 구축해가는 방식이다. 둘째는 '출구론'으로 평화체제를 거의 완성하고 나머지 과제를 평화협정에 담고 이를 법적·제도적으로 보장하기 위해 평화협정을 체결하는 방식이다. 셋째는 '중간단계론'으로 평화협정 체결에 앞서 평화체제의 일부 내용을 합의·이행하고 남은 과제를 담는 방식으로 평화협정을 체결하는 것이다. 그런데 2018년 남북정상회담 및 북미정상회담에서 평화체제의 일부 요소는 이미 합의되었고 남북 군사 분야 합의도 일부 이행된 상황이다. 또 평화협정 협상 과정에서 협정 체결 이전에라도 평화체제의 일부 내용을 합의·이행할 수 있다. 이에 따라 평화협정 체결을 평화체제의 '중간단계'로 상정하면서 이에 상응하는 북핵 해결 방안을 담는 것이 가장 바람직하다.

　그렇다면 평화협정 체결과 북핵 폐기의 조합은 어느 수준에서 만들어낼 수 있을까? 부록으로 담은 '합의문 시안'에서는 비핵화의 북한 측 이행 수준과 관련해 ▲핵물질과 핵무기 생산의 영구적인 중단을 위한 관련 시설의 실질적인 폐기[118] ▲30일 이내에 핵물질 및 핵무기의 구체적인 내용 신고 ▲평화협정 체결과 동시에 신고한 핵물질 전부와 핵무기 50%의 처리 등을 제시했다. 이 정도 수준은 북핵 폐기가 거의 완전한 단계에 접어들었다는 것을 의미한다. 영변 핵시설 폐기가 북핵 능력의 40~60%를 제거하는 것으로 평가한 미국 국무부 입장에 따르면, 상기한 내용은 북핵 폐기의 진행 수준이 80~90% 수준에 달하게 된다는 것을 의미한다. 영변 핵시설뿐만 아니라 다른 지역, 다른 용도의 핵시설도 실질적으로 폐기되고 전체 핵물질 및 핵무기의 50%를 처리하는 것이기 때문이다. 또 나머지 핵무기도 평화협

---

118) 여기서 "관련 시설의 실질적인 폐기"는 더 이상 핵무기 및 핵물질을 생산할 수 없도록 조속한 폐기에 나서면서도 완전한 폐기는 제염과 정화까지 포함되어야 하는데 이렇게 되는 경우 10년 안팎이 소요된다는 점을 고려한 표현이다.

정 체결 이후 1년 이내에 폐기를 완료할 것을 제안하고 있다. 이 정도면 평화협정 체결의 조건은 충족된 것으로 봐야 한다.

북미협상에만 맡겨두지 말자

북미대화 중심으로 짜인 협상 구도도 다변화할 필요가 있다. 핵 문제가 북미 간의 적대관계에서 비롯된 측면이 강하다는 점에서 두 나라가 핵심 당사자인 것만은 분명하다. 그러나 두 나라에만 맡기기에는 동상이몽이 너무나 큰 것도 사실이다. 이에 따라 북미회담과 더불어 다른 형태의 회담 구조를 만드는 것이 중요하다. 특히 한반도 비핵지대를 핵 문제 해법으로 삼기 위해서는 지대 내 당사자들인 남북한의 대화가 필수적이다. 동시에 미국의 동의도 필요한 만큼, 한미대화, 북미대화, 남북미 3자대화, 중국과 러시아를 포함한 5자회담이나 일본까지 포함한 6자대화 등 다양한 방식으로 한반도 비핵지대에 대한 공감대를 형성할 필요가 있다. 아울러 남북미중 4자가 한반도 평화협정 서명 당사자로 거론되어온 만큼 4자회담도 반드시 필요하다.

이들 가운데 2008년 이후 중단된 6자회담 재개를 적극적으로 추진할 필요가 있다. 한반도 비핵지대는 물론이고 북핵을 러시아로 이전해 폐기하는 방식을 추진할 경우 러시아와의 합의는 필수적이다. 이에 따라 러시아도 당사자로 참여하는 틀을 모색해야 하는데 6자회담이 가장 바람직하다. 북핵을 러시아로 이전해서 폐기하는 방안을 추진할 경우 비용 문제가 걸림돌로 작용할 수 있다. 경제적으로 어려운 북한과 러시아는 비용 부담 자체를 꺼릴 것이고, 미국도 전적으로 자신이 부담하려고 하지는 않을 것이기 때문이다. 이에 따라 6자회담 틀을 활용하는 방식이 가장 바람직하다. 북핵 폐기는 모두에게 이익이 되고 과거 6자회담에서 비용 분담을 한 전례가 있다는 점에서 북한을 제외한 5개국이 공평하게 부담하는 방식을 취할 수 있기 때문이다. 또 6자회담은 북핵의 러시아로의 반출뿐만 아니라 북한 핵시설의 폐기·정화·제염, 그리고 무기용 핵 프로그램 종사자들의 직접 전환과 같은 다른 과제를 풀어나가는 데에도 유용하다. 한반도 비핵지대 창설 시 나중에 이를 동북아 비핵지대로 확대하는 등 동북아에서 평화안보체제를 발전시키는 데에도 6자회담은 필수적이다.

유엔 안보리의 전향적인 역할도 필요하다. 지금까지 안보리의 역할은 북한이 핵실험을 하거나 탄도미사일을 시험 발사하면 이를 규탄하고 경제제재를 부과하는 수준을 넘어서지 못했다. 그러나 안보리의 대북 결의에 따르면 북한의 조치에 따라 제재를 변경, 완화, 해제할 수 있도록 규정하고 있다. 이 조항에 근거해 안보리는 북미협상에 활력을 불어넣는 역할을 할 수 있다. 가령 안보리는 북미협상 재개시 대북 제재 해결 토의를 병행함으로써 북미협상의 성공 가능성을 높이고 합의 결과를 보장하는 역할을 할 수 있다. 이 부분에서는 안보리 상임이사국이자 북한의 긍정적 조치에 따른 제재 완화 필요성을 주장해온 중국과 러시아의 적극적인 역할이 필요하다.

한반도 문제 해결을 위한 안보리의 역할은 또 있다. 우선 안보리는 남북한 참여하에 한반도 핵 문제 해법으로서 비핵지대를 토론해볼 필요가 있다. 비핵지대야말로 유엔이 오랫동안 주창해온 가장 일반적인 핵 문제 해법이기에 한반도 비핵지대 창설은 유엔의 정신과 권고에 가장 부합하는 해법이다. 5개 안보리 상임이사국이 한반도 비핵지대 조약 의정서 체결 당사자라는 특징도 갖고 있다. 또 하나는 한반도 평화체제 구축을 안보리 차원에서 뒷받침하는 것이다. 한반도 평화협정 체결 시 안보리 결의를 통해 국제 규범화하고 유엔사 해체 결의를 준비·채택하는 것이 이에 해당한다.

세계 6위 군사 강국의 선택

한반도 핵 문제를 해결하고 평화체제 내실을 다지기 위해서는 한반도 군비 통제도 필수적이다. 이미 남북한은 2018년 9·19 군사 분야 합의를 통해 초보적이고 운용적인 군비 통제를 이룬 바 있다. 문제는 남북한이 합의한 "단계적 군축"에 해당하는 구조적 군비 통제이다. 이 합의에도 불구하고 문재인 정부는 역대급 군비증강을 지속하고 있고 북한도 이에 격렬히 반발하면서 단거리 발사체를 집중적으로 선보이고 있다. 이로 인해 남북관계 회복과 한반도 평화 프로세스 재개가 더욱 어려워지고 있다. 군비경쟁이 격화되고 남북한 사이의 군사력 격차가 더욱 벌어질 경우[119] 북한이 비핵화라는 전략적 결단을 내리는 걸 기대하는 것은 더욱 난망한 일이다. 한국의 선택이 대단히 중요한 이유이다.

이를 위한 대전제는 우리의 국방정책 목표를 재정립하는 데에 있다. 이와 관련해 국방부는 "외부의 위협과 침략으로부터 국가 보위" 및 "평화통일 뒷받침"을 양대 목표로 제시하고 있다. 모든 나라가 그렇듯이 국방정책의 1차 목표는 외부의 위협과 침략을 억제하고 억제 실패 시 격퇴하는 데에 있다. 그러나 정부의 국방정책에는 한반도 유사시나 북한 급변사태 발생 시 무력 통일까지 추구하려는 목표도 내재되어 있다. 이를 위해 고안된 것이 미래합동작전개념이다. 입체기동부대를 창설해 "적의 종심지역으로 신속하게 기동하여" "상대의 전쟁수행의지와 능력을 최단 시간 내에 마비 및 무력화시키고 전승을 달성하여 전쟁을 종결"시키겠다는

---

119) 미국의 군사력 평가 기관인 〈글로벌 파이어파워〉에 따르면, 한국은 2018년과 2019년에는 세계 7위를 기록했고 2020년에는 6위로 한 단계 더 올라섰다. 이에 반해 2018·2019년에 18위로 평가되었던 북한은 2020년에는 25위를 기록했다. https://www.globalfirepower.com/

것이다.[120]

이처럼 한국의 국방정책이 억제와 격퇴를 넘어 무력 통일까지 염두에 두면 엄청난 병력과 무기 및 장비가 필요해지고 유사시 막대한 인적·물적 피해를 동반하게 된다. 국방부는 미래합동작전의 목표가 "최단 시간 내에 최소한의 희생으로 전쟁을 종결한다"는 데에 있다고 한다. 하지만 한반도의 지리적 특성 및 북한의 저항 능력을 고려할 때, 대북 점령 및 안정화 작전은 '끝나는 않는 전쟁'을 초래하고 남측에도 어마어마한 피해를 동반할 가능성이 높다. 과도한 낙관주의가 전쟁에 투영되면 비참한 결과를 초래하기 십상이다. 세계 1, 2차 대전, 북한의 남침에 의한 한국전쟁과 뒤이은 유엔군의 북진통일 시도, 미국의 베트남 전쟁 개입, 소련의 아프가니스탄 침공, 미국의 아프가니스탄 및 이라크 침공 등이 말해주는 교훈이 있다. 이들 전쟁은 하나 같이 낙관주의로 시작되었지만, "그 결과를 알았다면 시작하지 않았을 것"이라는 후회를 낳았다.

---

120) 송영무,《선진 민주국군을 향해: 문재인 정부의 국방정책》, (박영사, 2020년), 43~45쪽.

이에 따라 국방정책의 목표를 '방어, 혹은 억제 충분성'
에 두고 전력 구조를 하향 조정할 필요가 있다. 양적 감축
과 질적 향상을 통한 군사력의 재정비는 북한뿐만 아니라
주변국의 위협에도 효과적인 억제 능력을 갖추게 하면서도
한반도 평화 프로세스 및 경제 활성화에도 도움을 줄 수 있
다. 지난 30년간 약 700조 원의 국방비를 투입해 세계 6위
의 군사 강국으로 올라선 만큼, 이제는 선택적 변화를 통해
국가안보와 인간안보, 그리고 한반도 평화 프로세스의 균
형 발전을 추구해야 한다. 구체적으로는 아래의 세 가지부
터 추진할 필요가 있다.

먼저 하늘 높은 줄 모르고 치솟고 있는 국방비부터 조절
할 필요가 있다. 2020년에 처음으로 50조 원을 돌파한 한국
의 국방비는 40조 원 정도로 추정되는 북한의 국내총생산
(GDP)보다 훨씬 많다. 이에 따라 코로나 사태 극복을 위한
예산 마련 차원에서 2021년에는 10% 정도 줄이고 그 이후
에는 45조 원 규모로 동결할 것을 제안한다. 이 규모로 국방
비를 동결해도 매년 약 15조 원가량의 방위력 개선비를 확
보할 수 있다는 점에서 상당한 수준의 군비증강이 가능하

다. 동시에 북한에는 급격한 군비증강 계획을 자제하겠다는 메시지를 전달하는 효과가 있다.

특히 45조 원 정도로 국방비를 동결하면 국방부의 중기 계획과 비교할 때 4년간 약 60조 원의 예산을 절감할 수 있어 코로나19 사태 위기에 처한 민생을 구제하는 데 사용할 수 있다.[121] 이러한 국방비 조절에 따른 안보 불안감을 해소하기 위해 이미 구축된 한국 국방력의 상세한 내용을 국민에게 적극적으로 홍보할 필요도 있다. 특히 대북 및 주변국 위협 억제의 핵심 전력에 해당하는 미사일 전력을 공개하는 것도 검토해야 할 것이다. 국방부에 따르면 "단거리 미사일은 북한과 대비하여 수적·질적으로 우수하다"고 하고[122] 지대지 미사일은 포함해 각종 미사일의 합계가 7000개에 육박하고 있다.

둘째, 징병-모병 혼합제를 거쳐 모병제로의 전환을 통한

121) 이에 더해 향후 10년간 국방비를 45조 원 규모로 유지할 경우 '그린 뉴딜'에 필요한 예산 150조 원의 대부분을 충당할 수 있다.
122) 국방부 보도자료, 2019년 8월 14일

병력 감축과 정예군 양성을 추진할 필요가 있다. 이는 효과적인 대북 억제 및 주변국 위협 대처 능력을 확보하면서도 한반도 평화체제 구축 및 한국 경제 활성화에 기여할 수 있는 방안이다. 구체적으로는 2022년부터 4년 정도 혼합제를 실시하고 2026년부터는 완전한 모병제로 전환하자는 것이다. 사병과 간부를 합한 총병력 규모는 혼합제 시기에는 40만 명 정도를, 전면적인 모병제가 실시되는 2026년부터는 30만 명 정도로 유지할 것을 검토할 필요가 있다. 병력 감축과 정예군 양성은 군인들의 숙련도와 전투력을 높여 국방력을 튼튼히 하면서도 북한을 무력으로 통일할 의사가 없다는 점을 보여줄 수 있는 가장 확실한 방법이다. 북한도 병력 감축에 상당한 관심을 갖고 있는 만큼, 남북한이 합의한 "단계적 군축"의 우선 분야로 병력 감축을 넣는 것도 추진해야 한다. 상기한 수준으로 병력 감축 및 혼합제와 모병제로의 전환 시 중장기적으로 국방비 절감 및 GDP 향상 효과도 있을 것이다.[123]

---

123) 모병제와 관련해 지원병이 부족하거나 저학력·저소득 중심으로 채워질 것이라는 우려가 존재하는데, 이는 거꾸로 생각할 수도 있는 사안이다. 즉 같은 연령대에 비해 높은 소득과 고용 안정성을 보장하는 모병제는 저학력·저소득 사람들의 계층 상승 및 양극화 완화에 도움이 될 수도 있기 때문이다.

셋째, 일부 전력증강 사업도 조절할 필요가 있다. 남북관계의 악재로 작용해온 'F-35 도입의 딜레마'를 완화할 방법으로는 이미 확정된 40대 이외의 추가 도입을 자제하고, 2019년에 도입된 13대를 제외한 27대의 도입 시기를 늦추거나 도입 대수를 줄이면서 이 기간을 남북대화 및 신뢰 회복의 시기로 삼을 필요가 있다. 또 방어적 실효성은 거의 없고 막대한 예산 낭비 및 남북관계와 한중·한러관계에 큰 부담을 주는 MD(미사일방어체제) 관련 사업은 대대적인 하향 조정이 필요하다. 특히 이지스탄도미사일방어체제(ABMD) 관련 사업은 철회되어야 한다. 아울러 유사시 무력 통일을 추구하겠다는 목표로 추진되어온 무기 및 장비 도입 계획도 전면 재검토해야 한다. 노후화한 무기를 도태시키고 새 무기 도입을 최소화하면서 북한과의 재래식 무기 감축 협상에 나서야 한다.

부록

부록으로 세 가지 합의문 시안을 담았다. 첫째는 3차 북미정상회담 합의문 시안이다. 본문 4부에서 주장한 내용을 구체화하고 가시화해보고자 하는 취지에서 작성했다. 북미 간에 포괄적이고 구체적인 합의가 있어야 한반도 평화 프로세스가 본격화될 수 있다는 현실적인 판단에 따라 3차 북미정상회담 합의문 형식을 빌렸다. 하지만 중요한 것은 형식보다는 내용이다. 북미정상회담 방식이 아니라 북미고위급회담의 형식이 될 수도 있고 남북미 3자나 남북미중 4자, 혹은 러시아와 일본을 포함한 6자회담의 형식이 되어도 무방하다.

둘째는 한반도 평화협정 시안이다. 이 시안은 내가 2018년 7월에 작성한 것과 필자도 공동연구진으로 참여한 통일연구원의 2019년 시안을 수정·보완한 것이다. 평화조약(peace treaty)보다 평화협정(peace agreement)으로 명명한 이유는 미국의 법적·절차적 특징을 고려했기 때문이다. 미국 행정부에 따르면 협정은 상원의 비준을 요하지 않는 반면 조약은 상원의 비준을 요한다. 이에 따라 한반도 평화조약을 체결하고 미국 상원의 동의 절차를 밟을 경우 두 가지 문제가 발생할 수 있다. 하나는 3분의 2의 동의를 받아낼수 있을지 불확실하다는 것이고, 또 하나는 상원이 조약에 대해 수정을 요구할 권한을 갖고 있다는 것이다. 이처럼 조약 형태는 미국의 법적 절차가 까다롭지만 협정 형태는 상원의 동의 없이도 법적 구속력을 가질 수 있다.[124] 아울러 평화협정이 비준을 요하지 않았던 정전협정을 대체하는 것이라는 특성도 고려했다.

셋째는 한반도 비핵무기지대(이하 한반도 비핵지대) 조약 시안이다. 국내외를 막론하고 이러한 시안을 작성하고 공개하는 것은 처음 있는 일이다. 이전에는 한국과 일본의 평화단체 및 일본 민주당의 동북아 비핵지대 조약 시안이 있었다.

---

124) 일각에서는 조약으로 체결해야 미국 행정부가 바뀌더라도 탈퇴하기 힘들 것이라고 주장하지만, 반드시 그런 것은 아니다. 일례로 2001년 조지 W. 부시 행정부가 탈퇴한 탄도미사일방어(ABM) 조약과 2018년에 트럼프 행정부가 탈퇴한 중거리핵전력폐기(INF) 조약은 모두 상원의 동의를 거친 것들이었다.

동북아 비핵지대 조약안은 남북한과 일본의 비핵국가화와 핵보유국인 미국, 중국, 러시아의 소극적 안전보장 제공을 바탕에 둔 '3+3' 방식을 골자로 한 것이다.[125] 한반도 비핵지대 조약 시안은 동북아 비핵지대 조약안과 유엔의 가이드라인, 그리고 다른 지역의 비핵지대 조약을 두루 참고해 한반도의 실정과 목표에 맞게 작성했다. 시안은 '지대 내 국가들(intra-zonal states)'인 남북한이 체결하는 본 조약(treaty)과 유엔 안보리 상임이사국이자 NPT가 인정한 5대 핵보유국이 체결하는 의정서(protocol)로 나누어 작성했다. 다른 비핵지대 조약과는 달리 탈퇴 조항은 별도로 담지 않았다.

순서상으로는 3차 북미정상회담 합의문이 먼저 나오고 이후 1년 이내에 한반도 평화협정을 체결하며 그로부터 6개월 이내에 한반도 비핵지대 조약을 체결하는 것으로 제안했다. 이러한 프로세스를 가능하게 하는 대전제 가운데 하

---

125) '3+3 동북아 비핵지대'는 1996년 우메바야시 히로미치 피스데포 대표가 제안한 것으로, 이후 피스데포와 한국의 평화네트워크를 중심으로 꾸준히 수정·보완되어 왔다. 두 단체는 그 결과물로 《동북아시아 비핵지대》(살림, 2005년)를 한국어와 일본어로 동시 출판했다. '동북아시아 비핵무기지대 모델 조약(안)'은 《비핵무기지대》(서해문집, 2014) 264~276쪽에서 볼 수 있다.

나는 한반도 비핵화의 정의와 목표를 비핵지대로 삼는 것이
고 이는 곧 남북대화에서의 합의가 선행되어야 한다는 것
을 의미한다.

3차 북미정상회담 합의문 (시안)

　김정은 조선민주주의인민공화국(이하 북한) 국무위원회 위원장과 ○○○ 미합중국(이하 미국) 대통령 사이의 3차 정상회담 공동성명

　두 정상은 2018년 싱가포르 정상회담에서 나온 북미공동성명의 완전하고 신속하며 동시적인 이행을 위해 포괄적이고 생산적인 의견교환을 진행하였다. 양 정상은 역사적인 싱가포르 정상회담을 통해 구축된 신뢰가 새로운 북미관계의 수립, 항구적이며 공고한 평화체제 수립, 한반도의 완전한 비핵화를 실현하는 데에 크게 기여하고 지역과 세계의 평화와 번영에 이바지할 것이라고 확신하면서 다음과 같이 합의했다.

　1. 북한과 미국은 새로운 관계를 수립하기로 공약한 북미공동성명을 이행하기 위한 구체적인 절차와 조치에 착수하

기로 하였다.

- 미국은 30일 이내에 북한 여행 금지 조치를 해제하고 북미 양국은 90일 이내에 쌍방의 수도에 연락사무소를 개소하기로 하였다.

- 북한과 미국은 북한의 핵물질과 핵무기 반출이 완료되는 시점에 양국 관계를 대사급 관계로 격상시키기로 하였다.

- 북한과 미국은 양국 간의 경제와 문화 등 다방면의 협력과 교류를 활성화하기 위해 노력하기로 하였다.

- 미국은 이미 발굴 확인된 미군 유해의 송환에 사의를 표했으며, 양국은 전쟁포로 및 행방불명자들의 유골 발굴 및 송환을 계속 진행하기로 하였다.

- 북한과 미국은 대북 여행 금지 조치가 해제되는 즉시, 미국 거주 이산가족의 상봉을 추진하기로 하였다.

- 미국은 상기한 합의가 원활하게 진행될 수 있도록 30일 이내에 북한을 테러지원국 목록에서 삭제하기로 하였고, 이와 동시에 2011년 3월 이후 북한을 방문하거나 체류 이력이 있는 사람에게 적용한 전자여행허

가제(ESTA)를 통한 무비자 입국 불허 조치도 30일 이내에 철회하기로 하였다.

2. 북한과 미국은 한반도에서의 전쟁을 공식적으로 종식하고 정전상태를 항구적이고 공고한 평화체제로 전환하기 위해 노력하기로 하였다.

   -○○○ 대통령은 북한에 안전담보를 제공할 것을 확언한 싱가포르 공동성명을 재확인하면서 어떠한 무력으로도 북한을 공격하거나 침공할 의사가 없다는 점을 확인하였다.

   -한국과 사전 협의를 거친 미국은 대화가 진행되는 동안에 한미연합군사훈련을 중단하기로 하였다. 북한은 핵실험과 탄도미사일 기술을 이용한 모든 발사를 하지 않기로 하였다.

   -북한과 미국은 한반도 정전협정을 평화협정으로 대체하기 위한 다자간 협상을 30일 이내에 개시하기로 하였다. 북한과 미국은 평화협정의 여타 당사자들인 한국과 중국이 이미 이에 동의를 표한 것에 사의를 표했다.

-북한과 미국은 한국 및 중국과의 긴밀한 협력하에 1년
이내에 남북미중 4자 한반도 평화협정을 체결하기로
하였다. 평화협정 체결식은 4자 정상들의 참여하에
판문점에서 거행하는 방안을 추진키로 하였다.

3. 북한과 미국은 한반도의 완전한 비핵화를 조속히 실현
하기 위해 노력하기로 했다.

-북한과 미국은 한국의 동의하에 비핵지대를 한반도
비핵화의 정의와 목표로 삼기로 하였다.

-김정은 위원장은 완전한 비핵화 의지를 재천명하면
서 더 이상 핵무기를 만들지도 시험하지도 않으며 사
용하지도 전파하지도 않을 것이라고 확언하였다.

-미국은 한반도에 핵무기를 갖고 있지 않으며 핵무기
와 그 투발수단을 배치 또는 전개할 의사가 없다고
밝혔다.

-미국은 북한에 핵무기를 사용하거나 사용 위협을 하
지 않겠다고 공약하였다.

-북한은 1년 이내에 핵물질과 핵무기의 영구적인 생산
중단을 위해 관련 시설을 실질적으로 폐기하기로 하

였다.

- 북한은 30일 이내에 풍계리 핵실험장과 동창리 미사일 시험장의 폐기를 확인하기 위해 유관국의 전문가들을 초청하기로 하였다.

- 북한은 1단계 조치로 핵물질 생산의 영구적인 중단을 위한 관련 시설의 폐기에 돌입하기로 하였다. 이를 위해 30일 이내에 유관국 전문가들의 참관하에 영변 핵시설의 영구적인 폐기에 착수하기로 하였다. 또 북한은 30일 이내에 미국이 지목한 영변 이외의 우라늄 농축 의혹 시설에 대한 유관국 전문가들의 현장 방문을 수락하기로 하였다.

- 북한은 30일 이내에 모든 핵시설의 상세 내역과 핵무기 및 핵물질의 총량을 신고하기로 하였다. 또 북한과 미국은 북한의 핵 신고의 완전성과 정확성을 확인하기 위해 유관국들과 함께 북한의 핵 신고 이후 60일 이내에 검증 의정서를 채택하기로 하였다.

- 북한은 평화협정 체결과 동시에 신고한 핵물질 전부와 핵무기 50%를 처리하기로 하였고, 평화협정 체결 이후 1년 이내에 잔여 핵무기 폐기를 완료하기로 하

였다. 핵물질과 핵무기는 제3국으로 반출하는 방식
으로 처리하기로 하였다.

-북한은 국제 핵 비확산체제의 강화에 기여하기 위해
한반도 평화협정 체결 및 유엔 안보리의 제재 해제
결의 채택과 동시에 핵확산금지조약(NPT)과 국제원
자력기구(IAEA)의 안전조치협정에 복귀하고, 그 이후
60일 이내에 IAEA의 추가 의정서도 체결하기로 하였
다.

-미국은 남북한이 유관국들 및 유엔과의 긴밀한 협력
하에 1년 6개월 이내에 한반도 비핵지대 조약 체결을
추진하기로 합의한 것을 존중한다.

4. 미국은 북한의 경제발전 필요성과 잠재력에 주목하면
서 북한의 발전권을 보장하기 위한 조치를 취하기로 하였다.

-미국은 3조의 합의 사항 이행 정도에 따라 북한에 대
한 독자적 제재 해결과 유엔 안보리의 제재 문제 해
결에 노력하기로 하였다.

-1단계 조치로 미국은 30일 이내에 유엔 안보리를 소
집해 대북 제재 가운데 북한 주민의 민생과 관련된

제재 해제를 제안하기로 하였다. 또 미국의 독자적 제재가 이러한 조치를 이행하는 데에 장애가 되지 않도록 완화하기로 하였다.

-북한과 미국은 북한이 약속을 위반하는 경우 유엔 안보리가 제재를 다시 부과할 수 있는 '스냅백'에 합의하였다.

한(조선)반도 평화협정 (시안)

전문

대한민국(한국), 조선민주주의인민공화국(조선), 미합중국 (미국), 중화인민공화국(중국) 대표는 1953년 7월 27일 국제 연합군 총사령관을 일방으로 하고 조선민주주의인민공화 국 최고사령관 및 중국인민지원군 사령원을 다른 일방으로 하는 한국(조선) 군사 정전에 관한 협정(이하 정전협정)을 체 결한 이후 〇〇년 동안 한(조선)반도에서 지속된 정전체제를 종식하고 한반도에서 항구적 평화체제를 구축하기 위한 평 화협정 체결을 위한 협상을 가졌다.

당사자들은 2018년 한국과 조선 정상의 4·27 판문점 선 언과 9월 평양공동선언, 그리고 조선과 미국 정상의 6월 12 일 북미공동성명의 역사적이고 미래지향적인 의의를 높이 평가했다. 당사자들은 20세기 가장 비극적 사건의 하나였던 한국(조선)전쟁을 공식적으로 종결하고 주권과 영토 보전에 대한 존중, 내정 불간섭, 상호 불가침, 유엔의 목적에 부합하지 않는 방식으로 무력을 사용하거나 위협하는 행위의 금지, 국제법상 의무의 성실한 이행, 호혜와 공동 번영, 비핵지대 창설을 통한 한반도의 완전한 비핵화라는 원칙 속에서 한반도에 항구적 평화체제를 구축하는 것이 인간 존엄의 증진, 한반도와 지역 및 세계평화, 경제적·사회적 진보, 인간의 복지에 기여할 것이라고 확신한다. 이에 당사자들은 다음의 조항들에 합의하고 이를 존중하고 이행하기로 했다.

제1조 전쟁의 종식

1. 당사자들은 1953년도 '정전협정'에 따라 일시 정지되었던 한국전쟁을 공식적으로 종료한다.
2. 1953년의 '정전협정'은 이 협정의 발효와 동시에 효력을 상실하며, 이 협정으로 대체한다.
3. 교전 상태의 종식은 영구히 적용된다.

제2조 경계 및 평화지대

1. 한국과 조선은 이 협정의 부속서에 첨부된 지도에 표시한 선을 육상 경계선으로 삼는다.[126]

2. 한국과 조선은 동해상의 경계선을 위해 이 협정의 부속서에 첨부된 지도에 표시된 기존의 북방한계선을 사용하며, 서해상 경계선에 대해서는 계속 협의하되 경계선이 확정될 때까지 이 협정의 부속서에 첨부된 지도에 표시된 기존의 북방한계선을 존중한다.

3. 한국과 조선은 육상 경계선과 해상 경계선의 상공을 공중 경계선으로 삼는다.

4. 한국과 조선은 2018년도 역사적인 판문점 선언 이행을 위한 군사 분야 합의서를 재확인하면서, 이 협정의 부속서에 첨부된 지도에 표시한 영역을 육상의 평화지대, 해상의 평화수역, 공중의 비행 금지구역, 한강(임진강) 하구 공동 이용 수역으로 설정하여 관리한다.

---

126) 이는 정전협정의 관련 조항에 따른다는 것을 의미한다.

5. 미국과 중국은 한국과 조선의 경계 및 평화지대에
   관한 합의를 지지하며, 합의의 이행에 협력한다.

제3조 불가침 및 안전보장

1. 한국과 조선은 어떤 형태의 무력도 서로 사용하지
   않을 것에 대한 불가침 합의를 재확인하고 엄격히
   준수해 나갈 것이며, 지상과 해상, 공중을 비롯한 모
   든 공간에서 군사적 긴장과 충돌의 근원이 되는 상
   대방에 대한 일체의 적대행위를 전면 중지한다.

2. 미국은 조선에 안전보장을 제공하고 어떠한 형태의
   무력도 사용하지 않겠다는 것을 확약하며, 조선도
   미국에 대해 동일하게 확약한다.

3. 미국과 중국은 한반도 내에서, 한반도로부터, 한반
   도를 향해 일체의 무력을 사용하지 않을 것이며, 한
   반도 밖에서의 상호 간 무력 갈등이 초래할 수 있는
   심각한 결과에 유의하면서 무력 갈등 예방과 분쟁
   발생 시 평화적 해결을 위해 적절한 절차를 발전시

켜 나가기로 한다.

4. 당사자들은 유엔 헌장 규정을 준수하면서, 상호 간 모든 분쟁을 평화적 수단을 통해 해결한다.

제4조 한반도의 완전한 비핵화

1. 조선은 1년 이내에 잔여 핵무기와 핵무기 프로그램과 관련된 시설들을 완전히 폐기한다. 여타 국가들은 이러한 공약을 적극적으로 환영하면서 조선의 핵무기 폐기 완료 시점을 모든 핵무기가 국외로 반출된 시점으로 간주하는 데에 합의했다.

2. 미국과 중국은 한국과 조선에 대해 핵무기 사용 및 사용 위협을 하지 않으며, 핵무기 및 그 투발수단을 한반도 지역으로 전개, 배치, 경유하지 않는다. 또 미국은 조선의 핵무기 폐기 완료 이후 한국에 확장 핵 억제를 제공하지 않을 것이며, 중국은 조선에 확장 핵 억제를 제공하지 않는다는 점을 재확인했다.

3. 한반도 비핵화 조치는 검증 가능해야 하며, 이를 위

해 조선은 NPT(핵확산금지조약)와 IAEA(국제원자력기구) 복귀 즉시 이들 조약에 따른 국제적 기준의 검증을 수용하기로 했다. 조선은 검증에 협력하기 위해 본 협정 발효 60일 이내에 IAEA 추가 의정서를 체결하기로 했다. 또 한국 내 핵무기 부재를 확인하기 위한 조선의 사찰 요구 시 한국과 미국은 이를 수용하기로 했다.

4. 조선은 평화적인 핵 이용 권리를 가지며, 한국과 미국, 그리고 중국은 이를 존중한다. 또 한국과 조선은 점차적으로 핵에너지에 의존하지 않고도 에너지 문제를 해결할 수 있는 다양한 분야에서의 협력을 추진하기로 하였다.

5. 한국과 조선은 1992년도 한반도의 비핵화에 관한 공동선언을 준수한다.

6. 한국과 조선은 한반도의 완전한 비핵화를 더욱 공고히 하기 위해 법적 구속력을 갖춘 비핵화와 핵보유국들의 한국과 조선에 대한 핵무기 사용 및 위협 금지를 포함하는 한반도 비핵지대화 조약을 6개월 이내에 체결하기로 하였다. 미국과 중국은 이러한 남

북한의 결의를 적극적으로 지지하며, NPT가 인정한
다른 핵보유국들과 한반도 비핵지대 조약 의정서 체
결을 위해 협의하기로 하였다.

제5조 군비통제

1. 한국과 조선은 2018년도 역사적인 판문점 선언 이
   행을 위한 군사 분야 합의서를 이행하며, 남북군사
   공동위원회를 통해 병력 감축을 포함한 단계적 군
   축을 추진하기 위한 협의를 60일 이내에 착수한다.
2. 한국과 조선은 이 협정 발효 이후 90일 이내에 대인
   지뢰금지조약에 가입하며, 조선은 이 협정 발효 이후
   90일 이내에 화학무기금지조약에 가입한다.
3. 한국과 조선은 외국군과 한반도 내에서 연합군사훈
   련을 하지 않는다.
4. 한국과 미국은 조선의 핵무기 폐기 완료와 동시에
   주한미군의 단계적 감축에 돌입한다. 1단계로 순환
   배치를 포함해 병력과 무기의 3분의 1을 감축한다.

5. 한국과 미국은 일체의 전략자산을 한반도에 배치하거나 전개할 의사가 없다는 점을 공약한다. 전략자산 목록은 남북미 고위급 군사 대화를 통해 결정하기로 하였다.

6. 당사자들은 상호 간에 체결한 군사동맹이 이 협정의 당사자들을 위협하지 않을 것을 확약한다.

제6조 정전체제 기구 해체와 한반도 평화관리 기구 설립

1. 당사자들은 이 협정의 발효 이후 90일 이내에 미국 행정부의 결정 및 유엔 안전보장이사회 결의를 통한 유엔군사령부 해체에 합의했다.

2. 당사자들은 본 협정 발효 90일 이내에 군사정전위원회와 중립국감독위원회를 공식 해체하기로 합의했다.

3. 이 협정의 발효 이후 90일 이내에 한반도 평화관리위원회를 설립한다. 이 협정의 이행과 한반도 평화관리를 위한 새로운 기구로서 한반도 평화관리위원회

를 설치한다.

① 이 기구는 본 협정의 준수를 관리·감시하고 갈등
예방 및 분쟁 조정의 역할을 담당한다.

② 이 기구는 당사자들의 대표들과 유엔 사무총장
이 추천한 인사가 참여하는 5자 위원회로 구성
한다.

③ 이 기구는 판문점 공동경비구역에 위치하여 운영
된다.

④ 이 기구의 위원장을 비롯한 임원의 선출, 회의 소
집, 의사 결정 구조, 활동 기한에 대해서는 별도의
부속 합의서에 따른다.

제7조 양자 관계 발전

1. 조선과 미국은 이 협정의 발효 이후 180일 이내에
대사급 수교 관계를 맺는다.

2. 조선과 미국은 양자 관계 개선을 가로막을 수 있
는 각종 법·제도적 장치들이 이른 시일 안에 제거될

수 있도록 공동의 노력을 다해나가며, 정치·경제·사회·문화 등 다방면에서 조속한 관계 정상화가 이루어지고 교류와 협력이 활성화될 수 있도록 노력한다.

3. 한국과 조선은 이 협정의 발효 이후 90일 이내에 평양과 서울에 각각 상주 대표부를 설치한다.

4. 한국과 조선은 남북관계의 전면적·획기적 발전을 약속한 2018년도 4·27 판문점 선언과 9월 평양공동선언에 유념하면서, 양자 관계 발전을 가로막을 수 있는 법·제도를 이른 시일 안에 개폐하도록 공동으로 노력하며, 조속히 자유로운 왕래와 접촉을 실현하고 경제를 포함한 모든 분야에서의 교류와 협력을 활성화하면서 민족적 화해의 증진과 공동 번영을 도모하기 위해 노력한다.

5. 중국은 조선과 미국 그리고 한국과 조선의 관계 정상화 노력에 대해서 지지하고 협력한다.

6. 남과 북은 7·4 남북공동성명, 남북기본합의서, 6·15 공동선언, 10·4 남북정상선언, 4·27 판문점 선언과 9월 평양공동선언 등의 합의 정신에 따라 평화적인 통일을 실현하기 위해 지속적인 노력을 기울이기

로 했다. 이를 위해 남과 북은 본 협정 체결 6개월 이내에 남북관계에 관한 기본 협정을 서명·비준하기로 했다. 미국과 중국은 남과 북이 평화적 통일을 실현할 권리를 존중하고 이러한 노력을 적극적으로 지지하고 협력하기로 했다.

제8조 지역 평화를 위한 협력

1. 당사자들은 한반도의 평화정착이 지역의 평화와 긴밀히 연관된다는 점에 유념하면서, 이 협정의 발효 이후 90일 이내에 러시아와 일본의 동의를 전제로 6자회담을 재개하여 지역의 안정과 항구적 평화를 위한 협상을 시작하고, 동북아시아의 다자안보협력체제 구축을 위해 공동 노력할 것을 공약한다.
2. 당사자들은 한반도의 완전한 비핵화를 지속하고 지역과 세계의 안정과 평화를 공고히 하기 위해 동북아시아의 비핵지대를 6자회담의 안보협력 협상의 의제로 포함하는 것에 동의한다.

3. 당사자들은 조선과 일본의 국교 정상화를 적극적으로 지지하고 협력한다.

4. 당사자들은 안보와 경제가 긴밀히 연관되어 있다는 인식하에, 동북아시아 다자안보협력을 위한 협상에서 동북아시아 경제협력을 위한 기구의 설치를 제안한다.

제9조 전후처리와 추모

1. 당사자들은 전쟁 당시 실종자, 사망자, 포로 등 인도적인 사안을 해결하기 위해 적극적으로 노력하기로 하였다. 당사자들은 우선적으로 유해 발굴 및 송환을 위한 협력을 증진·확대하기로 하였다.

2. 당사자들은 전시 피해자들을 추모하고 전쟁의 참상과 평화의 소중함을 전 세계와 후 세대에게 널리 알리기 위해 비무장지대에 세계평화공원을 설치하기로 했다.

제9조 발효

본 협정은 협정문 서명과 교환 즉시 발효된다.

한반도 비핵무기지대 조약 (시안)

전문

이 조약의 체결국은, 동북아시아에서 핵무기가 실제로 사용되어 수십만 명의 시민들이 피폭당하고 이 가운데 약 7만 명의 조선인들도 포함되었다는 점을 상기하고, 한반도와 일본에는 아직도 많은 피폭자와 그 후손들이 불안에 휩싸여 살아가고 있음을 잊지 않아야 한다.

이 조약의 체결국은, 현재의 핵무기는 당시보다도 훨씬 강력한 파괴력과 살상력을 가지고 있으며 인류가 구축한 문명을 파괴할 수 있는 유일한 무기임을 인식하고, 한반도에서는 그 이후에도 핵전쟁의 위험이 존재해왔다는 점을 잊지 않아야 한다.

이 조약의 체결국은, 한반도 핵 문제를 해결하기 위해 1992년 '한반도 비핵화에 관한 공동선언'과 2003년 8월부터 시작된 6자회담이 있었고, 2018년 남북정상회담과 북미

정상회담을 통해 "한반도에서 완전한 비핵화"를 공약한 것을 환기하고, "핵무기와 핵 위협이 없는 한반도"와 "항구적이고 공고한 한반도 평화체제"를 실현할 수 있는 가장 좋은 방법이 한반도 비핵지대 창설이라는 점에 동의한다.

이 조약의 체결국은, 이 조약이 한반도와 동북아의 냉전 잔재를 완전히 청산하고 군비경쟁을 종식해 동북아 평화안보체제를 구축하기 위해 우선되어야 할 과제임을 확신하고, 이 조약의 설립이 1970년에 발효한 '핵확산금지조약(NPT)'의 제6조에 규정된, 그리고 1996년에 나온 국제사법재판소의 '핵무기 사용과 위협에 관한 합법성'에 관한 권고적 의견으로 재확인된 핵 군축 의무의 이행 촉진에 공헌할 것임을 확신한다.

이 조약의 체결국은, 조약의 설립이 '비핵 3원칙'을 천명해온 일본의 참여로 확대되어 동북아 비핵지대 창설로 이어지길 희망하고, 이미 존재하는 비핵지대 조약들과 함께 전 세계의 국가와 지역으로 비핵지대를 확대하고 핵 비확산체제 강화와 핵 군축을 촉진하여 전 인류가 핵의 공포에서 벗어날 수 있는 날이 조속히 다가오기를 희망하며 다음과 같이 합의한다.

제1조 용어의 정의

이 조약 및 의정서의 적용에 있어서

1. '한반도 비핵무기지대'란 대한민국(한국) 및 조선민
   주주의인민공화국(조선)의 영역에 형성되는 지역을
   의미한다.

2. '영역'이란 영토, 내수(內水), 영해, 이들의 해저 및 지
   하, 그리고 이들의 상공을 의미한다.

3. '핵무기'란 그 사용 목적을 불문하고 핵에너지를 방
   출할 수 있는 모든 핵무기 혹은 그 외의 핵 폭발장치
   를 의미한다. 그중에는 조립되지 않은 형태 및 부분
   적으로 조립된 형태의 핵무기 또는 폭발장치는 포함
   되지만, 그것들의 운송 또는 운반수단이 그것들과
   분리 가능하며 불가분의 일부를 이루고 있지 않는
   경우는 포함되지 않는다.

4. '핵물질'이란 IAEA(국제원자력기구) 헌장 제20조에
   정의되고 IAEA가 때에 따라 수정한 모든 원료 물질
   혹은 특수 핵분열성 물질을 의미한다.

5. '방사성 폐기물'이란 IAEA의 권고로 확립된 국제적

기준의 면제 준위를 넘는 방사성 핵종을 포함한 물질을 의미한다.

6. '핵시설'이란 발전용 원자로, 연구용 원자로, 임계 시설, 재처리 시설, 핵연료 가공 시설, 사용 후 연료 저장 시설, 핵연료 폐기물 저장 시설, 그 외의 모든 상당량의 핵물질, 방사성 물질 또는 방사성 폐기물이 존재하는 시설을 의미한다.

제2조 조약의 적용

1. 별도의 규정이 없는 한, 이 조약 및 의정서는 한국과 조선의 영역에 적용된다.

2. 별도의 규정이 없는 한, 이 조약의 어떠한 규정도 해양의 자유에 관한 국제법상의 국가 권리 또는 권리의 행사를 침해하지 않으며, 어떠한 형태로도 영향을 주지 않는다.

3. 한반도 비핵지대 내 국가의 영역 안에 있는 타국의 관리하에 있는 군사시설도 본 조약의 적용을

받는다.[127]

제3조 핵무기에 관한 기본 의무

1. 한반도 비핵무기지대의 안팎을 불문하고 핵무기의
   연구, 개발, 실험, 제작, 생산, 수령, 보유, 저장, 배치,
   이전, 사용 등을 하지 않는다.

2. 다른 국가, 혹은 국가 이외의 집단이나 개인이 지역
   내 국가의 영역 내에서 제3조 1항에 기재된 행위를
   하는 것을 금지한다.

3. 핵무기를 탑재한 외부(foreign) 선박 또는 항공기의
   지대 내 국가에 기항, 착륙 혹은 영공 통과를 불허한
   다.[128]

4. 자국의 안보 정책의 모든 측면에서 확장 핵 억제
   (extended nuclear deterrence)를 비롯한 핵무기에 의

---

127) 이는 실질적으로 주한미군기지를 의미한다.

128) 이 조항과 관련해 유엔 가이드라인은 "별도의 규정이 없는 한, 해당 지대 내 국가
의 주권적 재량에 위임"토록 하고 있다. 이에 따라 본 조항은 "별도의 규정"에 해당하는
데, 핵보유국들, 특히 미국과의 협의 과정에서 가장 큰 쟁점으로 부상할 가능성이 높다.

존하는 것을 완전히 배제한다.

5. 1년 이내에 핵무기 금지 조약을 체결한다.

제4조 원자력의 비군사적 이용 및 환경 보호

1. 별도의 규정이 없는 한, 본 조약의 어떠한 규정도 체결국이 원자력을 비군사적으로 이용할 권리를 침해하지 않는다.

2. 우라늄 농축 시설과 재처리 시설을 보유하지 않는다.[129]

3. 핵확산금지조약(NPT)의 제3조에 규정된 안전조치 하에서만, 원자력을 비군사적으로 이용한다.

4. IAEA(국제원자력기구)와 추가 의정서를 체결하고 있지 않은 지대 내 국가는 본 조약 서명 이후 60일 이내에 체결해야 한다.[130]

---

129) 이 조항은 다른 비핵지대 조약에는 없는 반면에 1992년에 남북한이 채택한 한반도 비핵화에 관한 공동선언에는 명시된 것이다. 이는 유엔이 비핵지대 가이드라인에서 "지역적 특성을 고려해야 한다"는 권고와도 부합한다.

130) 남한은 이미 이 의정서를 체결한 만큼, 이 조항은 북한의 의무 사항에 해당한다.

5. 핵발전에 대한 의존을 줄이고 신재생 에너지 협력을 적극적으로 도모한다.

6. 한반도 비핵지대 내에 방사성 물질이나 방사성 폐기물을 해양에 투기하거나 공중에 방출하지 않고, 다른 국가나 국가 이외의 집단이나 개인의 이러한 행동을 허가하지 않는다.

제5조 한반도 비핵지대 위원회의 설립

1. 본 조약의 이행을 확보하기 위하여 한반도 비핵지대 위원회(이하 '위원회'라고 한다)를 설립한다.

2. 위원회는 외무장관이나 그 대리에 의해 대표되고, 대표 대리와 보좌진을 동반한다.

3. 위원회의 임무는 본 조약의 이행을 감시하고 모든 조항의 준수를 확보하는 것으로 한다.

4. 위원회는 당사자의 요청에 의해, 혹은 제 6조에 의해서 설립된 집행위원회의 요청에 의해 개최된다.

5. 위원회는 양측의 출석으로 성립되며 의견일치에 의

해 합의를 이룬다.

6. 위원회는 각 회합의 서두에서 의장 및 이외의 필요한 임원을 선출한다. 이들의 임기는 다음 회의에서 의장 및 그 외 임원이 새롭게 선출될 때까지로 한다.

7. 위원회는 본부의 소재지, 위원회 및 하부기관의 재정, 그리고 운영에 필요한 기타 사항에 관한 규칙 및 절차를 결정한다.

제6조 집행위원회의 설립

1. 위원회의 하부기관으로 집행위원회를 설립한다.

   ① 집행위원회는 남북의 동수로 구성한다. 양측의 외무장관이 지명하는 정부 고위급 1인을 대표로 하고, 대표는 대표 대리와 수행원을 동반할 수 있다.

   ② 집행위원회는 그 임무의 효율적인 수행에 필요로 할 때 개최한다.

   ③ 집행위원회의 의장은 구성원 내에서 위원회 의

장을 대표하는 자가 취임한다. 집행위원회의 의
장에게 보내진 모든 제출물 및 통보는 다른 집행
위원회 구성원에게 배포된다.

④ 집행위원회는 양측의 출석으로 성립되고 합의제
로 운영된다.

2. 집행위원회의 임무는 다음과 같다.

① 본 조약의 준수를 검증하는 관리 제도의 적절한
운용을 확보할 것.

② '설명의 요청' 혹은 '실태조사단에 관한 요청'이
있을 경우 그것에 대하여 검토하고 결정할 것.

③ 본 조약의 관리 제도 아래, 실태조사단을 설치할
것.

④ 실태조사단의 조사결과에 대해서 검토하고 결정
하여 위원회에 보고할 것.

⑤ 적절하고 필요한 경우, 위원회에 대해 위원회 회
합의 소집을 요청할 것.

⑥위원회로부터 적절한 권한을 얻은 후, 위원회를
위해서 IAEA(국제원자력기구)와 그 외의 국제기관
과 협정을 체결할 것.

⑦ 위원회가 위임하는 그 밖의 임무를 수행할 것.

제7조 관리 제도의 확립

1. 체결국의 본 조약상 의무 준수를 검증하기 위해서 관리 제도를 설치한다.

2. 관리 제도는 아래 내용으로 구성한다.

① 제 4조 4항에 규정된 IAEA(국제원자력기구)의 보장조치 제도

② 본 조약 이행에 영향을 줄 것으로 판단되는 사태에 관한 보고와 정보 교환

③ 본 조약 준수에 관한 의심이 발생했을 때 설명 요청

④ 본 조약 준수에 관한 의심이 발생한 사태를 규명하고 해결하기 위한 실태조사단에 관한 요청 및 절차

제8조 서명, 비준, 기탁 및 발효

1. 본 조약은 한국 및 조선에 의한 서명을 위해서 개방
   된다.
2. 본 조약은 서명국의 헌법상 절차에 따라서 비준되
   어야 한다. 비준서는 기탁국으로 지정된 ○○에 기탁
   된다.[131]
3. 본 조약은 양측이 비준서를 기탁한 날에 발효한다.

제9조 유보의 금지

본 조약에는 유보를 붙여서는 안 된다.

---

131) 3개국 이상이 참여하는 다른 비핵지대 조약에서는 체결국들의 합의로 지대 내 국
가들 가운데 한 나라를 기탁국으로 지정하고 있다. 한반도 비핵지대의 경우에는 양자
조약인 만큼 기탁국으로 남북한 가운데 어느 한쪽을 지정하는 방안도 있고, 기탁 기관
으로 유엔 사무국이나 안보리로 검토해볼 수도 있다.

제10조 조약의 개정

1. 양측의 어느 일방도 '관리 제도에 관한 부속 문서'
   를 포함한 본 조약 및 그 의정서의 개정을 제안할 수
   있다. 개정안은 집행위원회에 제출되고, 집행위원회
   는 개정안을 토의하기 위한 위원회의 회합을 소집하
   도록 신속하게 위원회에 요청하도록 한다. 개정을 위
   한 위원회는 모든 체결국의 출석으로 성립되고, 개정
   안의 채택은 의견일치 결정에 의해 이루어진다.
2. 채택된 개정안은 기탁 기관이 남북 양측의 수탁서
   를 수령한 날로부터 30일 후에 발효된다.

제11조 재검토 회의

본 조약의 발효 후 10년째 해에 본 조약의 운용을 검토
하기 위한 위원회의 회합을 개최한다. 위원회를 구성하는
체결국 전체의 의견일치가 있으면, 그 후 동일한 목적을
지닌 재검토 회의를 수시로 개최할 수 있다.

제12조 분쟁의 해결

　본 조약의 규정에 기인하는 어떠한 분쟁도 분쟁 당사자인 체결국이 합의하는 평화적 수단에 의해 해결하도록 한다. 분쟁 당사자가 교섭, 중재, 심사, 조정 등의 평화적 수단에 의해서 1개월 이내에 해결에 이르지 못 할 경우에는 어떠한 분쟁 당사국도 다른 분쟁 당사국의 사전 동의를 얻어 해당 분쟁을 중재재판 또는 국제사법재판소에 위탁하는 것으로 한다.

제 13조 유효기간

본 조약은 무기한으로 효력을 갖는다.

한반도 비핵무기지대 조약 의정서 (시안)

본 의정서의 체결국은 핵무기의 전면적 금지와 완전한 폐기의 달성을 위한 노력에 공헌하고, 그에 따라 한반도를 포함한 국제 평화와 안전을 확보하는 것을 희망하며, ○○○○년 ○○월 ○○일 ○○에서 서명한 한반도 비핵지대 조약에 유의하며, 다음과 같이 협정했다.

제1조 한반도 비핵지대 조약의 존중

의정서 체결국은 한반도 비핵지대 조약(이하 '조약'이라고 한다)을 존중하고 조약 체결국에 의한 본 의정서에 위반이 되는 어떠한 행위에도 기여하지 않을 것을 약속한다.

제2조 안전보장

의정서 체결국은 한반도 비핵지대에 대해서 핵무기를 사용하지 않으며 또한 사용 위협을 하지 않을 것을 약속한다.

제3조 기항과 통과

의정서 체결국이 핵무기를 탑재한 선박이나 항공기를 지대 내 국가에 기항, 착륙, 영공 통과를 하지 않는다. 또는(또한) 무해통항권 및 통과통항권에 포함되지 않는 방법으로 지대 내 국가의 영해를 일시 통과시키려고 할 경우에는 해당 지대 내 국가에 사전통고하고 허가를 요청해서 협의한다. 협의 결과 허가 여부는 해당 지대 내 국가의 주권적 권리에 기반한 판단에 위임한다.

제 4조 서명, 비준, 발효

1. 본 의정서는 미국, 중국, 프랑스, 영국, 러시아에 의한
서명을 위해서 개방된다.
2. 본 의정서는 비준되어야 한다. 비준서는 조약 기탁
국인 ○○에 기탁된다.
3. 본 의정서는 각 체결국이 비준서를 기탁한 날에 발
효한다.

임동원 전 통일부 장관

평생 '피스메이커'로 살아온 나로서는 참으로 반갑고 고마운 책이 아닐 수 없다. 비핵지대는 실사구시(實事求是)의 해법이 될 수 있다. 평화를 원하거든 이 책을 읽자.

정세현 전 통일부 장관

58세 퇴계가 23세 율곡을 만나 2박3일을 함께 지낸 뒤 "옛 성현의 '후생가외(後生可畏)'라는 말씀이 진실로 나를 속이지 않았음을 알았네"라고 했다. 이 책을 읽고 난 내 심정이 그렇다.

문정인 연세대 명예 특임교수 / 카이스트 초빙 석학교수

정욱식은 한국의 대표적 평화분석가이자 운동가이다. 이번

에 2018년 11월에 발간한 《비핵화의 최후》에 이어 대작을 또 펴냈다. 그는 이 책에서 한반도 비핵화에 이르는 최선의 길은 '한반도 비핵지대'라고 설파하고 있다. 그의 논지는 간단명료하며 실사구시의 예지가 넘친다. 기존의 타부(taboo)를 깨는 창의적이고도 상상력 넘치는 책이다. 한반도의 비핵화와 평화를 원하는 모든 이들이 꼭 읽어야 할 책이다.

이종석 전 통일부 장관

20여 년 전 서른 살도 채 되지 않은 한 청년이 '평화네트워크 대표'라는 명함을 들고 내 앞에 나타났을 때, 너무 어린(?) 친구가 뭘 해보겠다는 것이 당차 보이기는 했으나 금방 그만두리라고 생각했다. 그가 21세기 험준한 세태의 변화에도 아랑곳하지 않고 오직 한길로 한반도 평화에 천착해서 이론과 실천에서 일가를 이룰 줄은 몰랐다. 그가 정욱식 대표다. 요즈음 그의 글에서는 포기할 수 없는 평화에 대한 갈망이 느껴지고, 긴 사색 끝에 제시되는 대안이 보인다. 2018년에 이미 예지적인 명저 ≪비핵화의 최후≫를 낸 그가 이번에는 좌초위기에 놓인 한반도 평화 프로세스를 살

리기 위해서 '한반도 비핵지대'라는 새로운 대안을 내놓았
다. 평화를 열망하는 이들에게 꼭 읽어볼 것을 권한다.

문장렬 전 국방대 교수

북한 핵 문제가 생긴 지는 30년이 넘었다. 북한이 2004년
미국에게 핵무기를 '보유'하고 있다고 밝혔을 때 아무도 믿
지 않았다. 북한은 2006년부터 핵무기와 미사일 시험을 계
속했고 2017년 ICBM 시험과 함께 '핵무력 완성'을 선언했
다. 2018년 한반도는 평화 분위기로 급반전되었고 남북한과
미국의 정상들은 한반도의 '완전한 비핵화'에 합의했다. 그
러나 2019년 2월 하노이 북미정상회담이 결렬된 후 거의 모
든 것이 헝클어졌다. 북미관계뿐 아니라 남북관계와 심지어
한미관계도 마찬가지 상황이다.

저자는 이 헝클어진 매듭의 중심에 완전한 비핵화의 정
의와 협상의 최종 목표에 대한 합의가 없음에 주목하여 그
대안적 틀로서 '한반도 비핵(무기)지대'를 제안한다. 비핵지
대 조약은 NPT의 정신을 가장 잘 구현한 다자간 조약의 하
나로서 NPT만큼의 '유구한' 역사를 가지고 있으며 국제적

으로 널리 지지와 공인을 받고 있다. 사실 한반도와 동북아 비핵지대화 방안은 북한 핵 문제의 해결을 위해 일각에서 제기되어 왔지만 6자회담 이후 거의 관심 밖으로 밀려났다. 그것은 비핵지대가 쓸모없어서가 아니라 북한 비핵화에 초점을 맞춘 협상이 더 쓸모 있으리라 믿었기 때문이었다. 저자는 비핵화 협상이 성공하기 어려운 근본 원인을 분석하면서 비핵지대 논의를 현시대와 상황에 맞추어 다시 불러낸다.

실패 요인들을 그대로 두고 같은 시도를 반복하면서 성공을 기대하는 것은 어리석다. 냉철한 반성에 기초하여 창의력과 용기를 발휘해야 한다. 비핵지대가 국제 조약이며 지대 내 국가들(남북한)이 주도한다는 사실을 알고 있는 독자라면 실현 가능성에 의문을 제기할 수도 있다. 오랫동안 한반도 평화와 핵 문제에 천착해 온 저자의 설명과 논증을 찬찬히 읽어보면 그 물음에 대한 의미 있는 해답을 얻을 수 있다.

김동엽 경남대 교수

정욱식은 한반도 평화 만들기의 조건을 비핵지대화에 묻고 있다. 비핵지대화는 비핵화보다 섬세하고 순수하다. 마치 평화를 향한 필자의 마음과 닮아있다. 불안하고 불확실하게 한반도 미래를 지켜보던 내게 한 줄기 빛을 내려주었다.

출판에 도움을 준 분들

강유홍, 고의숙, 김성중, 김일태, 김정아, 김진하, 김혜경, 노원녀, 문용수, 박연희, 박인환, 박일헌, 박혁, 소용훈, 신현수, 심종록, 이근우, 이기범, 이동기, 이승환, 이재수, 이제용, 이중선, 이철영, 이태옥, 이현석, 이혜숙, 임경훈, 장영선, 정다운, 정동근, 정연욱, 조소원, 조수웅, 최경옥, 최상혁, 최수산나, 탁연균, 하정호, 한성주, 홍대춘

한반도의 길, 왜 비핵지대인가?

1판 1쇄 발행 2020년 6월 5일

지은이 정욱식
펴낸이 우좌명
펴낸곳 출판회사 유리창
출판등록 제406-2011-000075호(2011. 3. 16)
주소 10881 경기도 파주시 문발로 115 세종출판타운 402호
전화 031-955-1621
팩스 0505-925-1621
이메일 yurichangpub@gmail.com

ISBN 978-89-97918-28-7 03340

* 책값은 뒤표지에 있습니다.

이 도서의 국립중앙도서관 출판예정도서목록(CIP)은 서지정보유통지원시스템 홈페이지
(http://seoji.nl.go.kr)와 국가자료공동목록시스템(http://www.nl.go.kr/kolisnet)에서
이용하실 수 있습니다.(CIP제어번호: CIP2020018241)